AF570489

PARLONS
OSSÈTE

ISBN : 2-7475-6235-2
EAN : 9782747562355

Lora Arys-Djanaïéva

**Chargée de cours à l'Institut national
des langues et civilisations orientales de Paris**

PARLONS OSSÈTE

(*ИРОНАУ ДЗУРÆМ*)

Traduit du russe et de l'ossète par Iaroslav Lebedynsky

L'Harmattan
5-7, rue de l'École-Polytechnique
75005 Paris
France

L'Harmattan Hongrie
Hargita u. 3
1026 Budapest
HONGRIE

L'Harmattan Italia
Via Bava, 37
10214 Torino
ITALIE

Parlons...

Collection dirigée par Michel Malherbe

Déjà parus

Parlons letton, Justyna et Daniel PETIT, 2004.
Parlons cebuano, Marina POTTIER-QUIRÓLGICO, 2004.
Parlons môn, Emmanuel GUILLON, 2003.
*Parlons chichewa,*Pascal KISHINDO, Allan LIPENGA, 2003.
Parlons lingala, Edouard ETSIO, 2003.
Parlons singhalais, Jiinadasa LIYANARATAE, 2003.
Parlons Purepecha, Claudine CHAMOREAU, 2003.
Parlons Mandinka, Man Lafi DRAMÉ, 2003
Parlons Capverdien, Nicolas QUINT, 2003
Parlons navajo, Marie-Claude FELTES-STRIGLER, 2002.
Parlons sénoufo, Jacques RONGIER, 2002.
Parlons russe (deuxième édition, revue, corrigée et augmentée), Michel CHICOUENE et Serguei SAKHNO, 2002.
Parlons turc, Dominique HALBOUT et Gönen GÜZEY, 2002.
Parlons schwytzertütsch, Dominique STICH, 2002.
Parlons turkmène, Philippe-Schemerka BLACHER, 2002.
Parlons avikam, Jacques RONGIERS, 2002.
Parlons norvégien, Clémence GUILLOT et Sven STORELV, 2002.
Parlons karakalpak, Saodat DONIYOROVA, 2002.
Parlons poular, Anne LEROY et Alpha Oumar Kona BALDE, 2002.
Parlons arabe tunisien, M. QUITOUT, 2002.
Parlons polonais, K. SIATKOWSKA-CALLEBAT, 2002.
Parlons espéranto (deuxième édition, revue et corrigée), J. JOGUIN, 2002.
Parlons bambara, I. MAIGA, 2001.
Parlons arabe marocain, M.QUITOUT, 2001.
Parlons bamoun, E. MATATEYOU, 2001.
Parlons live, F. de SIVERS, 2001.
Parlons yipunu, MABIK-ma-KOMBIL, 2001.
Parlons ouzbek, S. DONIYOROVA, 2001.
Parlons fon, D. FADAIRO, 2001.
Parlons catalan, Jacques ALLIÈRES, 2000.

TABLE

Remerciements

L'auteur adresse tous ses remerciements à celles et ceux qui ont apporté leur aide à la réalisation de cet ouvrage, en particulier :

-Thérèse Naskidachvili-Bitaroff, présidente de l'Association ossète en France ;

-Michel Malherbe, directeur de la collection ;

-Tamerlan Kambolov, doyen de la Faculté de langues étrangères de l'Université d'Ossétie du Nord - Alanie.

-Nicolas Djanaïev.

INTRODUCTION

L'ossète (**ирон æвзаг** [iron ævzag]) est une langue iranienne parlée au Caucase central par presque un demi-million de locuteurs. Il est écrit (dans une variante particulière de l'alphabet cyrillique) et jouit d'un statut officiel en République d'Ossétie du Nord - Alanie (membre autonome de la Fédération de Russie) et en République d'Ossétie du Sud (indépendante de fait depuis 1990). Il est étudié, avec un intérêt croissant, dans beaucoup d'universités étrangères.

Cet intérêt s'explique par l'histoire et les caractéristiques de la langue. L'ossète est le dernier vestige vivant d'une branche de l'iranien qui, dans l'Antiquité, regroupait les langues parlées par de grands peuples nomades des steppes d'Europe orientale : les Scythes, puis les Sauromates / Sarmates et les Alains. L'ossète prolonge plus particulièrement l'alain. De ce fait, il a une valeur de témoignage irremplaçable, d'autant que le relatif isolement, durant des siècles, des Ossètes (héritiers d'un groupe alain replié vers les crêtes du Caucase) a permis la conservation dans leur langue et leur culture d'archaïsmes extrêmement précieux pour l'étude de l'ancien monde nomade iranophone.

L'ossète a d'ailleurs connu une évolution originale et très différente de celle des autres langues iraniennes. Les Ossètes n'étant pas majoritairement musulmans, contrairement à leurs cousins linguistiques persans, kurdes ou afghans, leur langage ne reflète guère d'influence arabo-islamique. Inversement, il a incorporé des éléments caucasiques dans sa phonologie, sa morphologie et son vocabulaire.

Mais l'ossète n'est pas qu'une curiosité philologique : c'est une langue bien vivante et savoureuse, à la grammaire rigoureuse et riche, dont ce livre propose la découverte au lecteur.

Dans l'esprit de la collection à laquelle il appartient, *Parlons ossète* se présente comme un manuel pratique assorti de nombreuses données sur l'Ossétie et les Ossètes (géographie, culture populaire, etc.). La partie proprement linguistique a été présentée de la façon la plus simple et claire possible ; on a notamment opté pour des transcriptions phonétiques « à la française », aisément lisibles par un non-spécialiste. Cependant, on s'est efforcé, compte tenu de l'absence presque totale de littérature en français sur l'ossète, de donner également les renseignements utiles au linguiste intéressé.

I-PEUPLE ET LANGUE OSSÈTES

1-LE CAUCASE ET LES OSSÈTES

« *Le Caucase est l'histoire des dieux et des hommes* »
Alexandre Dumas, *Le Caucase*.

Depuis des temps immémoriaux, le Caucase est nimbé de mystère et de légendes. Les plus connues de ces légendes nous sont familières depuis l'enfance : celle du déluge universel et de l'Arche de Noé, qui « *le septième mois, le dix-septième jour du mois, ... s'arrêta sur les montagnes d'Ararat* » ; celle des cinquante-deux Argonautes partis sous le commandement de Jason vers les rivages de Colchide, à la recherche de la Toison d'or ; celle de Prométhée, châtié par Zeus pour avoir remis aux hommes le feu divin, et enchaîné aux cimes enneigées, ou encore celle des vaillantes Amazones...

C'est au sommet de l'Elbrouz, point culminant du Caucase, que l'imagination humaine situait le *Simourgh*, oiseau géant du bonheur. Lorsqu'il clôt son oeil droit, il voit de l'oeil gauche les évènements du millénaire écoulé, et en fermant l'oeil gauche, il peut contempler mille ans d'avenir. Si le *Simourgh* quitte son trône de neige et prend son essor, la terre tremble sous le battement de ses ailes, les orages s'y déchaînent, sur la mer se lève la tempête. Mais qu'il vienne à chanter, et l'air s'emplit d'arômes, les nuages se dissipent, et la félicité s'installe partout.

Le géographe et historien arabe Mas'ûdî (vers 956) appelait le Caucase « pays des langues et des peuples », et le « père de la Géographie » Strabon (Ier siècle av. - Ier siècle ap. J.-C.) en comptait là près de 300. Cette diversité ethnolinguistique s'explique par les particularités de la situation géographique de la chaîne caucasienne : son inaccessibilité, et la présence d'épais massifs forestiers qui permettent de s'y cacher de ses ennemis. Les restes de nombreuses populations venues d'est en ouest au cours des millénaires et qui avaient dominé, à l'une ou l'autre période historique, les zones de steppes de Russie méridionale et d'Ukraine, y ont trouvé un refuge. Ces peuples s'adaptèrent à leur nouvel environnement montagnard, défendant souvent par les armes leur droit à l'existence, et inévitablement, ils assimilèrent les populations locales ou furent assimilés par elles à divers degrés.

La similarité des conditions d'existence des peuples caucasiens, et en particulier caucasiens du Nord, favorisa la naissance de traditions communes et l'élaboration d'un code unique de valeurs morales. Dans les notes de voyages des auteurs européens, les Caucasiens sont décrits comme fiers, intrépides, enclins à l'amitié et pratiquant un véritable culte de l'hospitalité. Ils sont experts au maniement des armes et sont de merveilleux cavaliers.

L'histoire du Caucase abonde en évènements dramatiques, liés à la rivalité séculaire pour le contrôle de ce carrefour stratégique reliant l'Europe à l'Asie, le nord au sud et l'est à l'ouest. Les populations de souche iranienne, Byzance et la Perse, l'empire khazar et le califat arabe, les Mongols (ceux de la Horde d'Or et ceux de l'Ilkhanat d'Iran), la Turquie et la Russie... Tous cherchèrent directement ou indirectement à dominer cette région. Mais seule la Russie parvint à s'assurer d'un contrôle relativement durable et stable du Caucase.

L'expansion de la Russie au Caucase commença dès la seconde moitié du XVIe siècle, sous le règne d'Ivan le Terrible qui mit fin à l'existence du khanat d'Astrakhan en 1556. En 1569, les Russes édifièrent la ville de Terki et la colonisation fut entreprise par des Cosaques, c'est-à-dire une population autonome, formant des communautés militarisées aux confins des steppes, et devenue un appui de l'emprise russe au sud.

La conclusion du traité de Kütchük-Kaïnardji (10 juillet 1774) au terme de l'une des guerres russo-ottomanes permit à la Russie une présence plus active au Caucase du Nord. Après la signature du traité de Gueorguievsk (1783) entre la Géorgie et la Russie et le passage de la Géorgie orientale sous protectorat russe, il devint nécessaire de garantir une liaison régulière entre les deux pays. En 1783-84 fut construite la « Route militaire de Géorgie », longue de 200 km. Elle relia le Caucase du Nord à la Transcaucasie et permit de consolider la présence russe ; elle a conservé jusqu'à nos jours son exceptionnelle signification stratégique. En 1763, le Gouvernement russe avait créé la forteresse de Mozdok, et au printemps de 1784, sur le site du petit village ossète de **Дзæуджыхъæу** [Dzæwdjyqæw], fondé auparavant par Dzæug Byghylty, fut édifiée celle de Vladikavkaz (« Domine le Caucase »), avant-poste russe sur la Route militaire de Géorgie.

Mais ce n'est que dans les années 1860 que la Russie parvint à consolider définitivement sa domination sur le Caucase du Nord, après presque cent ans de résistance de la population locale, unie sous la bannière de l'islam. La guerre du Caucase s'acheva en 1864 par la victoire de l'armée russe, après quoi environ 1.200.000 Caucasiens pratiquant l'islam - Abkhazes, Daghestanais, Tcherkesses, Tchetchènes, Ossètes-musulmans - durent émigrer en territoire ottoman. Beaucoup de ces émigrés regrettèrent vite leur choix et exprimèrent le désir de revenir dans leur patrie, mais la question de ce retour fut repoussée *sine die* en 1865 par décision de l'empereur Alexandre II.

La révolution d'octobre 1917 et la guerre civile qui suivit entraînèrent la création en 1921 d'une « République (indépendante, puis soviétique) des Montagnards » multinationale, transformée ensuite en une série de républiques et régions autonomes fondées sur un critère ethno-administratif. Au cours de ce processus, les frontières administratives et politiques furent plus d'une fois remaniées, particulièrement au Caucase du Nord, et la situation dans la région ne se stabilisa relativement qu'en 1936, après la fixation par la nouvelle constitution soviétique du statut des structures autonomes nouvellement créées.

Depuis la chute de l'Union soviétique et l'affaiblissement de l'influence russe dans la région, le Caucase redevient une arène où s'affrontent les intérêts des « puissants de ce monde ». Aux prétendants « traditionnels » au contrôle du Caucase se sont cette fois joints les Etats-Unis. La position stratégique et le pétrole ne sont pas les moindres cartes que ces puissances jouent aujourd'hui au Caucase, dans un jeu coûteux en vies humaines : on y manipule des peuples entiers et on y attise les haines religieuses sous prétexte de « construction d'une société démocratique », de « défense des droits de l'homme » ou de « libération du joug russe », sans que soient particulièrement pris en compte les intérêts des Caucasiens eux-mêmes.

Cinquante peuples environ vivent aujourd'hui au Caucase. Ils parlent des langues de quatre familles linguistiques : caucasique, indo-européenne, turque et sémitique. Ils confessent le christianisme, dont la première diffusion est liée à l'activité des missionnaires arméniens et géorgiens au IVe siècle, ou l'islam, introduit dans la région par les Arabes aux VIIe-VIIIe siècles et lors de la domination perse sur le Daghestan ; mais cet islam est demeuré assez superficiel et conserve de nombreux éléments « païens » et chrétiens. Il se renforça notablement lors de l'expansion russe au Caucase du Nord, en devenant la base idéologique de la résistance anti-russe d'une partie des peuples caucasiens. Il faut enfin mentionner le judaïsme, pratiqué par les « Juifs montagnards », dont le centre culturel et religieux est Nal'tchik, capitale de la Kabardino-Balkarie.

L'un de ces peuples, les Ossètes, vivant depuis très longtemps au coeur même du Caucase, est un fragment du monde iranien et a conservé sa langue et sa culture propres. Les Ossètes vivent sur les deux versants de la chaîne principale du Caucase, dont l'une des cordillères partage l'Ossétie en deux parties, septentrionale et méridionale. Cette frontière géographique naturelle coïncide avec la frontière administrative et politique qui sépare la République d'Ossétie du Nord - Alanie (capitale Vladikavkaz), membre de la Fédération de Russie, de la République d'Ossétie du Sud (capitale Tskhinval), partie de la Géorgie à l'époque soviétique et qui a conquis sa souveraineté en 1990.

L'Ossétie doit son actuelle division administrative à la thèse de Staline suivant laquelle « *les Ossètes du Nord s'assimilent aux Russes, et ceux du Sud, aux Géorgiens* », afin d'accélérer le processus de constitution d'un « peuple soviétique » unique. Lors de la chute de l'Union soviétique, les deux Etats que forment l'Ossétie du Nord et l'Ossétie du Sud se sont trouvés au début du chemin épineux qui mène à la construction d'une société nouvelle. Leur histoire récente a été assombrie par les deux conflits que leur ont respectivement imposés les nationalistes extrémistes ingouches et géorgiens. L'avenir dira quand et comment sera réglé le problème de la division de l'Ossétie.

Aujourd'hui, la population des deux républiques compte plus de 680.000 personnes, et le nombre d'ossétophones vivant sur le territoire de l'ancienne Union soviétique est d'environ 500.000 personnes. La superficie des deux républiques ossètes est de 11.900 km².

En outre, quelques dizaines de milliers d'Ossètes, descendants de ces Ossètes-musulmans qui avaient refusé la domination russe et quitté leur patrie en 1864-65, ont su conserver leur langue et leur identité nationale. Ils vivent en Turquie, Syrie et Jordanie.

Dans la mosaïque sans précédent de cultures et de langues que forme le Caucase, le peuple ossète représente un phénomène particulier. C'est un îlot, miraculeusement préservé, de l'énorme massif nord-iranien, qui pendant plus d'un millénaire et demi avait déterminé le cours de l'histoire dans les steppes eurasiatiques avant d'exercer, lors des Grandes Invasions, une influence non négligeable sur le développement des pays européens. Les Ossètes ont réussi non seulement à conserver leur langue, mais aussi à transmettre à travers les siècles la tradition du monde iranien antique. C'est cette langue, cette culture et les jalons principaux de l'histoire des Ossètes que nous voulons faire découvrir au lecteur.

LE « PARADIS TERRESTRE » CAUCASIEN VU PAR UN OCCIDENTAL

« *Si nous regardons le Caucase en général, nous devons le considérer comme un des plus beaux pays du monde. Le climat y est pareil à celui de l'Italie, et la Suisse ne le dépasse ni dans la beauté sublime de ses Alpes, ni dans la grandeur majestueuse de ses paysages. Et bien qu'il ne possède pas ces lacs romantiques qui forment un trait si agréable dans le paysage de certains pays de montagnes, nous avons, en compensation, une vue splendide soit sur la mer Noire, soit sur la mer Caspienne depuis presque chaque montagne que l'on gravit.*

Dans les vallées et les plaines, le sol, comme celui des basses terres de Mingrélie, l'ancienne Colchide, est extrêmement riche et adapté à la culture de toutes les graines, mais aussi du tabac, du coton, du riz et même de l'indigo. Le safran, de la même espèce que le crocus Ang.,[1] *mais supérieur en vigueur, pousse partout à l'état sauvage, et les plantes des serres anglaises sont ici des fleurs des champs. L'aspect de ces crêtes qui s'élèvent jusqu'à sept ou huit mille pieds, vertes jusqu'au sommet, est beau au-delà de toute description, ombragées comme elles sont par les grandes forêts de toutes espèces ; on y voit notamment les plus rares et les plus beaux massifs qui forment un tableau luxuriant rarement vu en dehors du Caucase* ».

(Capitaine Spencer, *la Russie, la mer Noire et la Circassie*).

---

[1] *Crocus Ang.* : crocus, plante apparentée au safran.

LES LANGUES PARLÉES AU CAUCASE[2]

FAMILLE INDO-EUROPÉENNE

Arménien

Groupe iranien

Langues iraniennes du nord-ouest :
Kurde
Talyche
Langues iraniennes du nord-est :
Ossète
Langues iraniennes du sud-ouest :
Persan (fârsi)
Tate

FAMILLE CAUCASIQUE (ibéro-caucasique)

Groupe caucasique du nord-ouest (adyghé-abkhaze)

Langues abkhazes :
Abaza
Abkhaze
Langues adyghées :
Adyghé
Kabarde-tcherkesse

Groupe caucasique du centre-nord (vaïnakh)

Batsbi
Ingouche
Tchetchène

---

[2] Les formes françaises des noms de langues sont données d'après D. Creissels, *Les langues d'U.R.S.S.*, Institut d'études slaves, Paris 1977.

Groupe caucasique du nord-est (langues du Daghestan)

Langues avaro-anda :
Avar
Andi
Akhvakh
Bagvala (Kvanada)
Botlikh
Godobéri
Karata
Tindi
Tchamalal
Langues lako-darghiennes :
Darghien
Lak
Langues lesghiennes :
Agoul
Artchi
Boudoukh
Kryz
Lesghien
Routoul
Tabassaran
Oudi
Khinaloug
Tsakhour
Langues tsèzes (dido) :
Bejita (Kapouchti)
Guinoukh
Gounzib
Khvarchi
Tsèze

Groupe caucasien du sud (langues kartvèles)

Géorgien
Mingrélien

Langues zanes :
Laze (Tchane)
Svane

FAMILLE TURQUE

Groupe du sud-ouest (oghouz)

Azéri

Groupe du nord-ouest (qiptchaq)

Karatchaï-balkar
Tatar de Crimée
Koumyk
Nogaï

FAMILLE SÉMITIQUE

Aïssor

2-REGARD SUR LE PASSÉ

LES SCYTHES

C'est une nation très ancienne, une nation
dont tu ne sais pas la langue
et ne comprends pas ce qu'elle dit.
Son carquois est un sépulcre béant ;
c'est une nation de héros.
Jérémie, 5, 15-16.

Il faut déployer une certaine imagination pour se représenter que la langue ossète, parlée aujourd'hui sur une aire si restreinte, continue directement le rameau nord-oriental des langues iraniennes, appelé en linguistique « scythique ». Les locuteurs du scythique, entrés dans l'histoire sous les noms de Scythes, Sauromates-Sarmates, Alains, Massagètes et autres, occupaient des territoires immenses de l'Altaï à l'est au Danube à l'ouest, et ils jouèrent un rôle considérable dans le développement de l'histoire et de la culture des peuples d'Europe, d'Asie et même d'Afrique du Nord (avec les Alains associés aux Vandales).

Et pourtant, c'est la vérité. De nombreuses données historiques, archéologiques et linguistiques ont résolu cette contradiction apparente entre l'origine des Ossètes et leur patrie actuelle, en démontrant de façon convaincante que les ancêtres des Ossètes modernes du Caucase étaient issus de tribus iranophones du groupe scytho-sarmato-alain, et que la langue ossète était l'héritière directe des parlers scytho-sarmates, répandus des VIIIe-VIIe siècles av. J.-C. aux IVe-Ve siècles, au nord de la mer Noire et dans les steppes de Russie méridionale et de Ciscaucasie. Le matériel archéologique dont on dispose aujourd'hui donne une information assez complète sur la présence et le territoire des peuples iranophones au Caucase du Nord et en Transcaucasie. En outre, ces données corroborent le témoignage du « père de l'histoire » Hérodote sur l'existence et le mode de vie des tribus scythiques.

Les Scythes apparaissent sur la scène historique au VIIe siècle av. J.-C. lorsque, soit attirés par les espaces steppiques, soit sous la pression d'autres peuples nomades à l'est, ils se manifestent au nord et à l'est de la mer Noire et du Caucase, dans les vallées du Dniepr, du Don et du Kouban et dans les montagnes d'Azerbaïdjan. D'après Hérodote, ces redoutables tribus guerrières chassent leurs prédécesseurs les Cimmériens au-delà du Caucase, et s'établissent pour longtemps dans l'espace nouvellement conquis où ils mènent une vie nomade ou semi-nomade, pratiquant l'élevage.

Peu après leurs fameuses campagnes en Asie antérieure, ces peuples belliqueux acquièrent une réputation d'insurpassables guerriers et commencent à jouer un rôle exceptionnellement important dans le cours de l'histoire mondiale. Au témoignage d'Hérodote, leurs campagnes les menaient sur les routes du Caucase du Nord et de Transcaucasie, ce qui favorisa l'appropriation rapide des territoires limitrophes de la chaîne du Caucase.

La société scythe est hiérarchisée : au-dessus de la masse des simples guerriers-éleveurs libres, ceux que Lucien de Samosate nomme « Octopodes » à cause de l'unique paire de boeufs attelée à leurs chariots, il existe une aristocratie fastueuse et un ou plusieurs rois. Ils entretiennent des relations commerciales avec les cités grecques, et certaines tribus se mettent à pratiquer l'agriculture. La maîtrise du fer et de la métallurgie favorise le renforcement de l'influence des Scythes et garantit leur domination militaire. Les espaces sans bornes des steppes leur permettent d'entretenir d'énormes troupeaux d'ovins, de bovins, des manades de chevaux.

Le caractère des trouvailles archéologiques de cette période permet de supposer que les traditions des Scythes et celles des tribus qui les avaient précédés sous le nom de Cimmériens sur le même territoire n'étaient pas fondamentalement différentes. Ceci donne à penser que les Cimmériens étaient également d'origine iranienne et furent assimilés assez facilement par les Scythes.

Au VIIe siècle av. J.-C., les tribus scythes commencent à jouer un rôle important dans les évènements politiques et militaires au

Proche-Orient, et au VIe siècle en Transcaucasie, au Caucase central et septentrional et dans les zones de steppes de l'Europe sud-orientale. Durant quelques siècles, ils représentent une menace pour tous les autres peuples, et leurs victoires dans leurs combats contre les Perses de Darius en -514 et les Macédoniens en -331 renforcent leur réputation de redoutables ennemis.

On peut parler d'une intégration active entre les Scythes - dominants sur le plan militaire - et la population du Caucase septentrional et central dès le VIIe siècle av. J.-C. La question de l'identité culturelle de ces indigènes est quelque peu éclaircie par les remarquables témoignages archéologiques de la culture du Bronze dite « de Koban » (du nom du village ossète du Haut-Koban où les premiers vestiges de la fin de l'âge du Bronze et du début de l'âge du Fer furent découverts fortuitement lors de la crue du printemps 1869).

Une confirmation de cette interaction entre les tribus scythes et les porteurs de cette culture de Koban - donc la population aborigène du Caucase central, avec laquelle se fondirent ensuite les ancêtres iranophones des Ossètes - est donnée par la nécropole découverte en 1955 dans le village ossète de Tli, sur le versant sud du Caucase, par l'archéologue Bagrat Tékhov. C'est le plus riche ensemble d'objets des périodes du « pré-Koban », du « Koban précoce », du « Koban classique » et de la phase « kobano-scythe » des VIIIe-VIe siècles av. J.-C., au moment où la culture de Koban revêt pratiquement un aspect scythe.

L'Etat scythe atteint son apogée au IVe siècle av. J.-C. sous le règne du roi Athéas. A cette époque, le pouvoir central se renforce en Scythie et l'inégalité économique s'accentue. Une première monnaie est frappée, sur laquelle figure le profil casqué d'Héraklès. Superbes cavaliers, commerçants doués et guerriers infatigables, les Scythes sont entrés dans l'histoire non seulement à raison de leur puissance militaire, mais aussi par leur art original, développé au contact des artisans des cités-colonies grecques du littoral pontique. Le sommet en est le « style animalier » qui frappe encore l'imagination des connaisseurs par sa spécificité, sa beauté et la qualité technique du travail des métaux. Les nombreux « kourganes », tertres funéraires des Scythes, qui atteignent parfois 20 m de hauteur, ont conservé pour la postérité des milliers d'objets d'art de cette civilisation des steppes, qui ornent aujourd'hui de nombreux musées du monde.

Mais comme avant elles les Cimmériens, les tribus scythes étaient exposées aux menaces venues de l'est - en l'occurrence des Sauromates, vivant dans les steppes ouralo-caspiennes. D'après Hérodote, ces Sauromates « *parlent la langue scythe, mais mal, et cela de tout temps...* ». En d'autres termes, ce sont également des Indo-Européens du groupe iranien.

LES SAUROMATES [3]-SARMATES

A la fin du IIIe et au début du IIe siècle av. J.-C., les Sauromates franchissent la Volga, commencent à s'établir plus à l'ouest, repoussent les tribus scythes en Crimée (où elles doivent adopter un mode de vie sédentaire) et au-delà du Danube. Cette nouvelle vague nomade occupe ainsi les anciennes possessions des Scythes au nord de la mer Noire et les zones de Piémont du Caucase septentrional.
A cette époque, le nom de « Sarmates » remplace celui de « Sauromates », et aux IIe-Ier siècles av. J.-C., la Scythie s'appelle déjà « Sarmatie ». Nous apprenons de Strabon que l'ensemble sarmate comprend les Iazyges qui occupent les territoires à l'ouest du Dniepr, les « Sarmates Royaux », les Aorses et les Siraces. Les Sarmates sont en contact avec les tribus scythiques plus orientales, les Massagètes et les Saces, les tribus iranophones d'Asie centrale ; ils contrôlent les grandes routes commerciales, dont l'une se nomme

---

[3] Parmi les étymologies proposées pour ce nom (gr. Σαυρομάται, lat. *Sauromatae, Sarmatae*), mentionnons : 1-**Sau-roma-ta*, « les [porteurs de] fourrures noires », Cf. oss. **сау** [saw] « noir » < ir. **syâva-*, prs. *rôm* « poils » et scr. *róman-* « fourrure », oss. **-тæ** [-tæ] = désinence du nom. pl. (d'après G. Dumézil) ; 2-**Sau-arm(a)-ta* « aux mains bronzées » ? Cf. ossète **сау** [saw] « noir », **арм** [arm] « bras », **-тæ** [-tæ] = désinence du nom. pl. (d'après V. Abaïev) ; 3-**Sarumant-* « archer », Cf. scr. *śaru-* « flèche » (d'après A. Christol).

« sarmatique » et franchit le col de la Croix au Caucase en suivant les cours de l'Aragvi et du Térek.

L'organisation de la société sauromate-sarmate est comparable à celle des Scythes. Sa particularité est la haute situation des femmes qui, au témoignage d'Hérodote, « *vont à la chasse, à cheval, avec les hommes ou toutes seules ; elles vont à la guerre, et elles s'habillent comme les hommes (...) Pour les mariages, ils ont cette coutume : aucune fille ne se marie avant d'avoir tué un ennemi. Certaines vieillissent et meurent sans avoir été mariées, faute de pouvoir remplir cette condition* ». Ce statut de la femme est indubitablement à l'origine de la légende que rapporte aussi Hérodote et suivant laquelle les Sauromates sont les descendants des Scythes et des Amazones.

Quoi qu'il en soit, les données archéologiques confirment le rôle spécial des femmes dans les sociétés sarmate et aussi, en Asie centrale, saco-massagètes : dans plus du quart des sépultures féminines sarmates ont été découverts des arcs, flèches, armes et équipements guerriers. Les parures qui s'y trouvent également indiquent que les femmes sarmates avaient réussi à combiner féminité et qualités guerrières peu communes. L'écho s'en retrouve aussi dans le personnage central de l'épopée ossète des Nartes : Satana, qui joue un rôle-clef dans la vie des héros nartes.

Malgré sa relative uniformité, sa commune structure sociale et des différences linguistiques insignifiantes, l'ensemble sarmate est instable, ses parties composantes concluent souvent des alliances militaires entre elles ou s'affrontent. Au milieu du Ier siècle, les Aorses repoussent vers l'ouest les Roxolans, qui de là multiplient les incursions en territoire romain d'abord seuls, puis en compagnie des Iazyges de l'actuelle Hongrie qu'ils ont soumis. Les Sarmates doivent leurs succès militaires au développement d'une cavalerie lourde et de nouvelles tactiques.

Au début du Ier siècle, le cours inexorable de l'histoire place au premier plan une nouvelle confédération, celle des Alains, qui unissent sous leur direction la plupart des tribus sarmates du sud de la Russie et de l'Ukraine et occupent le Caucase du Nord et les contreforts de la chaîne caucasienne.

Quelques ethnonymes scytho-sarmates :
Le nom de la tribu sarmate des Saudarates (Σαυδαραται) signifie « vêtus de noir » : Cf. ossète **сау** [saw] « noir », **дар-** [dar-] « porter », **-тæ** [-tæ] = suffixe du pluriel.
Le nom de la tribu sarmate des Roxolans signifie les « Alains lumineux » : Cf. oss. **рухс** [rukhs] « lumière, lumineux », de l'iranien **rauxša-*, apparenté au latin *lux*.
Les Sarmates Aorses sont les « Blancs », cf. oss. **урс** [urs], de **aurš-*.

LES ALAINS[4]

A partir du milieu du Ier siècle environ, la présence des Alains s'observe sur tout le territoire qui était précédemment celui des Sarmates ; parallèlement, les noms de certaines tribus sarmates parmi les plus actives, comme les Aorses et Siraces, disparaissent des chroniques. Selon toute vraisemblance, l'ethnonyme « Alains » s'étend rapidement à toute la population iranophone et supplante les appellations antérieures, peut-être du fait de la domination militaire exercée par les Alains sur les autres tribus. Les noms composés qui se rencontrent dans certaines sources et qui semblent vouloir préciser une dénomination tribale, comme « Alanorses », peuvent confirmer cette hypothèse. Les chroniques géorgiennes nomment les Alains *O(v)s-*, les manuscrits slaves-orientaux *Iasy* « Iasses ». A date plus tardive, le terme d'« Alains » a pu désigner également des populations d'autres origines se trouvant sous la domination alaine.

Les premières mentions des Alains dans la littérature occidentale se trouvent dans une pièce de Sénèque (v. 4 av. J.-C. - 65), dont l'un des personnages demande : « *Quelle est cette contrée ? Argos ?*

---

[4] L'ethnonyme *Alain* remonte à l'adjectif iranien *aryana-* « aryen », cf. av. *airyana-*.

Sparte ? Corinthe ? Ou est-ce le Danube, derrière lequel se cachent les puissants Alains ? Ou est-ce cette terre couverte d'une neige éternelle, ou encore le pays des Scythes nomades ? » Le nom des Alains apparaît ensuite chez Lucain, Flavius Josèphe et d'autres écrivains et historiens romains. Beaucoup d'entre eux notent l'origine « scythe » des Alains et leur proximité avec les Sarmates. Les témoignages sur les Alains sont ensuite réguliers, grâce à leur grande agitation guerrière et à l'efficacité qu'ils montrent, dans leurs affrontements avec les Romains à l'Ouest, et dans leurs campagnes réussies en Asie antérieure, en Transcaucasie, en Médie.

Pendant leurs raids, les Alains employaient vraisemblablement les tactiques caractéristiques des Sarmates en général : la cavalerie légère formée par la masse des hommes libres harcelait l'ennemi, puis la cavalerie lourde aristocratique de lanciers cuirassés (« cataphractaires ») portait le coup décisif. Cette tactique de combat de cavalerie fut empruntée par les Romains vers le début du IIe siècle. Les Alains, comme les autres peuples des steppes, pratiquaient la fuite simulée suivie de contre-attaque, et utilisaient leurs chariots comme rempart mobile.

Les « Grandes Invasions » touchèrent directement les Alains : ils furent le premier peuple européen à subir le choc des Huns. Affaiblis par d'incessants combats et de lourdes pertes, les Alains perdirent l'« empire » des steppes eurasiennes. Après leur défaite vers 372, une partie des Alains survivants s'allia à ses vainqueurs et prit part à leur campagne vers l'ouest.

Les Alains que les évènements conduisirent en Europe occidentale y combattirent sans relâche, soit contre l'empire romain dans le cadre de diverses confédérations barbares, soit au contraire du côté des Romains, et ils y acquirent la réputation de guerriers intrépides et fougueux. Cette réputation en fit des alliés désirables dans toutes les guerres, et ils jouèrent un rôle notable, durant un certain temps, dans les entreprises guerrières des Huns, des Wisigoths, des Vandales et des Romains. C'est ainsi qu'apparurent sur le territoire européen de l'empire (en France, Espagne, Italie actuelles), et aussi en Afrique du Nord, des établissements alains.[5]

L'élite militaire alaine joua aussi un rôle important à Byzance au Ve siècle. En 421, un certain Ardabur, officier romain d'origine alaine, fut promu au rang de général de l'armée romaine d'Orient. Quelques années plus tard, il reçut le commandement de cette armée, et son fils Aspar devint chef de la cavalerie. Ardabur fut consul en 427, et sa famille détint des postes-clef à Constantinople pendant presque un demi-siècle. Aspar fut assassiné en 471 sur l'ordre de l'empereur Léon à la suite de querelles de palais, mais l'influence de ses héritiers perdura quelque temps. Ces faits favorisèrent certainement l'apparition sur le territoire de l'empire d'Orient, en particulier sur le littoral de la mer Noire, de colonies alaines.

Les historiens notent que les Alains assimilaient assez facilement les peuples qui tombaient sous leur domination, mais s'assimilaient tout aussi facilement eux-mêmes dans la situation inverse. En ce qui concerne l'Europe occidentale, leur division ne leur permit pas de créer un Etat durable. Vers la fin du Ve siècle, ils ne sont plus mentionnés par les sources comme un groupe ethnique distinct en Europe occidentale. Il subsiste cependant de nombreux témoignages de leur influence sur les ethnies environnantes. En premier lieu, il faut remarquer que les chefs de guerre occidentaux adoptèrent les procédés guerriers des Alains et employèrent leur tactique de combat, et ainsi, sur le long terme, la formation du code chevaleresque médiéval et certains traits de l'aristocratie guerrière européenne subirent une influence scytho-sarmato-alaine. Les Alains laissèrent également leur marque sur l'art décoratif, en particulier dans le style polychrome à incrustations, dans la tradition historique et mythique.

---

[5] Les principaux furent le royaume alain de la Loire, au nord d'Orléans (442-453 au moins), et le royaume établi par les Vandales et Alains en Afrique du Nord (429-535).

Le Moyen Age connaissait une race de chiens de chasse, l'« alan » (*alanus*) « *provenant originellement du Caucase, d'où elle accompagna les féroces et belliqueux Alains aux cheveux clairs* ».[6] Deux chiens de cette race figurent sur les armes de la ville d'Alano en Espagne. Le souvenir de la présence alaine s'est également conservé dans de nombreux toponymes (cf. tableau), et le prénom d'Alain demeure répandu en Europe.

QUELQUES TOPONYMES D'EUROPE OCCIDENTALE ATTRIBUÉS AUX ALAINS[7]

FRANCE

Aillianville (Haute-Marne) ; *Allanville* ca. 1172 ; *Allainville* 1402 ; *Ailainville* 1446 ; *Allanville* 1628.
Alaigne (Aude) ; *Alaniano* 1129 ; *castrum de Alagnano* 1252 ; *Alanhan* 1257.
Alain et/ou Aleins, à St-Trivier sur Moignans (Ain) ; *Aleins* VIIIe siècle; *Alens* 1325.
Alain (Loire-Atlantique).
L'Alain, ferme, à Paisy-Cosdon (Aube), près du ruisseau Alain (Yonne).

---

[6] George R. Jesse, *Researches into the History of the British Dog*, Londres 1886, pp. 80-84, 116-118.
[7] Cette liste est pour l'essentiel reprise de B. Bachrach, *a History of the Alans in the West*, Minneapolis 1973, où figurent les références bibliographiques nécessaires. Diverses erreurs d'orthographe et de localisation ont été corrigées, certains noms d'origine incertaine retirés, quelques autres ajoutés. D'autres explications (racines celtiques, germaniques...) ont été proposées pour beaucoup de ces noms, dont l'origine « alaine » est toujours discutée. Il est toutefois vraisemblable qu'un bon nombre d'entre eux reflète effectivement la présence d'Alains dans l'Occident romain de la fin de l'Antiquité. On a cru reconnaître, dans certains, des substantifs alains : **dân-* > oss. **дон** [don] « eau, rivière » dans la London (*Alandons* = « rivière des Alains ?), et **gaw-* > oss. **хъæу** [qæw] « village » dans Langeais (*Alangaviense* = établissement des Alains ?). Ces questions sont encore très controversées.

Alaincourt (Aisne) ; *Halincurt* 1168 ; *Elleincourt* 1174 ; *Allaincourt* 1189.
Alaincourt-aux-Boeufs ou Allain (Meurthe-et-Moselle) ; *Alanum* 836 ; *Alamnum* 936 ; *Alannum* 965 ; *Ailain*,
Alaincourt , à Courteilles (Eure) ; *Alanicuria* 1242.
Alaincourt (Haute-Saône).
Alaincourt-la-Côte (Moselle) (*Allaincourt* 1549).
Les Alains, à St-Aubin (Eure).
Alan (Haute-Garonne).
Alancianus, village disparu près de Narbonne (Aude) ; *Alancianus* 857 ; *Alencianus* 1157 ; *Alaussanum* 1360 ; *stagnum de Alaussano, Alausa, Alensan*, 1317-1639.
Alando (Corse).
Alanson ou Alençonne (château), à Taulignan (Drôme) ; *Alansonum* 1298 ; *Alansone* 1355 ; *capella de Alensone* 1499 ; *Alansone* 1509.
Alençon (Orne) ; *Alencione* ép. mérovingienne.
Alenya (Pyrénées-Orientales).
Alincourt (Ardennes) ; *Alaincort* 1219.
Allains (Eure) ; *fief aux Alains* 1394.
Allainville-aux-Bois (Yvelines) ; *villa Alleni* IXe siècle.
Allaigne, à St-Just (Ain) ; peut être un nom local du « noisetier ».
Allain (Calvados).
Allain (Morbihan).
Allaines-Mervilliers (Eure-et-Loir) ; *Alena* 1130.
Allaines (Somme) ; *Alania* 1095.
Allainville-en-Beauce (Loiret) ; *Alainvilla* 1236.
Allainville-en-Drouais (Eure-et-Loir) ; *villa Alleni* ca. 820, *Allainville* 1100 ; *Aleinvilla* ca. 1160.
Allamont (Meurthe-et-Moselle) ; *de Alani monte* 1194 ; *Allamont* XVe siècle.
Allan (Drôme) ; *Alon* 1138 ; *Santa Maria de Alondo* 1183 ; *castrum de Alondo* 1385 ; *Alan*, XVIIIe siècle.
Allancourt, Mancy (Marne) ; *Halancourt* 1735.
Allanz (brèche d') (Haute-Pyrénées).
Allein, 1305.
Alos (Tarn) ; *Alanis* 962 ; *Alanus, Alas*, XIIe-XIIIe siècles.
Courtalain (Eure-et-Loir) ; *Curia Alenii* 1095 ; *Courtollein* 1120 ; *Curia Alani* 1129.
la London, rivière (Ain) ; *aqua de Alandons* 1397.
Lanet (Aude) ; *Alane, villa de Alianto* 951 ; *Alanetum* 1320 ; *Alhanetum* 1331 ; *Ailhanet* 1409.

Lange, moulins (Aude) ; *molendinum de Alanha* 1279.
Langeais (Indre-et-Loire) ; *Alangaviense vici, Alingaviense* VIe siècle.
Marcillac-Lanville (Charente) ; *Alanvilla* XIIe siècle.

ESPAGNE

Alange, Alanje.
Alanis.
Alano.

ITALIE

Alagna.
Alagna.
Alagna Lomellina.
Alano di Piave.
Allain.
Landriano ; *Alan d'Riano*, XIIe siècle.
Villa d'Allegno ou Dallegno.

SUISSE

Allens et Alens.

Un autre destin était réservé aux Alains qui étaient demeurés en Europe orientale, et qui avaient été contraints sous la pression des Huns de quitter les zones de steppe de Russie et d'Ukraine méridionales et de se contenter des territoires s'étendant des hauteurs du Kouban au Caucase central. Ils durent abandonner pour toujours leur mode de vie nomade et s'adapter à un élevage et à une agriculture sédentaires. A partir de ce moment, les Alains se rapprochent de la population caucasienne indigène. Ils conservent par la suite leur prééminence au Caucase, même lorsqu'une partie des steppes ciscaucasiennes passe sous le contrôle des « empires » turc puis khazar. Ils prennent part aux guerres byzantino-perses des VIe-VIIe siècles, puis aux guerres arabo-khazares du VIIIe siècle.

Le développement de la puissance des Alains à partir du IXe siècle est lié à la formation d'un Etat féodal fort, densément peuplé, relativement centralisé, qui dispose d'une nombreuse armée et comprend les territoires du Caucase central et la plaine ciscaucasienne du Kouban à l'actuelle Tchetchénie. A cette époque, l'Alanie établit un large réseau diplomatique et, à en croire l'empereur byzantin Constantin Porphyrogenète, a davantage de poids politique que la Khazarie ou la Ruthénie (*Rous'*) kiévienne. Les souverains de ses voisins méridionaux, Géorgie et Arménie, recherchent son alliance. L'archéologie confirme l'existence sur le territoire alain d'agglomérations importantes et de localités fortifiées, comme Nijnii Arkhyz, Rim-Gora, Djoulat, etc., dont le développement et la disposition ont des points communs avec les formations urbaines contemporaines d'Europe occidentale et de l'empire d'Orient.

Le pouvoir suprême est détenu par un roi et se transmet héréditairement. L'histoire nous a conservé les noms des rois Saros (VIe siècle), Ourdour et Dourgoulèl « le Grand » (XIe siècle), Khouddan (XIIe siècle). A son apogée, l'Alanie, selon un chroniqueur arménien du IXe siècle, « *regorge de tous les biens, on y trouve en abondance l'or et les habits somptueux, les chevaux de race et les armes d'acier (...), les cottes de mailles et les pierres précieuses* ». Cet épanouissement de l'Alanie est largement dû à ses liens commerciaux actifs avec l'Orient et l'Occident, par l'intermédiaire de l'embranchement nord-caucasien de la « Route de la Soie » qui traverse son territoire.

La conversion de l'Alanie au christianisme (vers 916) la plaça sous l'influence culturelle de Byzance. Cette influence se traduisit par l'édification d'églises comme celles du Zélentchouk, de Senta, de Choana, construites cent ans avant les célèbres cathédrales Sainte-Sophie de Kiev et Novgorod, et la diffusion de l'alphabet grec. Mais dans le décor des églises, la symbolique chrétienne se mêle à des motifs « païens » dont certains remontent à l'art des steppes scytho-sarmate.

Au même moment se développent les liens des Alains avec les Slaves orientaux de la *Rous'*, et des princes slaves (Iaropolk Vladimirovitch, André Bogolioubskiï, Iouriï Vladimirovitch fils de Vladimir Monomaque, Vsevolod III, Mstislav Sviatoslavitch...) considèrent comme un honneur de s'allier par mariage aux rois alains en épousant leurs filles.

Le processus de féodalisation de l'Alanie conduit à l'inévitable éclatement du pays et à son affaiblissement, au cours d'interminables affrontements entre seigneurs locaux. La division des Alains les condamne à la défaite face aux armées de Gengis-Khan lors de la première campagne des Mongols au nord du Caucase (1222) puis lors de leur expédition suivante (1238). Malgré une résistance acharnée, les plaines de l'Alanie tombent au pouvoir de la Horde d'Or, mais sa partie montagneuse demeure insoumise et continue de défendre son indépendance.

Le moine flamand Guillaume de Rubrouck, envoyé par saint Louis en Europe orientale au milieu du XIIIe siècle, évoque « *les Alains ou Aas, qui sont chrétiens et combattent encore contre les Tartares* ». Cette insoumission des Alains leur coûta très cher un siècle et demi plus tard, en 1395-1400, lors des campagnes menées contre la Horde d'Or par le conquérant centre-asiatique Tamerlan. L'armée de Tamerlan pénétra dans les montagnes et extermina une grande partie de la population alaine avec une cruauté inouïe.

A la suite de ces différentes invasions, l'Etat alain cessa d'exister ; la plus grande partie de sa population fut anéantie, certains durent fuir vers la Hongrie, où avaient déjà vécu des tribus iranophones, et vers Byzance. Les Alains de Hongrie (*Jászok* ou « Iasses ») conservèrent leur langue jusqu'à la seconde moitié du XVIe siècle, et forment encore un groupe ethnographique particulier. D'autres Alains furent entraînés dans les mouvements des Tataro-Mongols, en particulier vers la Chine et la Mongolie, où ils jouèrent un rôle politico-militaire assez important jusqu'au XVe siècle.

Les restes des Alains demeurés dans leur patrie s'abritèrent dans les montagnes et s'établirent sur les pentes méridionales de la chaîne du Caucase, dans les bassins de la Grande et de la Petite Liakhvi. Ils s'y mêlèrent avec des populations de langues caucasiques et turques. Ainsi se forma l'aire ethnographique de leurs descendants modernes, les Ossètes. Sans s'être soumis à leurs conquérants tataro-mongols, ils avaient perdu le niveau de développement démographique, économique et socio-politique précédemment atteint et se trouvaient en fait menacés d'extinction. D'une situation de division féodale et d'épanouissement économique, ils étaient rejetés vers un type de société patriarcale et des formes d'économie archaïques, dans le contexte de manque de terre d'un paysage montagnard pauvre. Et pourtant, l'héritage culturel et ethnique des Alains de Ciscaucasie ne disparut pas : le peuple ossète devint son continuateur.

Pluie de sang sur la steppe, pluie de sang sur la Digorie !
Les loups à gueule de fer d'Akhsak-Timour ont fait noircir la végétation,
Ils ont enserré la plaine digore plus fortement, plus étroitement, plus durement que dans une haie de fer.
La fleur du pays digor, sa jeunesse et ses hommes, des guerriers meilleurs les uns que les autres, luttent en combat mortel,
Ils se noient dans le sang que fait couler la main de l'ennemi, ils s'en vont vers l'au-delà... leurs rangs s'éclaircissent...
Ils sont tombés jusqu'au dernier dans la juste bataille. Un feu bleu s'est allumé, l'incendie a flambé,
Dévorant les villages des plaines digores, et les quelques vivants - les femmes, les jeunes gens, les enfants -
Les ennemis les ont pris, emportés en captivité. La steppe a été dévastée par la mort...

(D'après un barde populaire de Digorie ; chant noté en 1894).

LES OSSÈTES[8]

Relégués dans le cul-de-sac caucasien, les descendants des Alains étaient connus désormais sous le nom d'« Ossètes » que leur donnaient leurs voisins méridionaux, les Géorgiens, avec lesquels les contacts n'avaient jamais été longtemps interrompus. Ils n'en conservèrent pas moins leur particularité ethnique et culturelle.

Les XIVe-XVIe siècles furent pour ce peuple une période de mobilisation des ressources intérieures et de réorganisation sociale. Dispersés dans différentes gorges, les groupes d'Ossètes se reformèrent en nouvelles structures. Le résultat fut la création au XVIIe siècle de quelques grandes « communautés » ossètes : celles d'Alaguir, de Digorie, de Kourtat et de Tagaourie sur le versant septentrional de la chaîne caucasienne, celles des Touals, des Touals blancs et de Tyrsygom dans sa partie centrale, et sur le versant méridional celles de Koudar, de Dzaw, de Ksan et de Koud. Un nouveau système social s'y développa progressivement, avec des formes et une intensité qui dépendaient de la situation géographique et des particularités régionales des communautés.

Le territoire de la communauté était considéré comme sa propriété collective. L'organe de régulation de la vie et des activités de toute la communauté était l'assemblée populaire, le *nykhas*. Le *nykhas* de la communauté se composait de représentants des assemblées populaires locales. Chaque point de peuplement avait sa place centrale où s'assemblait le *nykhas* villageois, et où étaient discutées toutes les questions politiques et économiques, y compris les questions de relations sociales. C'est là que se décidait l'aide collective aux indigents. La décision du *nykhas* était exécutée

---

[8] Les noms d'« Ossétie », « Ossètes », remontent à l'ethnonyme *Âs-* par lequel se désignaient les Alains. Des noms similaires apparaissent déjà chez Ptolémée et Strabon. La racine doit être l'iranien **âsu-* « rapide ». Les Ossètes se nomment eux-mêmes **Ир** [Ir]), et l'Ossétie **Ирыстон** [Iryston]. Les sources slaves orientales nomment les Alains *Iasy* « Iasses », les sources géorgiennes *O(v)s-*.

presque sans discussion. Celui qui osait la braver payait une amende ou était boycotté par tous et souvent chassé du village.

Ainsi, au XVIIIe siècle, l'Ossétie apparaît comme une confédération de communautés libres et autonomes, définissant sa ligne de conduite dans les questions militaires et diplomatiques au *nykhas* pan-ossète. La dernière de ces assemblées suprêmes, à laquelle fut tranchée la question, vitale pour tous les Ossètes, de l'incorporation de l'Ossétie à la Russie, se tint en 1749 et fixa la composition de l'ambassade qui serait envoyée à Saint-Pétersbourg.

Après l'annexion du Caucase à la Russie, la politique russe de déplacement des montagnards vers les plaines ouvrit aux Ossètes l'accès à une partie de leur ancienne aire de peuplement : la plaine de Vladikavkaz. Malgré la rude attitude coloniale des autorités russes au Caucase, notamment à l'égard des Ossètes, le nombre de ces derniers passa entre 1833 et 1860 de 35.750 à 66.126 personnes. Ce changement radical dans la vie de l'Ossétie favorisa le dépassement des divisions internes aux Ossètes, le développement de relations économiques, l'établissement de liens avec le monde extérieur, l'accès à la culture russe.

Au milieu du XIXe siècle, une partie des Ossètes musulmans qui s'était battue contre le renforcement de l'influence russe au Caucase émigra en Turquie. Cette émigration de caractère politique fit l'objet d'un accord entre les gouvernements russe et ottoman. Quelques milliers d'Ossètes se trouvèrent ainsi coupés de leur patrie historique et leurs descendants vivent toujours loin d'elle. Ils ont réussi à conserver leur langue, leur musique, et des éléments de leur tradition orale. Leur culture, qui présente un grand intérêt pour la compréhension des spécificités de la tradition populaire ossète, demeure malheureusement peu étudiée à l'heure actuelle.

La seconde moitié du XIXe siècle marqua le début d'une renaissance culturelle des Ossètes : la parution des premiers livres en ossète, l'ouverture d'écoles au Caucase, l'attirance évidente des Ossètes pour l'éducation et la fixation d'une langue littéraire unique permirent la croissance d'une classe éduquée et le renouveau national de l'Ossétie. Les intellectuels ossètes se sentaient d'ailleurs responsables des intérêts non seulement de leur propre peuple, mais aussi de leurs frères caucasiens. Les idées « éclairées » devinrent très populaires chez ces intellectuels, dont le centre incontesté pour tout le Caucase du Nord était Vladikavkaz. La figure brillante et complexe de Kosta Khétagourov (**Хетæгкаты Къоста** [Khetægkaty K'osta]), poète, prosateur, publiciste et peintre, fondateur de la littérature nationale, devint le symbole de la lutte pour la renaissance de la culture nationale et de l'opposition à la politique coloniale russe au Caucase.

Les bouleversements du XXe siècle n'ont pas épargné l'Ossétie. En dépit des efforts des onze congrès du peuple ossète, tenus de 1917 à 1919 dans le but d'unir l'Ossétie du Nord et du Sud et d'y empêcher la guerre civile, le pays ne put éviter un bain de sang. Et l'unification de l'Ossétie n'eut pas lieu : l'Ossétie du Nord reçut en 1924 le statut de région autonome, puis en 1936 de république autonome dans le cadre de la République socialiste fédérative soviétique de Russie, alors que la région autonome d'Ossétie du Sud était incluse en 1922 dans la République socialiste soviétique de Géorgie.

A l'époque soviétique, les Ossètes ont connu comme les autres peuples des phases d'enthousiasme et de déception, de guerres et de travail opiniâtre. Les Ossètes n'en ont pas moins réussi, au XXe siècle, à faire renaître et à consolider leur culture nationale. Le code coutumier (**ирон æгъдау** [iron æghdaw]) élaboré par les Ossètes dans les conditions difficiles de leur histoire y a sans doute contribué, en donnant à tous les membres des communautés ossètes le sens de l'appartenance à une même ethnie ; c'est une notion qui a eu et a encore une grande importance dans la vie des Ossètes. Ce code est un ensemble de valeurs morales et de règles coutumières qui déterminent tous les aspects de la vie de l'Ossète. Fait intéressant, ce même soutien moral a été le seul repère des Ossètes émigrés.

Les racines de ce concept de « loi coutumière »[9] remontent au passé iranien des Ossètes, et sa formation est vraisemblablement liée à l'épopée héroïque « narte ». C'est un monument gigantesque de tradition populaire orale, dont les sources scytho-sarmato-alaines ont été établies par une pléïade de savants célèbres comme V. Miller, G. Bailly, G. Dumézil, V.I. Abaïev et V.A. Kouznetsov. Cette épopée est inséparable de l'histoire et de la conscience nationale du peuple ossète, et son impact a été tel qu'elle n'a pas seulement permis la conservation de la tradition culturelle des Ossètes, mais a été adoptée et complétée par plusieurs autres peuples caucasiens.

Dans cette tradition culturelle du peuple ossète, la langue joue le rôle essentiel, et c'est sur elle que nous allons à présent nous pencher.

« *Les Ossètes ont réussi la double performance : le contenu culturel, un contenu qui nous reporte aux derniers états de la civilisation scythique, a été préservé en même temps que son contenant linguistique, et cela jusqu'à notre temps. Et surtout un trésor de récits épiques subsiste, pleins d'archaïsmes, autour de héros dont l'originalité, malgré la pénétration de thèmes folkloriques plus ou moins universels, reste puissante et fraîche. Mieux : ce sont les peuples voisins qui, à des degrés divers, ont adopté cette littérature, n'y altérant que ce qui était trop spécifiquement ossète, scythique.* »

G. Dumézil, *Romans de Scythie et d'alentour*.

---

9 oss. **æгъдау** [æghdaw] < ir. _*haxta-_ ? cf. av. *haxta-* « correct, convenable, conforme à la loi », *anahaxta-* (= oss. **æнæгъдау** [ænæghdaw] « illégal, dépourvu d'autorité » ; sogd. *aγdaw* « juge ».

QUELQUES DONNÉES SUR L'OSSÉTIE

Territoire

-République d'Ossétie du Nord - Alanie : 8.000 km².

Plus grande dimension du nord au sud : 125 km ; d'est en ouest : 120 km.

Voisine avec : le territoire de Stavropol' (Fédération de Russie) au nord, l'Ossétie du Sud au sud, l'Ingouchie (Fédération de Russie) et la Tchetchénie à l'est, la Kabardino-Balkarie (Fédération de Russie) à l'ouest.

-République d'Ossétie du Sud : 3.900 km².

Voisine avec : l'Ossétie du Nord (Fédération de Russie) au nord, la Géorgie au sud.

Capitales :

Ossétie du Nord - Alanie : Vladikavkaz ; fondée en 1784, rebaptisée à diverses reprises : Ordjonikidzé (du nom d'un communiste géorgien) de 1931 à 1944, Dzæwdjyqæw (en russe Dzaudjikau) de 1944 à 1954, de nouveau Ordjonikidzé de 1954 à 1990, et Vladikavkaz depuis 1990.

Ossétie du Sud : Tskhinval, l'une des plus anciennes agglomérations du Caucase. La ville s'est appelée Staliniri de 1934 à 1961.

Population :

L'Ossétie du Nord - Alanie, qui est la plus petite république de la Fédération de Russie, est également la plus densément peuplée et la plus urbanisée (67 % de population urbaine). D'après le recensement de 1989, la densité moyenne de population y était de 85 habitants au km², pour une moyenne russe de 8,6. Cette densité a encore augmenté : du fait des processus migratoires causés par l'effondrement de l'Union soviétique, l'Ossétie du Nord occupe la première place en Russie par le nombre de réfugiés et personnes déplacées ; d'après le Service des migrations de la Fédération de Russie, leur proportion s'élevait, à la date du 15 août 1999, à 530 personnes pour 10.000 habitants (48 en moyenne pour l'ensemble de la Russie).

en octobre 2002, L'Ossétie du Nord - Alanie comptait 678.000 habitants, dont 60,2 % d'Ossètes, 23,5 % de Russes, 3,4 % d'Ingouches, 2,1 % d'Arméniens, 1,8 % de Géorgiens, 1,8 % de Koumyks, 1,2 % d'Ukrainiens, 0,5 % de Tchetchènes, et 5,5 % de représentants d'autres nationalités.

La population de l'Ossétie du Sud s'élevait à 98.527 personnes lors du recensement de 1989, mais la majeure partie de cette population a dû quitter le pays lors du conflit de 1990-92 avec la Géorgie. Il n'est pas possible de déterminer précisément le nombre actuel d'habitants.

Climat et relief :
Le climat est continental modéré ; la température moyenne de janvier est de -2,7° (en Ossétie du Sud : +4,5°), celle d'août de 21-24°.

La nature est riche en contrastes : la partie montagneuse de l'Ossétie du Nord occupe 48 % de son territoire, et son point culminant, le mont Djimara (**Джимарайы Хох** [Djimaraïy Khokh]) s'élève à 4.780 m au-dessus du niveau de la mer. Le reste du territoire est très varié : steppe, steppe boisée, forêts, alpages, neiges éternelles et glaciers.

Le paysage montagneux domine également en Ossétie du Sud, et la majeure partie du territoire est couverte d'épaisses forêts mixtes.

Ressources naturelles :
Le sous-sol des deux Osséties est riche en minerais : zinc, plomb, argent, cuivre, étain, et en matériaux de construction tels que dolomite, calcaire, marbre. Les sources curatives abondent.

Entreprises industrielles :

Nombre total :	131
Industrie lourde :	76
Industrie légère :	17
Industries de transformation :	38

Agriculture :
On cultive en Ossétie des céréales (maïs, blé, orge), des légumes et des cucurbitacées. L'horticulture, la viticulture, l'élevage y sont bien développés.

3-LA LANGUE OSSÈTE

EN QUOI CONSISTE LA SPÉCIFICITÉ DE LA LANGUE OSSÈTE ?

La spécificité de l'ossète a été façonnée, en premier lieu, par des contacts prolongés avec les langues de l'Europe antique, puis par des contacts avec les langues caucasiques après la migration des Alains, ancêtres directs des Ossètes, des steppes ukraino-russes vers le Caucase. La langue ossète s'est développée conformément à ses règles internes, caractéristiques des langues iraniennes, et a conservé son fonds lexical et sa structure grammaticale. En même temps, elle n'a pas échappé à l'influence des langues caucasiques voisines. C'est cette influence qui explique la présence en ossète de consonnes glottalisées typiques des parlers caucasiques, mais inconnues du reste de la famille iranienne : **къ, пъ, тъ, хъ, цъ, чъ** [k', p', t', q, ts', tch'].

L'isolement relatif de l'ossète, son éloignement des autres langues iraniennes - en particulier du persan, langue dominante durant des siècles chez les peuples directement iranophones et dans la majeure partie de l'Asie centrale -, lui ont permis de conserver sa spécificité. Il est demeuré proche de l'iranien commun, c'est-à-dire de la langue mère des langues iraniennes historiques. Cette proximité se manifeste dans le lexique, la phonétique, la grammaire.

LA PLACE DE L'OSSÈTE DANS LE GROUPE IRANIEN

Il nous semble essentiel de rappeler au lecteur que le terme de « langues iraniennes » s'emploie dans un sens exclusivement linguistique et non géographique. Il désigne un groupe de langues apparentées. Ce groupe se définit par son origine commune, la cohérence de son système grammatical et de son fonds lexical, et appartient à la famille linguistique indo-européenne. Les locuteurs de ces langues ont habité ou habitent encore non seulement dans l'actuel Iran, mais aussi bien loin de ce pays. On parle parfois de groupe « irano-aryen » par analogie avec le groupe frère indo-aryen.[10]

A première vue, les langues « iraniennes » sont fort éloignées l'une de l'autre et ne sont généralement pas intercompréhensibles. C'est naturel : chacune d'entre elles a une longue histoire qui lui est propre, et des millénaires les séparent de la langue-mère commune.

Cette dernière, bien sûr, n'a laissé aucun témoignage écrit, faute de système d'écriture disponible à l'époque de son existence. Mais au XVIIIe siècle, des textes rédigés dans des parlers iraniens anciens et contenant des informations linguistiques précieuses ont été redécouverts. Il s'agit du recueil de textes sacrés connu sous le nom d'*Avesta*, et qui contient l'enseignement de Zoroastre ou Zarathoustra (*Zaraθuštrô*), prophète et réformateur du mazdéisme iranien ; les parties les plus anciennes sont parfois datées de la fin du IIe millénaire avant notre Ere. Il faut y ajouter les inscriptions en vieux-perse des VIe-IVe siècles av. J.-C.
La langue morte de l'*Avesta* est toujours le langage cultuel des communautés mazdéennes zoroastriennes d'Inde (les Parsis) et d'Iran (les Guèbres).

Ces découvertes ont permis de lever le voile sur le passé commun des langues iraniennes et des peuples qui les ont parlées ou les parlent, leur histoire et leur héritage culturel. La linguistique historique et comparative, née à la fin du XVIIIe et au début du XIXe siècle, a pu, sur la base d'une analyse comparative détaillée des parlers iraniens anciens et modernes, non seulement reconstruire des formes linguistiques, mais retracer l'évolution de chacune de ces langues, déterminer leurs degrés de proximité, leurs époques de divergence, l'importance des influences subies de la part d'autres groupes linguistiques, etc.

---

[10] *Arya-* était l'autoethnonyme commun des populations qui, il y a plusieurs millénaires, parlaient l'indo-iranien commun avant que ne s'individualisent les groupes indien et iranien.

En linguistique contemporaine, les langues iraniennes, qui appartiennent elles-mêmes à la famille indo-européenne, sont classées comme suit (le signe † désigne les langues mortes) :

LANGUES IRANIENNES

Rameau nord-occidental

†Mède
†Parthe
Baloutche
Kurde
Talyche

†Avestique[11]

Rameau nord-oriental

† Scythe
†Sarmate
†Alain
†Chorasmien
†Sogdien
Ossète
Yaghnobi

Rameau sud-occidental

†Vieux-perse
†Moyen-Perse
Persan (*fârsi*)
Ghilian
Tadjik
Dâri
Hazara

---

[11] L'Avestique occupe une place intermédiaire entre les rameaux nord-occidental et nord-oriental.

Rameau sud-oriental

†Bactrien
†Langues saces
Afghan (pachto)
Langues pamiriennes.

La ressemblance des langues iraniennes est bien visible à travers la comparaison de termes appartenant au plus vieux fonds lexical de plusieurs d'entre elles :

OSSETE	PACHTO	TADJIK	PERSAN	KURDE	TRADUCTION
сæр [sær]	*sar*	*sar*	*sär*	*säri*	tête
цонг [tsong]	*cang*	*čang*	*čäng*	*čäng*	main
дыууæ [dywwæ]	*dva*	*du*	*do*	*dö*	deux
фондз [fondz]	*pindzə*	*pandj*	*pändj*	*pendj*	cinq
ефс [efs]	*âs*	*asp*	*äsp*	*häsp*	cheval, jument
бодз [bodz]	*wuz*	*buz*	*boz*	*bəzən*	bélier
арв [arv]	*owrə*	*abr*	*äbr*	*ə'wər*	ciel, nuage
фæрс- [færs-]	*pux̱t-*	*purs-*	*pors-*	*pərs-*	demander

COMMENT ÉCRIRE L'OSSÈTE ?

La question de l'apparition de l'écriture et des caractères employés chez les ancêtres des Ossètes reste ouverte. Il existe d'incertains témoignages de l'existence d'écritures chez les peuples scytho-sarmates.[12] Dès le Ve siècle, dans le *Livre des peuples et des pays* syrien, Andronic cite parmi les peuples qui dispose de leur écriture les Grecs, Romains, Arméniens, Géorgiens, Perses, et Alains. Au

[12] Des motifs hiéroglyphiques décorent un plat du « trésor » scythe de Ziwiyé, au Kurdistan iranien (VIIIe siècle av. J.-C.) ; un plat d'argent d'Issyk au Kazakhstan (IVe-IIIe siècles av. J.-C.) porte des signes qui évoquent les « runes » turques postérieures. Le linguiste russe G. Tourtchaninov prétend déchiffrer des mots ou des textes entiers dans différents alphabets sur des objets scythes, sarmates et alains de l'Antiquité, mais ses travaux sont considérés comme fantaisistes.

IXe siècle, une autre source syrienne affirme : « *Il y a quinze peuples qui connaissent l'écriture, dont six de Japhet : les Grecs, Ibères, Romains, Arméniens, Mèdes, Alains* ». A la même époque, Constantin-Cyrille (l'inventeur des caractères slaves) dit des Alains qu'ils « *ont une écriture et glorifient Dieu dans leur propre langue* ». Mais ces données ne sont pas, à ce jour, confirmées par l'archéologie.

Le monument le plus ancien d'écriture alano-ossète, l'« inscription du Zélentchouk », fut découvert à la fin du XIXe siècle. En 1888, l'archéologue et peintre D. M. Stroukov trouva dans les hauteurs du Grand Zélentchouk (affluent du Kouban) une grande stèle portant une inscription bien conservée en caractères grecs. Elle fut rapidement décrite par le savant russe V. F. Miller, qui conclut après une analyse détaillée qu'il s'agissait d'un texte ossète rendu par l'alphabet grec (partiellement en cursive), et qui constituait un témoignage d'écriture alano-ossète. Cette opinion généralement admise a été encore réaffirmée récemment par le linguiste américain L. Zgusta dans une brochure qu'il a consacrée en 1987 à l'étude de l'inscription du Zélentchouk. Il date la stèle des XIe-XIIe siècles et expose que le texte, rédigé pour l'essentiel en alano-ossète, contient les noms de quatre hommes.

Ce texte est le suivant : **Σαχηρη φο(?) φουρτ Πακαθαρ Πακαθα[ρ]η φουρτ Ανπαλαν Α[ν]παλανη φουρτ Λακ ανη τζηρθε.** Les termes **τζηρθε** et **φουρτ** se déchiffrent aisément sur la base de l'ossète contemporain (**цырт** [tsyrt] « stèle funéraire » et **фырт** [fyrt], digor **фурт** [furt] « fils »). Les noms propres de l'inscription sont des noms alains répandus : Bakatar, Anbal...

Des informations sur certaines caractéristiques de la langue des Alains au XIIe siècle apparaissent dans les expressions rapportées par l'écrivain byzantin Jean Tzetzès (vers 1110-1180). Elles ont été publiées par le byzantinologue hongrois G. Moravcsík en 1930. Ces phrases figurent en épilogue à la *Théogonie* du poète, consacrée à l'origine des dieux grecs et qui énumère les héros troyens et grecs. La date de ce témoignage ne fait aucun doute, puisque la *Théogonie* fut écrite à la demande de la *sébastocratoresse* Irène, épouse d'Andronic Comnène, mort en 1143. Ce dernier était le frère aîné de l'empereur Manuel, dont le long règne (1143-80) fut marqué par de nombreuses guerres et des tentatives d'alliance avec l'Occident. L'auteur cite des formules de salutation dans différentes langues que l'on pouvait entendre parler à Constantinople au milieu du XIIe siècle : le « scythe » (c'est-à-dire le turc kiptchak), le « persan » (turc seldjoukide), le latin, l'alain, l'arabe, le slave oriental, l'hébreu, et en donne la traduction en grec.

On possède également un petit glossaire médiéval (découvert en 1957) donnant la traduction en hongrois ou en latin d'une trentaine de mots du parler des Iasses, les Alains réfugiés en Hongrie au XIIIe siècle. La plupart de ces termes sont presque identiques à leurs équivalents ossètes modernes et notamment aux formes plus archaïques conservées par le dialecte digor.

Terme iasse	Traduction du glossaire	Equivalent ossète (iron)	Equivalent ossète (digor)	Sens
Daban horz	/	dæ bon khorz	dæ bon khwarz	« Bonjour »
nahech-sa	/	næ khitsaw ?	næ khetsaw ?	« notre maître » ?
khevef	panis	k'æbær ? [1]	k'æbær ?	« pain »
fit	carnis	fyd	fid	« viande »
baza	brodiu[m]	bas	basæ	« soupe »
sana	winu[m]	sæn	sænæ	« vin »
jayca	oua	aïk [2]	aïkæ	« œuf »
dan	aqua	don	don	« eau »
manauo-na	frume[n]tum	mænæw	mænæwæ	« blé »
zabar	auena	/ [3]	/	« avoine »
huvaz	fenu[m]	xos	xwasæ	« foin »
casa	[?] cocta	kas [4]	kasæ	« kacha, bouillie » ?
oras	(hng. ou trc.) boza	/	wæræs	« boza » [5]

tabak	scutela	tæbægh	tæbægh	« assiette »
gist	fo[r]magi[n]um	/ [6]	/	« fromage »
charif	(hng.) vay	tsarv	tsarv	« beurre »
karak	pullus	kark	kark	« poulet »
caz	auca	qaz	qaz	« oie »
kuraynu	molen[darii] lapi[de]s ?	kwyroï	kuroïnæ	« moulin »
bah	ecus (=*equus !)	bækh	bækh	« cheval »
acha	(hng.) fuv [7]	atts	attsæ	« canard sauvage »
gal	bos	gal	gal	« bœuf »
fus	oves	fys	fus	« mouton »
saca	capar	sægh	sæghæ	« chèvre »
uas	bidellu[m] (= *vitellus !)	/	wæss	« veau »
docega	vacca	dutsgæ (qug)	dotsgæ (ǧog)	« (vache) laitière »

[1] : L'équivalence avec le terme ossète est très douteuse.

[2] : Avec son *y-* prothétique, ***yajca*** peut aussi représenter un emprunt au slave (cf. ci-dessus).

[3] : Il n'y a pas d'équivalent ossète ; « avoine » se dit sysjy, et zætxæ en digor.

[4] : Emprunt possible au slave.

[5] : Il s'agit d'une boisson à base de céréales fermentées ; dig. wæræs désigne la « petite bière » et a des cognats dans des langues caucasiques (abkhaze *a-waraš* « bière »).

[6] : « Fromage » se dit tsykht en ossète ; il est douteux que ***gist*** représente une forme apparentée.

[7] : *Fuv* correspond au hongrois dialectal *fü* « canard sauvage ».

En ce qui concerne l'ossète moderne, la première étape du développement d'une écriture fut la publication par Ioann Ialgoudziev (**Ӕлгъузаты Джиуæры фырт Уане** [Ælghuzaty Djiwæry fyrt Wane], 1775-1830, enseignant en poste à Tbilissi) de quelques livres religieux traduits du géorgien, de différents documents officiels et du premier alphabet ossète dérivé de l'alphabet religieux géorgien *khoutsouri*.[13]

Le premier livre imprimé en ossète et en caractères slaves (d'église), intitulé *Enseignement initial pour ceux qui désirent étudier les livres de l'Ecriture divine*, vit le jour en 1798. Ce petit opuscule contenait un abécédaire, un court catéchisme, les prières et textes fondamentaux, imprimés parallèlement en ossète et en russe. Ses auteurs étaient l'évêque de Mozdok Caïus et le prêtre Paul Kessaïev.

La première fixation d'un alphabet ossète perfectionné et accessible à tous est due à A. Sjögren, membre de l'Académie des sciences russes. Au cours d'un séjour de deux ans en Ossétie, Sjögren visita les régions les plus reculées du pays et recueillit d'abondantes informations sur le mode de vie et la langue des Ossètes. Le fruit de son travail, la *Grammaire ossète* éditée en russe et en allemand en 1844, est consacrée aux questions de phonétique, de morphologie, d'orthographe, de syntaxe de l'ossète, et contient aussi une analyse étymologique d'une partie du lexique. Pour rendre les particularités phonétiques de la langue, Sjögren proposa un alphabet basé sur le cyrillique et comportant quelques signes spécifiques pour les sons qui n'ont pas d'équivalent en russe.

Après la parution de la grammaire de Sjögren, d'autres livres furent publiés en ossète dans la seconde moitié du XIXe siècle : plusieurs ouvrages religieux, des poèmes à thèmes également religieux (Koliev), et aussi un abécédaire avec une courte grammaire et un dictionnaire russo-ossète composé par l'évêque de Vladikavkaz Joseph.

Une place spéciale dans la description et l'étude de l'ossète revient à l'académicien russe V. F. Miller, qui consacra à cette langue une série de travaux importants et démontra que l'ossète continuait des parlers « scythiques ».

---

[13] Le géorgien possède deux alphabets : le *khoutsouri* religieux et le *mkhédrouli* laïc.

Miller se rendit en Ossétie pour la première fois en 1879. Entre 1881 et 1887 parurent ses *Etudes ossètes*, qui contiennent tant des données linguistiques et ethnographiques que des textes de légendes et de ballades. Son dictionnaire ossèto-russo-allemand posthume en trois volumes (1927-34) conserve toute son utilité aujourd'hui. Les travaux de Miller ont été un apport considérable à l'ensemble de l'iranistique.

Les oeuvres des iranologues et des premiers éducateurs et auteurs ossètes fondèrent la langue littéraire ossète, dont le père fut de l'avis général le poète, prosateur et peintre du XIXe siècle Kosta Khétagourov.

Pendant quatorze ans, de 1923 à 1937, les Ossètes utilisèrent un alphabet de type latin, et les caractères géorgiens furent introduits en 1938 en Ossétie du Sud. Depuis 1954, les deux Osséties emploient un alphabet unique basé sur le cyrillique.

LES OSSÈTES PARLENT-ILS TOUS LE MÊME OSSÈTE ?

La langue ossète est divisée en deux dialectes principaux : un dialecte oriental (**Ирон**, [iron]), et un dialecte occidental ou *digor* (**Дыгурон** [dyguron]), que les linguistes considèrent comme plus archaïque. Les différences entre les deux sont d'ordre phonétique, lexical et grammatical (cf. détail en annexe)

Outre cette coupure majeure entre iron et digor, on distingue d'autres dialectes locaux : le koudar (*k'udaïrag*) et le tchysan (*tchysæïnag*) parlés en Ossétie du Sud, le toual (*twallag*) et le wællagkom (*wællagkoïmag*) dont les locuteurs vivent en Ossétie du Nord. Il faut également noter que les parlers d'Ossétie du Sud contiennent de nombreux mots géorgiens, qui sont souvent utilisés parallèlement aux termes ossètes, tandis que les emprunts au russe abondent dans le lexique des dialectes d'Ossétie du Nord.

La base de la langue littéraire est le dialecte iron, parlé par la grande majorité des Ossètes, mais il existe aussi une littérature et une presse en dialecte digor.

Après cette rapide digression historique, et avant de présenter l'alphabet ossète contemporain, il convient de rassurer le lecteur : il est facile de lire et d'écrire en ossète, car l'orthographe est basée sur le principe phonétique ; la graphie des mots est proche de leur prononciation.

II-GRAMMAIRE DE L'OSSÈTE

1-L'ALPHABET ET LA PRONONCIATION DE L'OSSÈTE

Lettre	Transcription	Lettre	Transcription
А а	[a]	**Пъ пъ**	[p']
Æ æ	[æ]	**Р р**	[r]
Б б	[b]	**С с**	[s]
В в	[v]	**Т т**	[t]
Г г	[g]	**Тъ тъ**	[t']
Гъ гъ	[gh]	**У у**	[u, w]
Д д	[d]	**Ф ф**	[f]
Дж дж	[dj]	**Х х**	[kh]
Дз дз	[dz]	**Хъ хъ**	[q]
Е е	[e]	**Ц ц**	[ts]
Ё ё*	[io]	**Цъ цъ**	[ts']
Ж ж**	[j]	**Ч ч**	[tch]
З з	[z]	**Чъ чъ**	[tch']
И и	[i, ï]	***Ш ш****	[ch]
Й й	[ï]	***Щ щ****	[chtch]
К к	[k]	**ъ****	['] (en ossète)
Къ къ	[k']	***ь****	['] (en russe)
Л л	[l]	**Ы ы**	[y]
М м	[m]	***Э э****	[è]
Н н	[n]	***Ю ю****	[iou]
О о	[o]	***Я я****	[ia]
П п	[p]		

* : lettre utilisée seulement dans les emprunts au russe.

** : lettre utilisée en ossète seulement en combinaison et n'apparaissant seule que dans les emprunts au russe.

On distingue dans la langue littéraire ossète 35 phonèmes : 7 voyelles, 2 semi-voyelles et 26 consonnes. Il faut y ajouter les emprunts récents de sons russes qui ont conservé leur prononciation d'origine et portent le nombre total des phonèmes employés en ossète à 39. Pour simplifier l'apprentissage de l'alphabet, on donnera dans toute cette partie des transcriptions phonétiques des termes ossètes (indiquées entre crochets) ; cette « béquille » sera supprimée à partir du début de la partie morphologique.

LES VOYELLES

L'ossète connaît 7 voyelles : **а, æ, е, и, о, у, ы**. En fonction de leur articulation, elles s'organisent comme suit :

и		**ы**		**у**
	е	**æ**	**о**	
		а		

On distingue ainsi en ossète deux voyelles d'avant (**и, е**), trois voyelles centrales (**а, æ, ы**), enfin deux voyelles d'arrière (**о, у**).

Le système vocalique contemporain ne connaît presque pas d'opposition de longueur, à l'exception de l'allongement de la voyelle dans certaines particules démonstratives pour indiquer l'éloignement. Mais les voyelles se divisent en voyelles « fortes », qui remontent aux anciennes voyelles longues et diphtongues (**а, е, и, о, у**), et voyelles « faibles » (**æ, ы**) qui proviennent d'anciennes voyelles courtes. Il est intéressant de noter que le processus d'affaiblissement de ces voyelles se poursuit en ossète contemporain. On constate à l'heure actuelle une nette tendance à leur réduction, c'est-à-dire à leur affaiblissement encore plus prononcé, voire à leur escamotage et à leur disparition complète. Les voyelles **æ** et **ы** se montrent particulièrement instables en début de mot.

La majorité des voyelles ossètes se prononce comme les équivalents français ; mais on prêtera attention aux nuances suivantes :

а [a] rappelle le *a* de *pâte*.
е [e] est comparable au *é* de *été*. En début de mot, il se prononce *ié* comme dans *lié*.
и [i] est proche du *i* de *bistrot* (il note également une semi-voyelle, cf. ci-dessous).

æ [æ] n'a pas d'équivalent exact en français, mais peut être comparé à un *a* bref tirant sur *è*, tel qu'on l'entend dans *casquette* ; en début de mot, il se prononce très faiblement, et au contact d'une voyelle forte est souvent avalé par cette dernière.
ы [y] évoque le *e* de *petit* (dans les emprunts au russe, la même lettre note un son différent, un *y* arrière intermédiaire entre les sons *ou* et *i* du français).
у [у] est identique au français *ou* dans *cou* (mais avant une autre voyelle, il note la semi-voyelle *w*, cf. ci-dessous).
о [о] correspond au *o* français fermé dans *tôt, eau*.

☛On rencontre en outre, exclusivement dans les emprunts au russe, les lettres **ё** (comme dans *diode*), **э** (comme le *è* de *poète*), **я** (comme la première syllabe de *yatagan*), **ю** (comme dans *youyou*).

SEMI-VOYELLES

Il existe en ossète deux « semi-voyelles », phonèmes qui ne peuvent comme une vraie voyelle former la base d'une syllabe et n'apparaissent qu'en association avec une voyelle, avant ou après elle. La semi-voyelle d'avant **й** [ï] se prononce à peu près comme le *ï* de *aïe*. La semi-voyelle d'arrière **у** [w], notée par le même signe que la voyelle **у** [u], se prononce un peu comme le *w* de *whisky* ou le *ou* de ***oui***.

LES CONSONNES

La prononciation de la majorité des consonnes ossètes est proche de celle des sons français correspondants. C'est en particulier le cas de **б** [b], **в** [v], **д** [d], **м** [m], **н** [n], **ф** [f].

Les différences et précisions suivantes doivent être notées :

-Le **г** [g] est toujours prononcé comme dans *gare*.
-Le signe **ж** n'apparaît en ossète (en dehors des emprunts au russe) que dans la combinaison **дж** , utilisée pour noter la consonne complexe [dj] (comme dans *djébel* ou l'anglais *joke*).

-Les consonnes **к** [k], **п** [p], **т** [t], **ц** [ts], **ч** [tch] se prononcent assez fortement.

-Le **р** [r] est « roulé », comparable au r russe.

-La consonne **х**, transcrite [kh], ressemble au ch allemand de *Buch* ou à la *jota* espagnole.

-Le signe **ъ** n'a pas de son propre et n'apparaît qu'en combinaison avec une autre consonne pour indiquer les sons suivants :

гъ, transcrit [gh], est un son guttural un peu comparable au r français « grasseyé », et qui évoque un râclement de gorge. C'est le correspondant sonore de la sourde **х** [kh].

хъ, transcrit [q], est un *k* d'arrière-gorge qui n'a aucun équivalent en français ou dans les langues européennes (des sons voisins se rencontrent dans d'autres langues du Caucase, en turc, dans les langues sémitiques...).

Dans les combinaisons **къ** [k'], **пъ** [p'], **тъ** [t'], **цъ** [ts'], **чъ**, [tch'], ce même signe **ъ** indique la « glottalisation ». La consonne est accompagnée d'une occlusion glottale comparable à l'attaque vocalique que l'on entend avant les voyelles initiales en allemand, et qui est relâchée immédiatement après l'articulation du son principal.

-La consonne **ч** [tch] se prononce comme dans *Tcherkesse*.

Note importante : Il faut signaler que la prononciation réelle des consonnes notées **дз** (= [dz] comme dans *dzêta*), **з** (= [z] comme dans *zèbre*), **с** (= [s] comme dans *sûr*) et **ц** (= [ts] comme dans *tsar*) a varié suivant les époques et varie encore suivant les dialectes et les régions considérés. Nous en donnons ici les équivalents traditionnels, « moyens » et conformes à l'étymologie. ***Le lecteur notera toutefois qu'en ossète littéraire actuel, ces consonnes se prononcent comme suit :***

дз = [z] comme dans *zèbre* ; cependant, la même consonne géminée (cf. plus bas à ce propos) **ддз** se prononce bien [ddz] ;

з = [j] comme dans *jaune*) ;

с = [ch] comme dans *chiffre*) ;

ц = [s] comme dans *sûr* ; cependant, la même consonne géminée **цц** se prononce bien [tts].

☛Dans les emprunts au russe apparaissent en outre les consonnes **ж** ([j] de *juge*, **ш** ([ch] de *chat*), **щ** ([chtch]), et les signes « dur » **ъ** et « mou » **ь** ; le signe « mou » **ь** note en russe la palatalisation ou « mouillure » des consonnes, qui n'existe pas en ossète ; le signe « dur » **ъ** note en russe la « dureté » ou non-palatalisation des consonnes et a donc un sens très différent de son emploi en ossète. ***En pratique, dans le présent manuel, le lecteur n'aura pas à s'occuper d'orthographe ou de phonétique russes.***

PARTICULARITÉS DE LA PRONONCIATION DES SONS OSSÈTES EN FONCTION DE LEUR POSITION

Les particularités suivantes sont à noter pour la prononciation des sons ossètes dans le discours suivi :

a-Si un mot se termine par la voyelle faible æ, et que le mot suivant commence par la même voyelle, l'une d'elles tombe :

æнæ [ænæ] « sans » + **æмбаргæ** [æmbargæ] « qui comprend » > **æнæмбаргæ** [ænæmbargæ] « stupide, qui ne comprend pas ».

æнæ [ænæ] « sans » + **æфсарм** [æfsarm] « conscience, honneur, pudeur » > **æнæфсарм** [ænæfsarm] « sans conscience, éhonté, sans honneur ».

æнæ [ænæ] « sans » + **æххæст** [ækhkhæst] « plein, accompli » > **æнæххæст** [ænækhkhæst] « incomplet, inaccompli ».

b-Si un mot se termine par l'une des voyelles faibles **ы** [y] ou æ, et que le suivant commence par **ы** ou æ, la voyelle faible initiale du deuxième terme peut tomber :

никуы æмæ ницы « nulle part et rien » > **никуы 'мæ ницы** [nikwy 'mæ nitsy].

алы æгъдау [aly æghdaw] « chaque usage, chaque coutume » > **алы 'гъдау** [aly 'ghdaw].

фæткъуы æрхаудис « la pomme est tombée » > **фæткъуы 'рхаудис** [fætk'wy 'rkhawdis].

c-Si une voyelle forte et une voyelle faible se trouvent en contact à la fin d'un mot et au début du suivant, la faible est souvent avalée par la forte :

дæ архайд « ton travail, ton activité » > **д'архайд** [d 'arkhaïd].

ничи æрбацыдис « Personne n’est venu » > **ничи ’рбацыдис** [nitchi ’rbatsydis].
саби æрхудтис « L’enfant a ri » > **саби ’рхудтис** [sabi ’rkhudtis].

d-Deux voyelles faibles **æ** qui se trouvent en contact à la fin d’un mot et au début du suivant peuvent être fusionnées en **e** dans les cas suivants :
. avec les prénoms possessifs terminés en **-æ** :
мæ æмгар « mon contemporain, celui qui a le même âge que moi » > **ме ’мгар** [Me ’mgar].
дæ æмбал « ton ami » > **де ’мбал** [de ’mbal]
йæ æрбацыд « sa venue » > **йе ’рбацыд** [ïe ’rbatsyd].
.avec la négation **нæ** et le préfixe **фæ** :
нæ æнтысы « il ne réussit pas, n’obtient pas » > **не ’нтысы**.
нæ æрбацыдис « il (elle) n’est pas venu(e) > **не ’рбацыдис**.
нæ æмбарын « je ne comprends pas » **не ’мбарын**.
фæ æмбæлын « rencontrer » > **фе ’мбæлын**.
фæ æзмæлын « s’agiter » > **фе ’змæлын**.

e-cette fusion de voyelles en **e** s’observe plus rarement en cas de rencontre d’un **æ** final avec un **и** [i] initial :
дæ изæр « ta soirée » > **де ’зæр** [de ’zær].
дæ иннæ хо « ton autre soeur » > **де ’ннæ хо** [de ’nnæ kho].

f-le groupe de voyelles **æуæ** [æwæ] peut se résoudre en **о** [o] :
нæуæг [næwæg] « nouveau » > **ног** [nog] ; **цæуæм** [tsæwæm] « nous allons » > **цом** [tsom].

GROUPES DE CONSONNES ET CONSONNES GÉMINÉES

Les groupes de consonnes sont étrangers à la langue ossète. La prononciation est allégée par des voyelles « prothétiques », qui apparaissent en début de mot devant un groupe de consonne, ou « épenthétiques », qui sont insérées entre les consonnes dans un mot ou entre deux mots. Les voyelles prothétiques sont les **æ** et **ы** faibles :

æгъдау [æghdaw] « coutume » ; **æвзист** [ævzist] « argent » ; **æргом** [ærgom] « ouvert, sincère ».

Devant les sifflantes, c'est habituellement **ы** [y] qui apparaît phonétiquement, mais pas dans la graphie :
змалын [yzmalyn] « bouger, s'agiter » ; **ссудзын** [yssudzyn] « brûler, se consumer » ; **згъорын** [yzghoryn] « courir ».

Ce même **ы** [y] faible est habituellement employé comme voyelle épenthétique :
чырыстон [tchyryston] « chrétien » ; **фырт** [fyrt] « fils » > pluriel **фыртытæ** [fyrtytæ] (désinence du pluriel **-тæ** [-tæ]) ; **Хурыскæсæн** [khuryskæsæn] « lever de soleil » (**хур** [khur] + **скæсæн** [skæsæn]).

Une caractéristique des consonnes ossètes est leur faculté d'allongement (gémination). Les consonnes géminées peuvent se rencontrer dans la forme de base d'un mot ou apparaître par suite de la rencontre de consonnes lors de la formation de mots ou de la flexion :
лæппу [læppu] « garçon » ; **гыццыл** [gyttsyl] « petit' ; **дзуапп** [dzwapp] « réponse » ; **нарддæр** [narddær] « plus gras » **(нард** [nard] + suffixe du comparatif **-дæр** [-dær]) ; **кадджын** [kaddjyn] « honorable, respecté » **(кад** [kad] « gloire » + suffixe d'attribution, de qualité **-джын** [-djyn]).
La prononciation des consonnes géminées présente certaines particularités ; ainsi, **дд** [dd] se prononce plutôt [tt] ; **цц** se prononce [tts] et **ддж** [ddj], c'est-à-dire que l'occlusion est légèrement prolongée.

L'ossète connaît également des phénomènes d'assimilation des consonnes :
Бæмбæдджын [bæmbæddjyn] « vêtement ouatiné » **(бæмбæг** [bæmbæg] « coton » + suffixe **-джын** [-djyn]) ; **дæттæ** [dættæ < *dæntæ] « eaux » **(дон** [don] « eau » + suffixe du pluriel **-тæ** [-tæ]).

Dans certains cas, on observe des dissimilations de consonnes, c'est-à-dire le remplacement de la consonne régulière par une autre : **æхсæрдæс** [ækhsærdæs] « seize » < **æхсæз** [ækhsæz] « six » + **дæс** [dæs] « dix ».

On rencontre souvent la métathèse, autrement dit la permutation de consonnes dans un mot ; les deux formes du mot (avec et sans métathèse) coexistent sans qu'aucune soit préférée :
сызгъæрин [syzghærin] et **сыгъзæрин** [syghzærin] « or »
згъалын [zghalyn] et **гъзалын** [ghzalyn] « disperser, sonner ».

La chute ou l'insertion de consonnes ou de semi-voyelles dans les mots composés sont fréquentes :
натхор [natkhor] « maïs » (**натхор** [nart] « héros mythique » + **хор** [khor] « céréale, grain) ; **бацархайын** [batsarkhaïyn] « s'efforcer » (**ба-** [ba-], préfixe verbal + **архайын** [arkhaïyn] « essayer »).

Les faits d'alternance des consonnes et des voyelles, fréquents en ossète, seront examinés plus loin.

L'ACCENT

On peut distinguer en ossète trois types d'accent tonique : l'accent de mot, l'accent de phrase, et l'accent logique.

L'accent tonique du mot, contrairement à d'autres langues (par exemple slaves), est en quelque sorte « réparti » sur les syllabes ; les syllabes qui ne portent pas l'accent principal sont prononcées distinctement, et la tonalité de leurs voyelles n'est pas modifiée.
L'accent principal du mot tombe soit sur la première, soit sur la deuxième syllabe et, en règle générale, lorsque le mot contient une voyelle forte et une voyelle faible, il tombe sur la voyelle forte :
æхсаргард [ækhsargard] « sabre », **рæсугъд** [ræsughd] « beau », **бæлас** [bælas] « arbre, **фæндаг** [fændag] « chemin ».

Lorsque le mot contient deux voyelles faibles, l'accent tombe sur la seconde :
æфсымæр [æfsymær] « frère », **фысым** [fysym] « hôte », **кæстæр** [kæstær] « cadet », **кæсаг** [kæsag] « poisson ».

Chaque mot n'est pas nécessairement accentué : une locution entière peut n'avoir qu'un accent, dit de phrase, notamment dans les cas suivants :

.déterminant et déterminé(s) ; l'accent tombe sur le déterminant :
ирон æвзаг [iron ævzag] « langue ossète »
хорз чиныг [khorz tchinyg] « bon livre »
нæхи куыст [nækhi kwyst] « notre travail ».

.postpositions (enclitiques) ; c'est le terme auquel elles se rapportent qui est accentué :
доны раз [dony raz] « devant la rivière »
хæдзары мидæг [khædzary midæg] « à l'intérieur de la maison ».

.numéraux et termes auxquels ils se rapportent ; l'accent tombe sur le numéral :
иу бон [iw bon] « un jour »
фондз лæппуйы [fondz læppuïy] « cinq garçons »
дыууын фондз адæймаджы [dywwyn fondz adæïmadjy] « vingt-cinq personnes ».

.particules et préfixes négatifs :
нæ кæсын [næ kæsyn] « je ne regarde pas »
нæ мын загътой [næ myn zaghtoï] « ils ne me l'ont pas dit »
никæдæм цæуын [nikædæm tsæwyn] « je ne vais nulle part ».

.les conjonctions, les formes courtes des pronoms personnels (proclitiques), ne sont pas accentuées :
мæ дзыллæ [mæ dzyllæ].

Enfin, l'accent logique souligne par la voix les mots de la phrase chargés du sens le plus important.

L'ORTHOGRAPHE

C'est dans les années 1920 que les principes et les règles de l'orthographe ossète ont commencé à être débattus et élaborés. En 1927, le deuxième « Congrès unitaire des représentants de L'Ossétie du Nord et du Sud pour les questions de culture et d'éducation » parvint à la conclusion suivante : « *Prenant en compte la diversité et la variété inhabituelles des dialectes de la langue ossète dans leur structure phonétique, et le fait que seules les formes morphologiques de la langue offrent une base solide à une orthographe unifiée, le deuxième Congrès des représentants de l'Ossétie du Nord et du Sud pour les questions de culture et d'éducation a reconnu comme nécessaire :*
1-de baser l'orthographe ossète sur le principe morphologique ;
2-de permettre cependant en vue de l'adaptation de l'orthographe à la langue vivante, en cas de divergence peu importante entre la morphologie et la nature phonétique vivante du mot, la correction de l'orthographe morphologique par le principe phonétique ».

Au terme du congrès fut créée une commission de travail pour l'élaboration des règles orthographiques particulières, tâche que la commission ne mena jamais à bien. Pendant presque dix ans, les commissions et les projets se succédèrent, mais la question de l'orthographe unique ne fut réglée qu'en 1936, à la « Conférence unitaire de l'Ossétie du Nord et du Sud pour les questions d'édification linguistique ». Au cours des travaux de la conférence fut adopté un code des règles orthographiques communes à la langue ossète, qui entra en vigueur après son approbation par les organes dirigeants des deux républiques. Mais dès 1938, ces règles durent être revues du fait du passage de l'alphabet latin à l'alphabet cyrillique en Ossétie du Nord, et à l'alphabet géorgien en Ossétie du Sud. Différents changements furent apportés à ces nouvelles règles en 1943, 1950 et 1951. Ils concernaient pour l'essentiel les normes d'utilisation des voyelles faibles **æ** [æ] et **ы** [y]. Les règles actuellement en vigueur furent finalement adoptées en 1956.

Les bases de l'orthographe ossète sont les principes morphologique et phonétique. La graphie des mots prend en compte leurs particularités morphologiques, et conserve dans la mesure du possible la graphie de leurs éléments constitutifs : préfixes, racines, suffixes, désinences ; et elle reflète les particularités de la prononciation, en se rapprochant de la langue parlée vivante. Il est donc difficile de déterminer celui de ces principes qui l'emporte. Les règles orthographiques prévoient notamment :

1-la graphie complète du mot en cas de chute de la voyelle faible initiale, indépendamment de la prononciation. L'emploi de l'apostrophe à la place de cette voyelle n'est admise que dans les oeuvres poétiques ;
2-l'absence dans la graphie des voyelles prothétiques dans les mots commençant par **с** [s] et **з** [z], indépendamment de la prononciation. Dans les oeuvres poétiques, cependant, on peut écrire avant ces consonnes le **ы** [y] prothétique : **знаг, (ы)знаг** [znag, yznag] « ennemi » ;
3-l'écriture d'un seul tenant des participes : **хыл** [khyl] « querelle » + **кæнын** [kænyn] « faire », verbe auxiliaire > **хылгæнгæйæ** [khylgængæïæ] « se querellant » ;
4-la simplification des géminées finales **кк, пп, тт, цц, чч** [kk, pp, tt, tts, ttch] lors de la composition lexicale, lorsque le second terme commence par une consonne : **гæххæтт** [gækhkhætt] « papier » + -**гомау** [-gomaw] suffixe de comparaison) > **гæххæтгомау** [gæxxætgomaw] « comparable au papier ».
5-L'insertion d'un tiret entre les deux parties d'un mot formé par redoublement d'une même base : **хæнц-хæнц** [khænts-khænts] « craquement » ; **сæпп-сæпп** [sæpp-sæpp] « bruit de frottement ».

Le principe morphologique doit souvent composer avec la principe phonétique. Dans certains cas, on emploie des graphies différenciées, par exemple pour distinguer par l'écriture des termes suivant leur fonction grammaticale et donc leur sens : **сауцæст** [sawtsæst] « aux yeux noirs » (fonction d'adjectif) ; **сау цæст** [saw tsæst] « oeil noir » (adjectif + substantif) ; **иухатт** [iwkhatt] « une

иухатт [iwkhatt] « une fois » (adverbe) ; **иу хатт** [iw khatt] « une fois » (numéral + substantif).

Les contacts prolongés des Ossètes avec des populations russophones et l'appartenance de l'Ossétie à l'Etat russe expliquent l'abondance d'emprunts au russe dans la langue ossète. Les plus anciens ont subi des changements phonétiques affirmés, alors que les emprunts des périodes plus récentes sont passés en ossète sans changements remarquables. De ce fait, les termes empruntés au russe à différentes périodes sont soumis à des règles orthographiques différentes :

1-Les emprunts de la couche la plus ancienne, qui ont été « ossétisés » phonétiquement, s'écrivent suivant le principe phonétique, c'est-à-dire comme ils se prononcent en ossète: **шкъапп** [chk'app] « armoire », **капекк** [kapekk] « kopek », **газетт** [gazett] « journal », **шкъола** [chk'ola] « école ».

2-Dans les emprunts plus tardifs, l'orthographe russe est conservée à quelques détails près :

.le -**a** final atone du russe est changé en **-æ** et il est conservé dans toutes les formes fléchies du singulier et du pluriel : **почтæ** [potchtæ] « poste » ; **аптекæ** [aptekæ] « pharmacie ; **шахтæтæ** [chakhtætæ] « mines » ; **шахтæйы** [chakhtæïy] « dans la mine » ;

.le [-ïa] final des mots russes qui se terminent en [-iïa] tombe : **станци** [stantsi] « gare » ; **парти** [parti] « parti » ; **хими** [khimi] « chimie ».

3-Les noms propres russes conservent leur orthographe : **Александр Сергеевич Пушкин** [Aleksandr Sergueïevitch Pouchkine].

On note dans certains emprunts l'apparition de lettres de l'alphabet russe qui n'apparaissent pas dans les termes proprement ossètes.

En conclusion on remarquera aussi qu'à la différence de certaines langues du Caucase, en particulier le géorgien, l'orthographe ossète comporte des majuscules soumises à peu près aux mêmes règles qu'en français.

2-MORPHOLOGIE

INTRODUCTION : « NOMS » ET VERBES

Sur une base morphologique, on peut distinguer en ossète trois grandes catégories grammaticales : le nom, qui n'a pas de genre, se décline et comporte deux nombres, un singulier et un pluriel ; le verbe ; les termes invariables.

Le nom peut avoir des fonctions syntaxiques variées dans la proposition, ce qui permet de distinguer les sous-groupes suivants : substantif, adjectif, numéral, pronom, adverbe, postposition.
Les limites de ces sous-groupes sont cependant assez fluctuantes, et le même mot peut suivant sa position syntaxique dans la proposition passer de l'un à l'autre :
рухс « lumière », « lumineux », « clairement »
сæр « tête », « principal », « sur »
хорз « bon » « le bien », « bien »
иу « un », « un certain », « seul », « commun ».

LES NOMS

Le substantif

Définition - indéfinition

A la différence du français, l'ossète n'a pas d'article, et l'opposition entre défini et indéfini est marquée de façon assez inhabituelle : à l'aide de l'accent tonique ou par la position du mot dans la phrase.
.Dans les substantifs di- et polysyllabiques accentués sur la seconde syllabe, l'accent recule sur la première syllabe lorsqu'il s'agit d'un objet ou d'un être concret :
Сывæллон хъазы кæрты « un enfant joue dans la cour »
Сывæллон хъазы кæрты « l'enfant, cet enfant précis, joue dans la cour ».
Лæппу бады бæласы бын « un garçon est assis sous un arbre »
Лæппу бады бæласы бын « le garçon est assis sous l'arbre ».

.L'opposition entre défini et indéfini peut être marquée syntaxiquement par la place du mot dans la proposition : les substantifs définis se situent devant l'énoncé, les substantifs indéfinis peuvent se trouver après lui :
<u>Гæды</u> сыхæгтæм бацыдис « le chat est allé chez les voisins ».
Сыхæгтæм бацыдис <u>гæды</u> « un chat est allé chez les voisins ».

Différences de genre

Le genre en ossète a deux modes d'expression : lexical et syntaxique. Le premier emploie des termes qui indiquent par eux-mêmes le caractère masculin ou féminin :
фыр « mouton », **фыс** « brebis »
цæу « bouc », **сæгъ** « chèvre ».
Le mode syntaxique consiste à ajouter aux réalités que l'on désigne les termes **нæлгоймаг** « homme » ou **сылгоймаг** « femme » s'il s'agit d'être humains, et **нæл** « mâle » ou **сыл** « femelle » s'il s'agit d'animaux :
нæлгоймаг дохтыр « docteur (homme) »
сылгоймаг фыссæг « femme écrivain »
нæл гæды « chat »
сыл къæбыла « chiot femelle ».

Le nombre

Il existe deux nombres en ossète : le singulier et le pluriel. La forme du singulier coïncide avec la forme de base du nom au nominatif, et le nominatif pluriel s'obtient en ajoutant à cette forme de base la désinence -**тæ**:
лæг « homme » > **лæг<u>тæ</u>**
сæр « tête » > **сæр<u>тæ</u>**
зæрдæ « coeur » > **зæрдæ<u>тæ</u>**
бæх « cheval » > **бæх<u>тæ</u>**
гæды « chat » > **гæды<u>тæ</u>**
хур « soleil » > **хур<u>тæ</u>**
стъалы « étoile » > **стъалы<u>тæ</u>**
рынчын « malade » > **рынчын<u>тæ</u>**

Si le mot se termine par deux consonnes ou plus, le nominatif pluriel se forme avec les désinences **-тæ** ou **-ытæ** :
чындз « fiancée > **чындзытæ**
куыст « travail » > **куыстытæ**
мыст « souris » > **мыстытæ**
зæхх « terre » > **зæххытæ**
фыст « lettre, écrit » > **фыстытæ**
уæфт « tissu » > **уæфтытæ**
цыхт « fromage » > **цыхтытæ**
mais :
фырт « fils » > **фырттæ**
кард « couteau » > **кæрдтæ**.

Dans les mots di- et polysyllabiques se terminant en **-æг** ou **-ыг**, on observe lors de la formation du pluriel une alternance **г / дж**, et dans les termes en **-æг**, **æ** passe à **ы** :
хъарæг « pleur, plainte » > **хъарджытæ**
ныййарæг « parent(e) » > **ныййарджытæ**
кæрдæг « herbe » > **кæрдæджытæ**
сынтæг « lit » > **сынтæджытæ**
кæфахсæг « pêcheur » > **кæфахсджытæ**
минасгæнæг « participant à un repas » > **минасгæнджытæ**
абырæг « voleur, *abrek* » > **абырджытæ**.

Dans les noms terminés par une consonne et dont la dernière syllabe contient les voyelles fortes **a** ou **o**, ces voyelles sont réduites à **æ** :
кæсаг « poisson » > **кæсæгтæ**
хæснаг « pari » > **хæснæгтæ**
знаг « ennemi » > **знæгтæ**
фидиссаг « honteux » > **фидиссæгтæ**
фæндаг « chemin, route » > **фæндæгтæ**
кувæггаг « coupe donnée au convive le plus âgé » > **кувæггæгтæ**
диссаг « prodige, étonnant » > **диссæгтæ**
мыггаг « famille, lignée » > **мыггæгтæ**.

Si le mot se termine par **р, л, м, н** ou une semi-voyelle (**й** ou **у**), le **т** de la désinence du pluriel est souvent géminé :
хæдзар « maison » > **хæдзæрттæ**
хæлар « ami » > **хæлæрттæ**
ном « nom » **нæмттæ**
аргъау « conte » > **аргъæуттæ**
куырой « moulin » > **куыржйттæ**.

Certains noms appartenant à la couche lexicale iranienne ancienne ont un pluriel en **-æлтæ** :
мад « mère » > **мадæлтæ**[14]
фыд « père » > **фыдæлтæ**[15]
æрвад « parent » > **æрвадæлтæ**.[16]

Les termes onomatopéiques, formés par redoublement de la racine ou imitant un son, n'ont pas de pluriel :
тъæпп « coup » > **тъæппытæ**, mais **тъæпп-тъæпп** « bruit de frappe » (invariable)
de même : **хыртт-хыртт** « grattement » ; **сыбырт-сыбырт** « bruit de froissement, de frottement ».

Différents noms s'utilisent uniquement au pluriel ;
.termes ayant un sens collectif, exprimant une pluralité :
бинонтæ « famille » ; **гæрзтæ** « armement » (et aussi : « lingerie » !) ;

.certains noms de fêtes et de rites :
бадæнтæ, тутыртæ, æртгæнæнтæ ;

.les noms de famille ossètes :
Абайтæ; Кучитæ ; Баситæ.

---

[14] I.-E. **mâter-*, scr. *mâtar-*, prs. *mâdar*, lat. *mater*...
[15] Scr *pitar-*, prs. *pedar*, lat. *pater*...
[16] Métathèse **br* > *rv* caractéristique du groupe « scythique », avec l'ajout de *a-* protéthique. Cf. scr. *bhrâtar-*, prs. *barâdar*, lat. *frater*, etc.

La flexion des noms

En fonction du rôle qu'il joue dans la proposition, le nom peut avoir différentes formes grammaticales - les « cas » - marqués par différentes désinences.

NOM DU CAS	EMPLOIS PRINCIPAUX	DÉSINENCE DU SINGULIER	DÉSINENCE DU PLURIEL
nominatif **номон**	cas du sujet	-Ø	**-тæ**
accusatif **иварон**	complément d'objet direct	-Ø, **-ы**	**-тæ, -т-ы**
génitif **гуырынон**	appartenance	**-ы**	**-т-ы**
datif **дæттынон**	attribution	**-æн**	**-т-æн**
ablatif **иртæстон**	provenance (à partir de) ; moyen (au moyen de)	**-æй**	**-т-æй**
allatif **арæзтон**	destination (vers)	**-мæ**	**-т-æм**
locatif **мид. бынатон**	localisation (dans)	**-ы**	**-т-ы**
adessif **æд. бынатон**	localisation (sur)	**-ыл**	**-т-ыл**
comitatif **цæдисон**	accompagnement (avec)	**-имæ**	**-т-имæ**
similatif **хуызæнон**	comparaison (comme)	**-ау**	**-т-ау**

En ossète, on distingue dix cas[17]. Tous les noms se déclinent de la même façon, et les désinences des cas sont les mêmes au singulier

[17] Le programme scolaire officiel en Ossétie mentionne huit cas. L'avis des grammairiens sur ce point n'est pas unanime. Leurs divergences s'expliquent par le choix de différents critères de définition des cas : étymologique (en ne prenant en compte que les cas hérités de la flexion indo-européenne ; morphologique (existence ou non de désinences

et au pluriel, où elles sont précédées de la marque du pluriel -**т**-. Ce type de déclinaison est qualifié d'« agglutinant ».

Le *nominatif* (**номон хауæн**) est la forme de base du nom, celle qui figure dans les dictionnaires :
ном « nom »
хур « soleil »
мад « mère ».

Dans la proposition, le nom au nominatif est le plus souvent le sujet :
Хъæу ныссабыр « le village devint silencieux ».

En outre, il peut être :
.l'attribut de l'énoncé :
Мæ хо у дохтыр « ma soeur est médecin ».

.la personne ou l'objet auquel on s'adresse ; le nominatif joue alors le rôle d'un vocatif :
О уасæг, уасæг, сызгъæрин къоппа « Ô coq, coq, crête d'or ».

.un complément de temps ou de mesure :
Æз фæдæн Дзæуджыхъæуы къуыри « j'ai passé une semaine à Vladikavkaz ».
Сывæллон фистæгæй фæцыди нæхъæн километр « l'enfant a fait un kilomètre entier à pied ».

Le *génitif* (**гуырынон хауæн**) est le cas de la possession. Il s'emploie avec un autre nom ou avec des postpositions. Avec un nom, il peut :

---

spécifiques) ; combiné (en retenant les deux premiers critères, mais aussi la fonction syntaxique du nom dans la proposition). La *Grammaire ossète* de Sjögren indique huit cas : *nominativus, vocativus, accusativus, dativus, genitivus, locativus interior, locativus exterior, ablativus*. V. Miller en ajoute deux : *sociativus (comitativus)* et *adessivus*. V. I. Abaïev soutient qu'il y a en ossète neuf cas : nominatif, génitif, datif, allatif, ablatif, locatif, adessif, similatif et comitatif. Nous suivrons ici l'opinion de N. Bagaïev, auteur de divers ouvrages d'enseignement de l'ossète, suivant laquelle il existe dix cas.

.Signifier l'appartenance :
Фыды хæдзар « la maison du père »
Мады кæлмæрзæн « le châle de la mère ».

.Définir un autre nom ; il est alors placé devant celui-ci et sert en quelque sorte d'adjectif :
Хуры тын « rayon de soleil »
Арфæнды фæд « Voie lactée ».

.Indiquer une partie d'un tout :
Картофы æрдæг « moitié d'une pomme de terre »
Карчы базыр « aile de poulet ».

.Indiquer une mesure ou une quantité :
Ссады голлаг « sac de farine »
Змисы уæрдон « chariot de sable ».

Le génitif est également régi par différentes postpositions telles que **раз** « devant », **бын** « sous », **цур** « à côté de », **тыххæй** « à cause de », **руаджы** « grâce à », **онг** « près de », **фæстæ** « après », **размæ** « il y a (un certain temps) ».

L'*accusatif* **(иварон хауæн)**[18] désigne l'objet direct, l'objet de l'action. Il s'emploie avec les verbes transitifs et les participes

[18] L'existence de l'accusatif en ossète est controversée. Ainsi, V. I. Abaïev (« Sur l'accusatif en ossète », in : *La langue et le folklore ossètes*) nie son existence au motif qu'il n'a pas de désinence propre, contrairement aux autres cas. Dans sa *Grammaire ossète*, Sjögren évoquait deux accusatifs : déterminé, dont la forme est celle du génitif, et indéterminé, identique au nominatif. V. Miller reprend dans l'ensemble la classification de Sjögren et y ajoute même deux cas - *casus sociativus (comitativus)* et *casus adessivus*, c'est-à-dire qu'il admet les deux accusatifs. A. Christol aborde également cette question dans son travail *Des Scythes aux Ossètes* et expose les racines historiques du syncrétisme entre les cas accusatif et génitif. Nous nous appuyons ici sur l'opinion de N. Bagaïev, qui prend en compte, pour analyser l'usage de l'accusatif, non seulement la forme du nom, mais aussi son sens sémantique et sa fonction syntaxique ; il souligne qu'à la différence du nom au nominatif,

formés sur ces verbes, et également avec trois verbes intransitifs : **хъæуын** « être nécessaire », **уырнын** « croire », **фæндын** « souhaiter ».

L'accusatif a la forme du nominatif (désinence Ø) lorsque l'objet, inanimé ou animé, est indéterminé :
Сывæллон дуар байгом кодта « l'enfant ouvrit une porte » (inanimé, indéterminé).
Цырд лæппу гæлæбу æрцахста « le garçon attrapa un papillon » (animé, indéterminé).
Æмæ фидауджытæ кæд æрвитын кæны, Зали ? « et quand enverra-t-il des marieurs, Zali ? » (animé, indéterminé).

Si l'objet est concret, déterminé, qu'il soit animé ou inanimé, l'accusatif prend la forme du génitif (désinence **-ы**) :
Семæ сæ фыды нæ ауагътой лæппутæ « les garçons ne laissaient pas leur père aller avec eux » (animé, déterminé).

Néanmoins, cette opposition entre déterminé et indéterminé a tendance, à notre avis, à s'affaiblir. L'accusatif-génitif en **-ы** pour les objets déterminés inanimés s'emploie peu fréquemment et cède facilement la place à l'accusatif-nominatif à désinence Ø.

Le *datif* (**дæттынон хауæн**) est le cas de l'objet indirect. Il peut signifier :

.L'objet ou la personne auquel est destiné l'action :

---

le nom à l'accusatif dépend d'un verbe transitif (ou de son participe) et représente l'objet direct. Il signale aussi que la forme de l'accusatif identique à celle du génitif dépend également de verbes transitifs et de leurs participes (à l'exception des verbes intransitifs cités plus haut).
Un deuxième argument en faveur de la reconnaissance d'un accusatif indépendant est la possibilité de donner deux formes à l'objet direct : la désinence Ø, coïncidant avec la forme du nominatif, ou la désinence **-ы**, coïncidant avec la forme du génitif, si l'objet direct est animé.
Enfin, s'il fallait nier l'existence de cas parce qu'ils n'ont pas de désinence propre, on pourrait aussi mettre en doute celle du locatif (intérieur), dont les désinences sont identiques à celles du génitif.

Адæмæн зæхх дæттынц « on donne la terre au peuple ».
Алы куыстæн рад « à chaque travail son tour ».

.La définition d'un objet ou d'une personne :
Дохтырæн бæззыс « tu conviens comme médecin ».

.La répartition d'objets ou de gens :
Мыггагæн хистæрæй æрæмбырдысты зæрæдтæ « les anciens s'assemblèrent à raison d'un par famille ».

En combinaison avec un prénom personnel, le datif constitue une sorte de génitif indirect :
Сывæллонæн йæ кæуын хъуысы « on entend un pleur d'enfant (litt. : à l'enfant son pleur) ».

L'*ablatif* **(иртæстон хауæн)** peut signifier :

.L'endroit ou le moment dont on s'éloigne, le point initial (dans l'espace ou dans le temps) de l'action :
Райсомæй изæрмæ « du matin au soir »
Чиныг кæронæй кæронмæ бакаст « il a lu le livre d'un bout à l'autre ».

Il a souvent un rôle de complément de manière, de circonstance, et définit :

.Le matériau ou l'outil de l'action :
Хæдзар чъырæй цагъд у « la maison est blanchie à la chaux ».

.Les circonstances de l'action :
Лæппу джихæй баззад « le garçon resta bouche bée ».
Амондджынæй фæцæрут ! « Vivez heureux ! ».

Il s'utilise comme second terme de comparatif :
Зæдæй рæсугъддæр « plus beau (ou plus belle) qu'un ange ».

Il est régi par certains verbes, comme **тæрсын** « craindre » :

Мæ хо дохтырæй тæрсы « ma soeur a peur des médecins ».

L'*allatif* (**Арæзтон хауæн**) est le cas de la direction, du but. Il peut exprimer plusieurs nuances :

.La direction de l'action :
Фиййæутæ хохмæ ацыдысты « les bergers sont partis vers les montagnes ».

.Le terme chronologique d'une action :
Цæхæрадон иу дыууæ бонмæ афæлдæхта « (Il) retourna la terre du jardin en deux jours ».

. La durée de l'action :
Сæ куыст къуыримæ бакодтой « ils firent leur travail en une semaine ».

.Le destinataire d'une action, d'un mouvement :
Пъисмо мæ хомæ арвыстон « j'ai envoyé la lettre à ma soeur ».

En outre, on peut construire avec l'allatif - comme avec le datif - une périphrase signifiant la possession et équivalente au verbe « avoir » :
Ацы адæймагмæ ис бирæ чингуытæ « cet homme a beaucoup de livres (litt. : vers cet homme il y a beaucoup de livres).

Le *locatif (intérieur)* (**Мидæггаг бынатон хауæн**) désigne le lieu de l'action :
Бæх быдыры хизы « le cheval paît dans le pré ».

L'*adessif* ou *locatif extérieur* (**æттаг бынатон хауæн**) désigne l'endroit sur lequel se trouve une personne ou un objet :
Гæды бандоныл хуыссы « le chat est couché sur la chaise ».

Parmi ses autres applications, il peut désigner le sujet à propos duquel on parle :

Нæ хæхтыл зарын « je chante nos montagnes (litt. je chante au sujet de nos montagnes)».

Il sert également aux indications précises d'heure :
Авд сахатыл уазæгмæ анхъæлмæ кæсæм « nous attendons un hôte à sept heures ».

Le *comitatif* **(Цæдисон хауæн)** indique l'accompagnement :
Лæппу куыдзимæ хъазы « le garçon joue avec le chien ».

Le *similatif* **(Хуызæнон хауæн)** indique la comparaison, l'assimilation :
Фест райсомæй лæгау « lève-toi le matin, comme un homme ».

Il existe enfin en ossète une forme du nom qui a fait soulever la question de l'existence d'un vocatif : le nom prend la désinence **-ай** et s'utilise lors de l'interpellation :
Лæгай, кæдæм цæуыс ? « Homme, où vas-tu ? »
Cette désinence provient vraisemblablement d'une interjection.

Cependant, l'emploi de cette forme est strictement limité à quelques termes, comme **лæг** « homme », **ус** « femme », **фыд** « père », **чызг** « fille ». Dans tous les autres cas, l'interpellation se fait au nominatif. C'est pourquoi il ne nous paraît pas justifié de distinguer un vocatif en ossète contemporain.

A propos de la flexion nominale, il faut noter que certains verbes commandent des cas particuliers.

Modèles de flexion nominale

Singulier

CAS	BASE EN CONSONNE	BASE EN VOYELLE
nominatif	**хур**	**лæппу**
accusatif	**хур** (indéterminé) **хур-ы** (déterminé)	**лæппу** (indéterminé) **лæппу-й-ы** (déterminé)
génitif	**хур-ы**	**лæппу-й-ы**
datif	**хур-æн**	**лæппу-й-æн**
ablatif	**хур-æй**	**лæппу-й-æ**
allatif	**хур-мæ**	**лæппу-мæ**
locatif	**хур-ы**	**лæппу-й-ы**
adessif	**хур-ыл**	**лæппу-й-ыл**
comitatif	**хур-имæ**	**лæппу-й-имæ**
similatif	**хур-ау**	**лæппу-й-ау**

Pluriel

CAS	BASE EN CONSONNE	BASE EN VOYELLE
nominatif	**хур-тæ**	**лæппу-тæ**
accusatif	**хур-тæ** (indéterminé) **хур-т-ы** (déterminé)	**лæппу-тæ** (indéterminé) **лæппу-т-ы** (déterminé)
génitif	**хур-т-ы**	**лæппу-т-ы**
datif	**хур-т-æн**	**лæппу-т-æн**
ablatif	**хур-т-æй**	**лæппу-т-æй**
allatif	**хур-т-æм**	**лæппу-т-æм**
locatif	**хур-т-ы**	**лæппу-т-ы**
adessif	**хур-т-ыл**	**лæппу-т-ыл**
comitatif	**хур-т-имæ**	**лæппу-т-имæ**
similatif	**хур-т-ау**	**лæппу-т-ау**

Comme le montrent ces tableaux, les noms ont des désinences identiques au singulier et au pluriel, celles du pluriel s'ajoutant à la marque -т-. Pour la déclinaison des noms au pluriel, il convient d'observer les règles suivantes :

.Si le nom se termine par des consonnes sonores ou des semi-voyelles, les voyelles fortes **-а-** et **-о-** de la racine s'affaiblissent en **-æ-**, et la marque -т- du pluriel est géminée :
æмгар > æмгæрттæ, æмгæртты, æмгæрттæн, etc.
фиййау > фиййæуттæ, фиййæутты, фиййæуттæн, etc.

.Les noms se terminant par un goupe de consonnes ou de semi-voyelles, et aussi par **-хъ-**, ajoutent avant la marque du pluriel la voyelle épenthétique **-ы-** :
куыст > куыстытæ, куыстыты, куыстытæн, etc.

.Dans les noms di- et polysyllabiques qui se terminent par le suffixe **-æг**, la voyelle **-ы-** est insérée avant la marque du pluriel et la consonne -г- est palatalisée en **-дж-** :
ныййарæг > **ныййарджытæ, ныййарджытæн**, etc.

.Les noms di- et polysyllabiques se terminant par le suffixe **-ыг** précédé d'une seule consonne ou semi-voyelle perdent le **-ы-** du suffixe, mais ajoutent un **-ы-** épenthétique avant la marque du pluriel **-т-**, et **-г-** est labialisé **(-гу-)** :
чиныг > **чингуытæ, чингуыты, чингуытæн**...

Les termes de parenté issus de la couche lexicale vieille-iranienne se déclinent ainsi :

Singulier

nominatif	**мад-** « mère »	**фыд-** « père »	**æрвад-** « parent »
accusatif	**мад-ы**	**фыд-ы**	**æрвад-ы**
génitif	**мад-ы**	**фыд-ы**	**æрвад-ы**
datif	**мад-æн**	**фыд-æн**	**æрвад-æн**
ablatif	**мад-æй**	**фыд-æй**	**æрвад-æй**
allatif	**мад-мæ**	**фыд-мæ**	**æрвад-мæ**
locatif	**мад-ы**	**фыд-ы**	**æрвад-ы**
adessif	**мад-ыл**	**фыд-ыл**	**æрвад-ыл**
comitatif	**мад-имæ**	**фыд-имæ**	**æрвад-имæ**
similatif	**мад-ау**	**фыд-ау**	**æрвад-ау**

Pluriel

nominatif	**мад-æл-тæ**	**фыд-æл-тæ**	**æрвад-æл-тæ**
accusatif	**мад-æл-т-ы**	**фыд-æл-т-ы**	**æрвад-æл-т-ы**
génitif	**мад-æл-т-ы**	**фыд-æл-т-ы**	**æрвад-æл-т-ы**
datif	**мад-æл-т-æн**	**фыд-æл-т-æн**	**æрвад-æл-т-æн**
ablatif	**мад-æл-т-æй**	**фыд-æл-т-æй**	**æрвад-æл-т-æй**
allatif	**мад-æл-т-æм**	**фыд-æл-т-æм**	**æрвад-æл-т-æм**
locatif	**мад-æл-т-ы**	**фыд-æл-т-ы**	**æрвад-æл-т-ы**
adessif	**мад-æл-т-ыл**	**фыд-æл-т-ыл**	**æрвад-æл-т-ыл**
comitatif	**мад-æл-т-имæ**	**фыд-æл-т-имæ**	**æрвад-æл-т-имæ**
similatif	**мад-æл-т-ау**	**фыд-æл-т-ау**	**æрвад-æл-т-ау**

Les postpositions

L'ossète a peu de prépositions, mais il est très riche en postpositions. Elles se placent à la suite du nom auquel elles se rapportent, s'écrivent indépendamment et peuvent indiquer des relations de lieu, de temps, de direction, de but, etc. Ce sont souvent des noms qui sont employés comme postpositions, avec un sens voisin de celui qu'ils ont comme substantifs :
сæр « sur » < **сæр** « tête », toît, sommet.
хæстæг« près de, à côté de » < **хæстæг** « parent, proche ».
хуызæн « à l'image de » < **хуыз** « couleur, aspect ».

Beaucoup de postpositions sont formées sur des adverbes et s'emploient de ce fait, en ossète contemporain, aussi bien comme adverbes que comme postpositions.

La postposition **гæсгæ** « conformément à, de l'avis de » est formée sur le participe **кæсгæ** du verbe **кæсын** « regarder ».

Les postpositions ne sont pas des parties indépendantes de la proposition. Elles forment avec un nom des constructions attributives où la postposition est le déterminant, et où le nom, qui est le déterminé, se trouve le plus souvent au génitif ou à l'ablatif :

хæдзары разы « devant la maison » ; **чиныгæй уæлдай** « sauf le livre ».

La postposition ainsi unie au nom peut varier en cas et en nombre, le nom lui-même restant invariable (c'est-à-dire figé au cas que détermine la postposition) :
бæласы бын « sous l'arbre » ; **бæласы бынæй** « de sous l'arbre » ; **бæласы бынмæ** litt. « vers sous l'arbre, en direction de sous l'arbre ».

Les postpositions ossètes les plus courantes indiquent :
1-l'endroit ou la direction de l'action ; elles se construisent :
. avec le génitif :
сæр, уæлæ « sur, au sommet de » ; **хохы сæр** « au sommet de la montagne ».
бын, быны, бынты « sous, en dessous de » ; **бæласы бын** « sous l'arbre ».
мидæг « dans, à l'intérieur de » ; **хæдзары мидæг** « dans la maison ».
хуылфы « à l'intérieur de » ; **пецы хуылфы** « à l'intérieur du poêle ».
æдде « à l'extérieur » ; **дуары' дде** (pour ***дуары æдде**) « derrière, (litt. à l'extérieur de) la porte ».
раз, разы « devant, à l'avant de » ; **хæдзары разы** « devant la maison ».
фæстæ, фæстæты « derrière, à l'arrière de » ; **хæдзары фæстæ** « derrière la maison ».
рæзты « devant (avec mouvement) » ; **хæдзары рæзты** (passer) « devant la maison ».
сæрмæ « au-dessus » ; **хохы сæрмæ** « au-dessus de la montagne ».
сæрты « au-dessus (avec mouvement) » ; **хиды сæрты** « (en passant) au-dessus du pont ».
уæле, уæлеты « en haut de, au-dessus de » ; **доны уæлеты** « par dessus la rivière (avec ou sans mouvement)».
дæле, дæлеты « en bas de, en-dessous de » ; **хиды дæле** « sous le pont (avec ou sans mouvement)».

фале, фалеты « derrière, de l'autre côté de » ; **заборы фалеты** « de l'autre côté du barrage ».
ацырдыгæй « de ce côté » ; **хæдзары ацырдыгæй** « de ce côté-ci de la maison».
фарсмæ, фæрстæм « à côté de, le long de » ; **къулы фарсмæ** « à côté du mur ».
цур, цуры, цурты « près de, à côté de, le long de » ; **бандоны цур** « à côté de la chaise ».
астæу, астæуты « entre, au milieu de, parmi » ; **адæмы астæу** « parmi les gens ».
алыварс, алыфарс, алыфæрсты « de tous côtés de, autour » ; **хъæуы алыварс** « de tous côtés du village ».
алфæмбылæй « autour » ; **арты алфæмбылæй** « autour du feu ».
æнцой, æнцæйтты « contre » (au sens de : « ranger contre, appuyé contre » ; **къулы æнцой** « contre le mur ».
комкоммæ « contre » ; **кулдуары бакомкоммæ** « en face de la porte ».
ныхмæ « contre, à l'encontre de » ; **знагы ныхмæ** « contre l'ennemi ».
онг « jusqu'à » ; **дуары онг** « jusqu'à la porte ».

.avec l'allatif :
æввахс « près de » ; **донмæ æввахс** « près de l'eau ».
хæстæг« près de, à côté de » ; **артмæ хæстæг** « à côté du feu ».

.avec l'ablatif :
æттæмæ « vers l'extérieur, plus loin de » ; **хъæдæй æттæмæ** « vers l'extérieur du bois, en sortant du bois ».
дæлæмæ « vers le bas » ; **мæсыгæй дæлæмæ** « vers le bas de la tour ».
уæлæмæ « vers le haut » ; **мæсыгæй уæлæмæ** « vers le haut de la tour ».

2-le moment ou la durée d'une action :
.avec le génitif :
фæстæ « après » ; **сахаты фæстæ** « après une heure ».

размæ, разæй « avant » ; **ныхас райсыны размæ** « avant de prendre la parole ».
дæргъы « durant » ; **мæйы дæргъы** « durant un mois »
мидæг « durant, au cours de » ; **царды мидæг** « au cours de la vie ».
онг « jusqu'à » ; **уалдзæджы онг** « jusqu'au printemps ».

.avec l'allatif :
хæстæг « environ » ; **къуыримæ хæстæг** « environ une semaine ».
æввахс « vers, aux alentours de » ; **æхсæвмæ æввахс** « vers la nuit ».
æрдæм « vers, aux alentours de » ; **зымæгмæ æрдæм** « vers l'hiver ».

Ces exemples montrent que des postpositions comme **фæстæ, онг, размæ** ou **разæй, мидæг, æввахс, хæстæг** peuvent exprimer des relations d'espace aussi bien que de temps.

3-la cause ou le but de l'action (se construisent avec le génitif) :
тыххæй « à cause de » ; **дымгæйы тыххæй** « à cause du vent ».
руаджы « grâce à » ; **ахуыры руаджы** « grâce à l'instruction ».
фыдæй « à cause de » ; **хæринаджы фыдæй** « à cause de la nourriture ».
фæрцы « grâce à, à cause de » ; **кæсыны фæрцы** « à force de lire ».

4-la comparaison :
.avec le génitif :
æнгæс, æнгæсæн « comme » ; **рухсы'нгæс** « comme la lumière ».
хуызæн « comme, à l'image de » ; **зæды хуызæн** « comme un ange ».
карæн « comme, semblable à » (par l'âge) ; **фыды карæн** « du même âge que le père ».

.avec l'ablatif :
уæлдай « comme (avec un sens péjoratif) » ; **дурæй уæлдай** « comme une pierre (ex. : aussi dur qu'une pierre, etc) ».
хъауджыдæр « sauf » ; **сырдæй хъауджыдæр** « sauf l'animal (sauvage) ».

.avec l'allatif :
гæсгæ « conformément à » : **мæнмæ гæсгæ** « à mon avis ».

5-la quantité (se construisent avec le génitif) :
ас, йас « de même taille que » ; **нæмыгы йас** « de la taille d'une graine ».
бæрц « environ, à mesure de » ; **голладжы бæрц** « à mesure d'un sac ».
дзаг « de la contenance de » ; **армы дзаг** « une poignée (ce que contient la main) ».
бæрзæндæн « haut comme » ; **бæласы бæрзæндæн** « haut comme un arbre ».
дæргъæн « long comme » ; **дзыккуйы дæргъæн** « long comme un cheveu ».
стæвдæн « épais comme » ; **чиныджы стæвдæн** « épais comme un livre ».
уæрхæн « large comme » ; **доны уæрхæн** « large comme une rivière»

6-l'exclusion :
.avec le génitif :
бæсты « à la place de » ; **æфсины бæсты** « à la place de la maîtresse de maison ».
йеттæмæ « sauf, malgré » ; **райсомы йеттæмæ** « sauf le matin ».
ивддзæг « à la place de, en échange de » ; **фæткъуыйы ивддзæг** « en échange d'une pomme ».

.avec l'ablatif :
фæстæмæ « sauf, malgré » ; **бинонтæй фæстæмæ** « sauf la famille ».

Les postpositions peuvent être les synonymes exacts de certains cas grammaticaux, et un même contenu peut s'exprimer de deux façons, par la flexion nominale ou par l'emploi d'une postposition :
стъолыл чингуытæ / стъолы уæлæ чингуытæ « il y a des livres sur la table » (la postposition **уæлæ** joue ici le même rôle que l'adessif).
зæды хуызæн / зæдау « comme un ange » (la postposition **хуызæн** se substitue au similatif).
хæдзары мидæг / хæдзары « dans la maison » (la postposition **мидæг** remplace le locatif).
Cette substitution n'est pas possible pour tous les cas.

L'adjectif

Comme on l'a noté plus haut, il n'est pas possible de définir l'adjectif comme catégorie grammaticale à part d'après des critères morphologiques, puisqu'un même terme peut servir, en fonction de son utilisation syntaxique et de son sens, de substantif ou d'adjectif, ou encore d'adverbe et de postposition.
En tant qu'adjectif, un vocable exprime une qualité ou une caractéristique d'un objet, répond aux questions **цавæр ? (** quel, lequel ?**)** et **цыхуызæн ?** (de quelle sorte ?), et intervient pour définir le nom auquel il est lié, et qu'il précède :
рæсугъд дзаума « un bel objet »
ног чиныг « un nouveau livre ».

Dans la flexion, le groupe composé de l'adjectif et du nom qu'il définit forme un ensemble dont seul la dernière partie se décline : l'adjectif (placé devant le nom) reste invariable, le nom prend la marque du cas :

CAS	SINGULIER	PLURIEL
nominatif	**ирон лæппу**	**ирон лæппу-тæ**
accusatif	**ирон лæппу / лæппу-йы**	**ирон лæппу-тæ / лæппу-т-ы**
génitif	**ирон лæппу-йы**	**ирон лæппу-т-ы**
datif	**ирон лæппу-йæн**	**ирон лæппу-т-æн**
ablatif	**ирон лæппу-йæ**	**ирон лæппу-т-æй**

allatif	**ирон лæппу-мæ**	**ирон лæппу-т-æм**
locatif	**ирон лæппу-йы**	**ирон лæппу-т-ы**
adessif	**ирон лæппу-йыл**	**ирон лæппу-т-ыл**
comitatif	**ирон лæппу-имæ**	**ирон лæппу-т-имæ**
similatif	**ирон лæппу-йау**	**ирон лæппу-т-ау**

Si un adjectif s'emploie seul, c'est-à-dire sans être lié à un nom, il se décline comme un nom ; la formation du pluriel est identique.

Comme en français, l'adjectif connaît deux degrés de comparaison : comparatif et superlatif.

Le comparatif se forme à l'aide du suffixe **-дæр** :
рæсугъд « beau » > **рæсугъддæр** « plus beau ».
бæрзонд « haut »> **бæрзонддæр** « plus haut ».
адджын « bon (au goût), délectable » > **адджындæр** « meilleur (au goût) ».

Le nom qui sert de complément à la comparaison prend la marque de l'ablatif :
хурæй рæсугъддæр « plus beau que le soleil ».
хæдзарæй бæрзонддæр « plus haut que la maison ».
мыдæй адджындæр « meilleur, plus doux que le miel ».

L'idée d'un renforcement dynamique de la qualité exprimée par l'adjectif (l'équivalent de l'expression française « de plus en plus... ») est rendue par un redoublement de l'adjectif, avec le premier terme à l'ablatif et le second au comparatif :
даргъæй-даргъдæр « de plus en plus long ».
фыдындæй-фыдынддæр « de plus en plus laid ».
афтидæй-афтиддæр « de plus en plus vide ».

Les adjectifs exprimant les couleurs de base peuvent apparaître sous une forme redoublée comportant le suffixe **-ид** pour traduire une intensité ou une luminosité particulières :
урс-урсид « d'un blanc éclatant ».

бур-бурид « d'un jaune brillant ».
сырх-сырхид « d'un rouge flamboyant ».

Comme en français, le comparatif peut être renforcé par l'ajout de la mention « beaucoup », **бирæ** :
бирæ тагъддæр « beaucoup plus vite ».
бирæ рухсдæр « beaucoup plus lumineux ».
бирæ хъæбатырдæр « beaucoup plus courageux ».

L'adjectif **хорз** « bon » a, comme dans diverses langues indo-européennes, un comparatif irrégulier : **хуыздæр.**

Le superlatif de l'adjectif est formé du comparatif précédé des termes **æппæты** ou **сеппæты**, qui sont des formes du pronom **æппæт** « tous »:
æппæты тыхджындæр « le plus fort ».
сеппæты тагъддæр « le plus rapide ».
æппæты арфдæр « le plus profond ».

Il peut également être exprimé à l'aide du mot **иууыл** « tout à fait » et de l'adjectif :
иууыл хорз « remarquable, exceptionnel » (litt. « tout à fait bon »).
иууыл зонджын « extrêmement intelligent ».
иууыл уæздан « très noble, très poli ».

Le superlatif peut enfin être rendu au moyen de constructions comprenant l'adjectif au comparatif précédé d'un complément au génitif :
сывæлæтты сæрæндæр « le plus vif des enfants ».
мыгкаджы лæгдæр « le plus viril de la famille ».
хæдзары коммæгæсдæр « le plus obéissant de la maison(née) ».

Dans la flexion des adjectifs au comparatif, les désinences s'ajoutent au suffixe **-дæр**:

CAS	SINGULIER	PLURIEL
nominatif	**даргъ-дæр**	**даргъ-дæр-тæ**
accusatif	**даргъ-дæр / даргъ-дæр-ы**	**даргъ-дæр-тæ / даргъ-дæр-т-ы**
génitif	**даргъ-дæр-ы**	**даргъ-дæр-т-ы**
datif	**даргъ-дæр-æн**	**даргъ-дæр-т-æн**
ablatif	**даргъ-дæр-æй**	**даргъ-дæр-т-æй**
allatif	**даргъ-дæр-мæ**	**даргъ-дæр-т-æм**
locatif	**даргъ-дæр-ы**	**даргъ-дæр-т-ы**
adessif	**даргъ-дæр-ыл**	**даргъ-дæр-т-ыл**
comitatif	**даргъ-дæр-имæ**	**даргъ-дæр-т-имæ**
similatif	**даргъ-дæр-ау**	**даргъ-дæр-т-ау**

Les termes à l'aide desquels se forme le superlatif restent habituellement invariables, et l'adjectif se décline comme un nom.

Le pronom

Les pronoms ossètes - qui sont d'origine iranienne - peuvent se diviser en deux grands groupes : pronoms personnels et non-personnels.

Pronoms personnels

Les pronoms personnels peuvent avoir des formes pleines (longues), courtes, et réfléchies. Ils se déclinent.

.Flexion des formes pleines :

CAS	« je »	« tu »	« il, elle »	« nous »	« vous »	« ils, elles »
nom.	**æз**	**ды**	**уый**	**мах**	**сымах**	**уыдон**
acc.	**мæн**	**дæу**	**уый**	**мах**	**сымах**	**уыдон(ы)**
gén.	**мæн**	**дæу**	**уый**	**мах**	**сымах**	**уыдоны**
datif	**мæнæн**	**дæуæн**	**уымæн**	**махæн**	**сымахæн**	**уыдонæн**
abl.	**мæнæй**	**дæуæй**	**уымæй**	**махæй**	**сымахæй**	**уыдонæй**
allatif	**мæнмæ**	**дæумæ**	**уымæ**	**махмæ**	**сымах-мæ**	**уыдонмæ**

loc.	**мæн**	**дæу**	**уый**	**мах**	**сымах**	**уыдоны**
ad.	**мæныл**	**дæуыл**	**ууыл**	**махыл**	**сымахыл**	**уыдоныл**
com.	**мæнимæ**	**дæуимæ**	**уыйимæ**	**махимæ**	**сымахимæ**	**уыдонимæ**
simil.	**мæнау**	**дæуау**	**уыйау**	**махау**	**сымахау**	**уыдонау**

On remarque que les désinences sont généralement les mêmes que celles de la flexion des substantifs, et que, comme dans beaucoup de langues indo-européennes, la déclinaison du pronom singulier de la 1ere personne fait intervenir deux bases différentes (comparer français *je / moi*, allemand *ich / mich*, russe я / меня, etc.

.Flexion des formes courtes :

CAS	« je »	« tu »	« il, elle »	« nous »	« vous »	« ils, elles »
nom.	/	/	/	/	/	/
accusatif	**мæ**	**дæ**	**йæ**	**нæ**	**уæ**	**сæ**
génitif	**мæ (ме)**	**дæ (де)**	**йæ (йе*)**	**нæ (не)**	**уæ (уе)**	**сæ (се)**
datif	**мын**	**дын**	**ын (йын*)**	**нын**	**уын**	**сын**
ablatif	**мæ**	**дæ**	**дзы**	**нæ**	**уæ**	**сæ**
allatif	**мæм**	**дæм**	**æм (йæм*)**	**нæм**	**уæм**	**сæм**
locatif	**мæ**	**дæ**	**дзы**	**нæ**	**уæ**	**сæ**
adessif	**мыл**	**дыл**	**ыл (йыл*)**	**ныл**	**уыл**	**сыл**
comitatif	**мемæ**	**демæ**	**йемæ**	**немæ**	**уемæ**	**семæ**
similatif	/	/	/	/	/	/

* : s'emploie quand le mot précédent se termine par une voyelle ou **й**.

Les formes courtes, qui ne s'utilisent que comme complément direct ou indirect, n'ont pas de nominatif. Au génitif, devant des mots qui commencent par les voyelles faibles **æ-** ou **ы-**, le **-æ** final du pronom court passe à **-е** et la voyelle faible initiale du mot est élidée :

мæ + **æфсымæр** > **ме'фсымæр** « mon frère »
дæ + æмбæлттæ > де'мбæлттæ « tes camarades »

сæ + æхсæн > се'хсæн « au milieu d'eux, parmi eux ».

.Usage des formes courtes et longues :
Les formes pleines des pronoms personnels peuvent s'utiliser à n'importe quelle place dans la proposition, tandis que les formes courtes au génitif ne s'emploient qu'en début de proposition.

Toutes les formes courtes autres que celles du génitif peuvent s'employer à la fin de propositions dont le sujet est sous-entendu :
Хъусын дæм « je t'écoute ».
Нана, æрбацæудзынæ нæм ? « grand-mère, tu viendras chez nous ? ».

Si la proposition débute par un verbe composé, le pronom court se place entre le verbe et son auxiliaire, sauf s'il est au cas comitatif :
Сцæдтæ дын кодтдон дæ хызын « je t'ai préparé ton sac ».

Au comitatif, le pronom se place soit avant, soit après l'ensemble de la forme verbale :
Æз демæ цæттæ кæндзынæн чиныг мыхуырмæ « je préparerai avec toi le livre pour l'impression. »

Seules les formes pleines des pronoms personnels peuvent jouer le rôle d'attribut dans un énoncé comprenant un verbe tel que « être » ou « devenir » :
Фос мæн у, зæхх та уыдоны у « le troupeau est mien, mais la terre est à eux ».

Lorsque le pronom personnel au génitif joue le rôle d'adjectif possessif devant un nom, il peut s'employer à la forme courte aussi bien qu'à la forme longue :
нæ бæрæгбон ou **мах бæрæгбон** « notre fête »
дæ хæдзар ou **дæу хæдзар** « ta maison »
уæ куыст ou **сымах куыст** « votre travail »
сæ хъуддаг ou **уыдоны хъуддаг** « leur affaire ».
Cependant, le pronom de la première personne du singulier ne s'emploie dans ce cas qu'à la forme courte :

<u>мæ</u> хуры хай « mon rayon de soleil » (expression affectueuse).

Il en va de même des pronoms utilisés en combinaison avec des postpositions :
мæ фæдыл « à ma suite, derrière moi » (forme courte uniquement).
дæ (дæу) фæдыл « à ta suite »
йæ (уый) фæдыл« à sa suite »
нæ (мах) фæдыл « à notre suite »
уæ (сымах) фæдыл « à votre suite »
сæ (сымах) фæдыл « à leur suite ».

Les pronoms réfléchis

Le pronom réfléchi ossète **хи** correspond au français « se, soi ». Il sert à former des verbes réfléchis :
хи дасын « se raser »
Хи æвдисын рæсугъд нæу « il n'est pas beau de s'exhiber » (litt. « de se montrer »).
Au génitif (qui a la même forme **хи**), il constitue un adjectif possessif réfléchi :
Хи уаргъ уæз нæ кæны « sa propre charge, sa charge à soi, ne pèse pas ».

Le pronom **хи** a une flexion incomplète, avec les cas suivants :

accusatif	**хи**
génitif	**хи**
allatif	**хи-мæ**
locatif	**хи**
adessif	**хи-уыл**

Les prénoms personnels réfléchis sont formés par l'ajout, au pronom personnel court au génitif, de **хæдæг**[19] :

[19] **хæд-** remonte au vieil-iranien **hwata-*, formé de la racine du pronom réfléchi **hwa-* qui provient de l'indo-européen ***swe- / swo-*, cf. par ex. latin (et français !) *se*, renforcée du suffixe *-ta-*.

мæхæдæг « moi-même », **дæхæдæг** « toi-même », **йæхæдæг** « lui-même », **нæхæдæг** « nous-mêmes », **уæхæдæг** « vous-mêmes », **сæхæдæг**« eux-mêmes ». Les trois pronoms du pluriel ont aussi les formes alternatives **нæхуыдтæг, уæхуыдтæг, сæхуыдтæг**.

Dans la déclinaison de ces pronoms, tous les cas autres que le nominatif sont composés à l'aide des formes du pronom réfléchi **хи** :

nominatif	**мæхæдæг**
accusatif	**мæхи**
génitif	**мæхи**
datif	**мæхицæн**
ablatif	**мæхицæй**
allatif	**мæхимæ**
locatif	**мæхи**
adessif	**мæхиуыл**
comitatif	**мæхиимæ**
similatif	**мæхиау**

Au nominatif, les pronoms personnels réfléchis s'utilisent pour renforcer le sujet de la proposition. Lorsque ce sujet est lui-même un pronom personnel, il peut alors être sous-entendu, le sujet n'étant plus exprimé que par le seul pronom personnel réfléchi :

(Æз) мæхæдæг балхæдтон дзул « j'ai moi-même acheté du pain ».

Lorsque le sujet n'est pas un prénom personnel, il ne peut être sous-entendu :

Гæды йæхæдæг байгом кодта дуар « le chat a lui-même ouvert la porte ».

Aux autres cas que le nominatif, ces pronoms servent à exprimer le caractère réfléchi de l'action :

Æз мæхи æхсын « je me lave ».

Уæхимæ кæд цæут ? « quand rentrez-vous chez vous ? »

Ды дæхи æвзæр дарыс « tu te conduis (litt. « tiens ») mal ».

Un cas particulier est le prénom **кæрæдзи-** exprimant la réciprocité de l'action et qui peut se traduire par « l'un(e) l'autre ». Il n'a pas de pluriel et se décline comme un nom terminé par une voyelle :

nominatif	/
accusatif	**кæрæдзийы**
génitif	**кæрæдзийы**
datif	**кæрæдзийæн**
ablatif	**кæрæдзийæ**
allatif	**кæрæдзимæ**
locatif	**кæрæдзийы**
adessif	**кæрæдзийыл (кæрæдзиуыл)**
comitatif	**кæрæдзиимæ**
similatif	**кæрæдзиау**

Сыхæгтæ кæрæдзийы бирæ нæ уарзтой « les voisins ne s'aimaient guère (l'un l'autre) ».

Les possessifs

Les adjectifs et pronoms possessifs ossètes sont basés sur le génitif des pronoms personnels. Ils peuvent revêtir cinq formes :
1-la forme pleine, correspondant au génitif de la forme pleine des pronoms personnels :
мæн « mon, ma, mes », **дæу** « ton, ta, tes », **уый** « son, sa, ses », **мах** « notre, nos », **сымах** « votre, vos », **уыдон** « leur(s) ».

2-la forme courte, qui coïncide avec le génitif de la forme courte des pronoms personnels :
мæ « mon, ma, mes », **дæ** « ton, ta, tes », **йæ** « son, sa, ses », **нæ** « notre, nos », **уæ** « votre, vos », **сæ** « leur(s) ».

3-la forme réfléchie, représentée par le génitif du pronom personnel « renforcé » :
мæхи « mon, ma, mes propre(s)», **дæхи** « ton, ta, tes propre(s) », **йæхи** « son, sa, ses propre(s), **нæхи** « notre propre, nos propres », **уæхи** « votre propre, vos propres », **сæхи** « leur(s) propre(s) ».

4-la forme pleine substantivée, formée sur le génitif de la forme pleine du pronom personnel à laquelle s'ajoute le suffixe **-он** :
мæнон « le mien, la mienne », **дæуузон** « le tien, la tienne », **уыйон** « le sien, la sienne », **махон** « le, la nôtre », **сымахон** « le, la vôtre », **уыдоньюн** « le, la leur ».

5-la forme réfléchie substantivée, formée sur le génitif du pronom personnel renforcé avec le même suffixe **-он** :
мæхион « le mien, la mienne propre », **дæхион** « le tien, la tienne propre », **йæхион** « le sien, la sienne propre », **нæхион** « le, la nôtre propre », **уæхион** « le, la vôtre propre », **сæхион** « le sien, la sienne propre ».

Les formes 1, 2 et 3 peuvent avoir des fonctions attributives et prédicatives, et demeurent donc invariables.
Les formes substantivées 4 et 5 peuvent s'utiliser indépendamment, et peuvent en conséquence se décliner.

Les démonstratifs

L'ossète possède les adjectifs démonstratifs suivants :
ай « ceci, celui-ci, celle-ci », pluriel **адон** ;
уый « cela, celui-là, celle-là », pluriel **уыдон**.

Ай, адон se rapportent à un objet proche (« ceci »), **уый** et **уыдон** à un objet plus éloigné (« cela ») :
Ай мæ хо у « c'est ma sœur ».
Уый та йæ сывæллон у « et c'est son enfant ».

Lorsqu'ils sont utilisés comme pronoms, les démonstratifs **ай** et **уый** se déclinent au singulier et au pluriel. **Адон** et **уыдон** peuvent avoir une autre forme de pluriel, obtenue à l'aide du suffixe du pluriel -т- : **адæттæ, уыдæттæ**. Ces formes servent habituellement à désigner des groupes d'objets et peuvent se traduire par « ceux-ci (ou ceux-là) et ceux qui leurs sont semblables »

CAS	**АЙ** SING.	**УЫЙ** SING.	**АЙ** PL.	**УЫЙ** PL.
Nominatif	**ай**	**уый**	**адон**	**уыдон**
accusatif	**ай**	**уый**	**адон, адоны**	**уыдон, уыдоны**
génitif	**ай**	**уый**	**адон, адоны**	**уыдон, уыдоны**
datif	**амæн**	**уымæн**	**адонæн**	**уыдонæн**
ablatif	**амæй**	**уымæй**	**адонæй**	**уыдонæй**
allatif	**амæ**	**уымæ**	**адонмæ**	**уыдонмæ**
locatif	**ам**	**уым**	**адоны**	**уыдоны**
adessif	**ауыл**	**ууыл**	**адоныл**	**уыдоныл**
comitatif	**аимæ**	**уыимæ**	**адонимæ**	**уыдонимæ**
similatif	**айау**	**уыйау**	**адонау**	**уыдонау**

Les termes **ацы** et **уыцы** peuvent également s'utiliser en qualité d'adjectifs démonstratifs :
ацы быдыр « ce champ-ci »
уыцы хъæд « ce bois-là ».
On rencontre plus rarement **а**, qui est synonyme de **ацы**:
А лæппу (= ацы лæппу) хорз ахуыр кæны « ce garçon-ci apprend bien ».

Les démonstratifs **а, ацы, уыцы** s'emploient toujours devant un nom et ne se déclinent donc pas.

Les interrogatifs-relatifs

Les pronoms et adjectifs interrogatifs-relatifs comprennent les termes suivants :
чи « qui » (se rapporte à des êtres animés) ;
цы « que, quoi » (se rapporte à des objets inanimés) ;
цавæр, цахæм, цыхуызæн « quel, lequel » ;
кæцы « quel, lequel, qui (relatif) » ;
кæцон, чердыгон, кæцырдыгон « de quelle origine (territoriale) » ;
кæдыккон « de quelle âge » ;

цал, цас « combien ».

Les interrogatifs **цы** et **чи** s'utilisent indépendamment, sans déterminant :
Чи дæ ? « Qui es-tu ? »
Цы кусыс ? « Que fais-tu ? »
Ils comportent un pluriel, qui s'emploient lorsque la réponse attendue concerne un ensemble de plusieurs personnes ou objets :
Читæ сты ? « Qui sont-ils ? ».

Ils se déclinent comme suit :

CAS	**ЧИ** SING.	**ЦЫ** SING.	**ЧИ** PL.	**ЦЫ** PL.
Nominatif	**чи**	**цы**	**читæ**	**цытæ**
accusatif	**кæй**	**цы**	**кæйты**	**цытæ**
génitif	**кæй**	**цæй**	**кæйты**	**цæйты**
datif	**кæмæн**	**цæмæн**	**кæмæнты**	**цæмæнты**
ablatif	**кæмæй**	**цæмæй**	**кæмæйты**	**цæмæйты**
allatif	**кæмæ**	**цæмæ**	**кæмæты**	**цæмæты**
locatif	**кæм**	**цæм**	**кæмыты**	**цæмыты**
adessif	**кæуыл**	**цæуыл**	**кæуылты**	**цæуылты**
comitatif	**кæимæ, чемæ**	**цæм, цæимæ**	**кæимæты**	**цæимæты**
similatif	**кæйау**	**цæйау**	/	/

Au singulier comme au pluriel, l'accusatif est identique au génitif pour **чи**, au nominatif pour **цы**. On remarque qu'à la différence de la flexion nominale, la désinence du pluriel **-тæ** devient **-ты** à tous les cas autres que le nominatif (et l'accusatif, identique au nominatif, pour **цы**).
Dans les propositions interrogatives commençant par ces pronoms, le verbe est, comme en français, à la troisième personne du singulier pour **чи** et **цы**, du pluriel pour **читæ** et **цытæ**.

Цы peut également s'employer comme adjectif interrogatif au sens de « quel(le), quel(le)s » ; dans ce cas, il est invariable :
Цы хабарттæ ис ? « Quelles nouvelles (y a-t-il) ? »

L'interrogatif **цавæр** porte sur la qualité, la caractéristique de l'objet :
Цавæр чиныг кæсыс ? *Ирон фæндыр.* « Quel livre lis-tu ? La *Lyre ossète* ».[20]

L'interrogatif **цыхуызæн** concerne la couleur de l'objet :
Цыхуызæн хъуымац агурыс ? « Tu cherches un tissu de quelle couleur ? »

L'interrogatif-relatif **цахæм** s'utilise le plus souvent dans des propositions complexes, qui exigent une réponse développée :
Дæ зæрдæмæ цахæм кинойы нывтæ цæуынц ? « Quels films préfères-tu ? (litt. : à ton cœur quelles images de cinéma vont ?) »
Тыхдзинад кæм нæй, ахæм нывтæ « Les films où il n'y a pas de violence (litt. : la violence où il n'y a pas, de telles images) ».

Les interrogatifs **кæцон, кæцырдыгон** et **чердыгон** sont synonymes et s'emploient pour questionner sur l'origine :
Ацы лæппу кæцон (кæцырдыгон, чердыгон) у ? « De quelle origine est ce garçon ? ».

L'interrogation « combien » s'exprime différemment suivant que les objets ou les êtres concernés sont dénombrables, ou qu'il s'agit d'une unité indissociable. Dans le premier cas, on emploie **цал** (suivi du génitif singulier, comme un numéral), et dans le second **цас** (suivi du nominatif) :
<u>**Цал**</u> **бон<u>ы</u> ма баззад бæрæгбонмæ ?** « Combien de jours reste-t-il jusqu'à la fête ? »
<u>**Цас**</u> **рæстæг рацыд ?** « Combien de temps s'est écoulé ?»
Цал a des dérivés : **цалæм** ou **цалæймаг** « lequel par ordre, de quel rang », et цалгай « par quantité de combien ».

Tous ces interrogatifs possèdent des pluriels en **-тæ (кæцытæ, цавæртæ, цыхуызæттæ**...), sauf **цал** qui n'a pas de pluriel.

---

[20] **Ирон фæндыр**, le recueil de poèmes de Kosta Khétagourov.

Les pronoms et adjectifs interrogatifs jouent également le rôle de relatifs dans les propositions subordonnées :
Цы гал цæуа, уый цæвынц « On bat ce bœuf qui va ».
Чи цал æвзæджы зоны, уал лæджы у « Autant on parle de langues, autant de fois on est homme » (litt. « qui tant de langues connaît, autant d'hommes est »).[21]

Les indéterminés

Les pronoms et adjectifs indéterminés sont généralement formés par l'ajout, aux interrogatifs-relatifs, du suffixe **-дæр** ou du préfixe **ис-**.

On forme ainsi :
чидæр, исчи « quelqu'un » ;
цыдæр, исты « quelque chose » ;
цалдæр, цасдæр « une certaine quantité de » (d'objets divisibles, dénombrables dans le premier cas) ;
кæцыдæр, цавæрдæр, цахæмдæр, цыхуызæндæр, истыхуызæн, искæцы « un certain » (indétermination plus forte pour les deux derniers) ;
кæцондæр, кæцырдыгондæр, чердыгондæр, искæцырдыгон, искæцон, исчердыгон (indétermination plus forte pour les trois derniers).

A cette série s'ajoute l'indéterminé **иуæй-иу**, formé par reduplication de **иу** « un », et qui signifie « un certain, un quelconque ». Il se décline comme un nom :
Иуæй-иуæн дур дæр тайы « Certains digèrent même une pierre ».

Les indéterminés se déclinent comme les interrogatifs-relatifs lorsqu'ils sont employés seuls (comme pronoms), et sont invariables lorsqu'ils précèdent un nom (comme un adjectif). La flexion de **чидæр** et **цыдæр** présente les particularités suivantes :

---

[21] Ces exemples d'emploi de relatifs sont un premier contact avec le mode très caractéristique de subordination en ossète, qui sera expliqué plus loin dans la partie consacrée à la syntaxe.

CAS	ЧИДÆР SING.	ЦЫДÆР SING.	ЧИДÆР PL.	ЦЫДÆР PL.
Nom.	**чидæр**	**цыдæр**	**чидæртæ**	**цыдæртæ**
acc.	**кæйдæр**	**цыдæр**	**кæйдæрты**	**цыдæртæ**
gén.	**кæйдæр**	**цæйдæр**	**кæйдæрты**	**цæйдæрты**
dat.	**кæмæндæр**	**цæмæндæр**	**кæмæндæрты**	**цæмæндæрты**
abl.	**кæмæйдæр**	**цæмæйдæр**	**кæмæйдæрты**	**цæмæйдæрты**
all.	**кæмæдæр**	**цæмæдæр**	**кæмæдæрты**	**цæмæдæрты**
loc.	**кæмдæр**	**цæмдæр**	**кæмыдæрты**	**цæмыдæрты**
adessif	**кæуылдæр**	**цæуылдæр**	**кæуылдæрты**	**цæуылдæрты**
comit.	**кæимæдæр, чемæдæр**	**цæимæдæр**	**кæимæдæрты кæйдæртимæ**	**цæимæдæрты цæйдæртимæ**
simil.	**кæйдæрау**	**цæйдæрау**	**кæйдæртау**	**цæйдæртау**

Чидæр, цыдæр et **исчи, исты** sont synonymes. Les premiers s'emploient dans des propositions affirmatives avec un verbe à l'indicatif, les autres dans des propositions interrogatives, ou dont le verbe est au conditionnel ou à l'impératif :
Чидæр кæртмæ æрбакаст « Quelqu'un a regardé dans la cour ».
Исчи кæртмæ æрбахызт ? Quelqu'un est-il entré dans la cour ?
Искæмæ фæдзур, дæ хорзæхæй « Appelle quelqu'un, s'il te plaît ».

Les déterminés

En ajoutant aux indéterminés en **-дæр** le suffixe **-иддæр**, on leur donne un sens qui peut se traduire en français par « qui que soit, quel que soit », et on les fait passer dans la catégorie plus nombreuse des déterminés :
чидæриддæр « qui que soit » ;
цыдæриддæр « quoi que soit ».

Le premier élément de ces composés se décline seul :

Nominatif	**чидæриддæр**	**цыдæриддæр**
accusatif	**кæйдæриддæр**	**цыдæриддæр**
génitif	**кæйдæриддæр**	**цæйдæриддæр**
datif	**кæмæндæриддæр**	**цæмæндæриддæр**
ablatif	**кæмæйдæриддæр**	**цæмæйдæриддæр**
allatif	**кæмæдæриддæр**	**цæмæдæриддæр**
locatif	**кæмдæриддæр**	**цæмдæриддæр**
adessif	**кæуылдæриддæр**	**цæуылдæриддæр**
comitatif	**кæимæдæриддæр**	**цæимæдæриддæр**
similatif	**кæйдæриддæрау**	**цæйдæриддæрау**

A cette même catégorie appartiennent des termes tels que **алчи** « chaque » (à propos des personnes), **алцы** « chaque » (à propos des objets), **алкæцы** « chaque » (personnes ou objets). Les deux premiers fonctionnent comme pronoms et se déclinent sur le modèle de **чи** et **цы**, le troisième peut s'utiliser à la fois comme un pronom (auquel cas il se décline sur le modèle de **кæцы**) ou comme adjectif (invariable).

Les termes **æгас** « tout, entier, intégral », **алы** « chaque », **æппæт** « tout » s'utilisent habituellement pour déterminer un nom et ne se déclinent pas.

En combinaison avec les pronoms possessifs courts (formes courtes des pronoms personnels au génitif), **æгас** et **æппæт** forment des pronoms :
не'ппæт, не'гас « nous tous »
се'ппæт, се'гас « eux tous ».
Ils se déclinent comme des noms.

Un autre groupe de pronoms déterminés se forme par l'ajout aux pronoms interrogatifs du suffixe **-фæнды** et lui donne le sens de « quelconque » : **чифæнды** « qui que ce soit », **цыфæнды** « quoi que ce soit », **цавæрфæнды** « n'importe quel », **цалфæнды** « quel que soit le nombre »... Seul le premier élément se décline, **-фæнды** demeurant invariable.

L'opposition des caractéristiques des personnes ou des objets est marquée par les termes **иннæ, аннæ, æндæр** « autre », utilisables comme pronoms (fléchis) ou adjectifs (invariables).

Les termes **иууыл** « tout à fait », **иууылдæр** « tous sans exception » sont invariables.

Lorsqu'ils sont utilisés en combinaison avec un nom, ces termes forment avec lui une seule unité accentuelle et l'accent tonique porte sur le nom.

Les pronoms-adjectifs négatifs

Les pronoms-adjectifs négatifs sont formés par l'ajout aux pronoms interrogatifs-relatifs du préfixe négatif **ни-** :
ничи, ницы, никуы, ницæмæн, etc. Ils s'utilisent avec les verbes à l'indicatif.
Ницæй тыххæй ауадзынæн æз мæ хойы амæн « je ne laisserai en aucun cas ma soeur épouser celui-ci ».

Dans les propositions avec un verbe à l'impératif ou au conditionnel, ce préfixe **ни-** est remplacé par **ма-** :
Макæмæн зæгъ, кæй мæ федтай, уый « Ne dis à personne que tu m'as vu (litt. : A personne dis, que [tu] m'as vu, cela »).
Les pronoms négatifs sont habituellement accentués.

Ils se déclinent comme les pronoms interrogatifs-relatifs correspondants (**чи, цы**, etc.).

L'adverbe

Comme on l'a signalé plus haut, les limites entre les différents groupes de « noms » sont assez floues et un même terme peut jouer le rôle de substantif, adjectif ou adverbe. Peuvent en outre être employés comme adverbes :
-des adjectifs au nominatif :
рæсугъд дзурын « bien parler ».

-Des adjectifs à différents autres cas, notamment à l'ablatif :
гыццылгай змæлын « bouger lentement, doucement (litt. : petitement) ».
-Des substantifs au nominatif :
хæстæг цæрын « vivre à proximité » (**хæстæг** « voisin »).
-Des substantifs à différents autres cas, surtout à l'ablatif et au similatif :
иронау дзурын « parler ossète ».
барæй мæсты кæнын « taquiner exprès ».
-Des pronoms à différents cas :
ам « ici », **кæм** « où », **уым** « là », **цæмæн** « pourquoi », etc.
-Des numéraux :
фыццаг « d'abord ».

Certains adverbes peuvent former un comparatif :
Дарддæр слæу « Va plus loin ».

Les adverbes sont pour la plupart invariables et se rapportent à des verbes, adjectifs, participes, autres adverbes ou noms déverbaux. Mais certains peuvent avoir des formes fléchies, qui revêtent alors généralement un sens particulier. C'est la catégorie la plus dynamique.

Certains suffixes donnent à des noms un sens d'adverbe, comme le suffixe **-гай** qui a un sens distributif :
цъусгай « par petites quantités »
фистæгæй « à pied ».

Dans la proposition, les adverbes sont pour la plupart accentués ; font exception les adverbes monosyllabiques dont la voyelle est faible (**æ, ы**) :
Кæм цæрут ? « Où vivez-vous ? ».
Цы кусыс ? « Que fais-tu ? ».

D'un point de vue sémantique, les adverbes peuvent être répartis entre les catégories suivantes :

Adverbes de lieu

Il peuvent indiquer la localisation d'une personne ou d'un objet, la direction de son mouvement, ou le point d'origine ou de passage de celui-ci :

LOCALISATION	DIRECTION	PASSAGE PAR	PROVENANCE
кæм « où »	**кæдæм** « vers où »	**кæуылты**	**кæцæй** « d'où »
ам « ici »	**ардæм** « vers ici »	**ауылты**	**ардыгæй** « d'ici »
ум « là »	**уырдæм** « vers là »	**ууылты**	**уырдыгæй** « de là »
уæлæ (уæле) « en haut »	**уæлæмæ** « vers le haut »	**уæлæты**	**уæлейæ** « d'en haut »
дæлæ (дæле) « en bas »	**дæлæмæ** « vers le bas »	**дæлæты**	**дæлейæ** « d'en bas »
мидæг « à l'intérieur »	**мидæмæ** « vers l'intérieur »	**мидæгты**	**мидæмæй** « de l'intérieur »
фæстæ (фæсте) « après, derrière »	**фæстæмæ** « derrière (avec mouvement) »	**фæстæты**	**фæстейæ** « de derrière »
хæстæг « à proximité »	**хæстæгмæ** « près de (avec mouvement) »	**хæстæгыл**	**хæстæгæй** « depuis un endroit situé à proximité »
дард « loin »	**дардмæ** « loin (avec mouvement) »	**дардыл**	**дардæй** « de loin »
хæдзæры « à la maison »	**хæдзæрмæ** « à la maison (avec mouvement) »		**хæдзæрæй** « (hors) de la maison »
искæм, искуы « quelque part »	**искæдæм** « vers quelque part »	**искæуылты**	**искæцæй** « depuis quelque part »
никæм, никуы, макуы	**никæдæм, никуыдæм, макæдæм**		**никæцæй, никуыцæй, макæцæй**

Comme on le voit sur ce tableau, les adverbes négatifs de lieu ont deux types de formes, avec la particule **ни-** ou la particule **ма-**. Les formes du premier types s'utilisent avec des verbes à l'indicatif, les secondes avec des verbes au conditionnel ou à l'impératif.

Adverbes de temps

On peut classer les principaux adverbes de temps en fonction des indications qu'ils donnent : début, fin ou moment de l'action. L'énumération qui suit n'est pas exhaustive et se limite aux plus courants de ces adverbes :

.début de l'action (réponse à la question **кæдæй ?** « depuis quand ? ») :
уæдæй « depuis lors », **райсомæй** « depuis le matin », **изæрæй** « depuis le soir », **рагæй** « depuis longtemps », **нырæй** « à partir de maintenant, dorénavant, désormais », **кæддæрæй** « depuis quelque temps », **æрæгæй** « depuis peu », **знонæй** « depuis hier », **фæронæй** « depuis l'an dernier », **ибонæй** « depuis peu », **амæйфæстæмæ** « depuis lors » (noter le suffixe **-æй** qui est la désinence de l'ablatif, marquant ici l'origine dans le temps).

.fin de l'action (réponse à la question **кæдмæ** « jusqu'à quand ? » :
уæдмæ « jusqu' à ce moment », **искæдмæ** « jusqu'à n'importe quel moment », **афонмæ** « à temps », **абонмæ** « jusqu'à aujourd'hui », **изæрмæ** « jusqu'au soir », **æрæгмæ** « jusque tard », **искæдмæ** « jusqu'à n'importe quand », **фæстæдæрмæ** « jusqu'à plus tard », **фаронмæ** « jusqu'à l'année dernière », **фидæнмæ** « jusqu'à l'année prochaine », **никæдмæ (макæдмæ)** « jamais (dans l'avenir ; litt. : jusqu'à aucun moment) » (noter le suffixe **-мæ** qui est la désinence de l'allatif, marquant ici le but, le terme dans le temps).

.moment de l'action (réponse à la question **кæд** « quand ? ») :
кæд « quand », **кæддæр, искуы** « à un certain moment » (voir plus haut à propos des indéterminés la différence entre les termes en

-дæр et en **ис-, никуы, макуы** « jamais », **кæддæриддæр** « n'importe quand, toujours », **уалынмæ** « pendant ce temps » **ныридæгæн, афонмæ** « déjà », **æдзух æппыныдзух** « en permanence, toujours », **алыбон** « quotidiennement », **ныр, ныртæккæ** « maintenant, à présent », **раджы, рагацау** « tôt », **уæд** « alors », **иухатт** « une fois », **абон** « aujourd'hui », **ибон** « récemment », **знон** « hier », **дысон** « la nuit dernière », **изæрæй** « le soir », **æндæрæбон** « avant-hier », **иуæхсæв** « un soir », **райсом** « demain », **сомизæр** « demain soir », **сомæхсæв** « la nuit prochaine », **иннæбон** « après demain », **ацафон** « actuellement », **раздæр** « plus tôt, précédemment », **фæстæдæр** « plus tard, par la suite ».

Pour indiquer que l'action n'est pas terminée, on ajoute aux adverbes de temps de la première catégorie, exprimant le début de l'action, le suffixe **-фæстæмæ** (postposition **-фæстæ** « après » + désinence **-мæ** de l'allatif) : **ныræйфæстæмæ** « à partir de maintenant » **рагæйфстæмæ** « de longue date et jusqu'à ce jour », etc.

Si le terme de l'action est connu, on utilise deux adverbes qui prennent respectivement les désinences de l'ablatif (moment initial de l'action) et de l'allatif (moment final) : **изæрæй бонмæ** « du soir au matin », **сæрдæй зымæгмæ** « de l'été à l'hiver ».

En outre, certains adverbes de temps peuvent, dans certains contextes, apporter une précision de lieu :
Раздæр ахиз « Passe devant » (mais : **Раздæр иу сыст** « Lève-toi plus tôt »).

Les adverbes de qualité

Ils indiquent la qualité d'une action ou d'un procès et répondent aux questions **куыд ?** « comment ? », **Куыдæй ?** « de quelle façon ? ». On peut citer parmi les principaux : **афтæ, афтæмæй** « ainsi, très », **хорз** « bien », **æвзæр** « mal », **хъæрæй** « bruyamment », иумæ « ensemble », никуыд, макуыд « aucunement », куыддæр « xxxxx », куыддæриддæр « aucunement », etc.

La majorité des adverbes qualitatifs ne se distingue des adjectifs que par sa fonction syntaxique : **рæсугъд дзурын** « bien parler », **рæсугъд хæдзар** « une belle maison ».

De nombreux adverbes de qualité ont un comparatif et un superlatif. Ils se forment de façon régulière, c'est-à-dire en ajoutant à la racine le suffixe **-дæр** pour le comparatif et en combinant ce dernier à **æппæты (сеппæты)** pour obtenir le superlatif :

Тагъд дзурын « parler vite », **тагъддæр дзурын** « parler plus vite », **сеппæтæй тагъддæр дзурын** « parler plus vite que tous ».

Le redoublement de la racine introduit une nuance d'intensité de l'action :
Тагъд-тагъд дзурын « parler très vite ».

En cas de redoublement de l'adverbe marquant une progression de l'action, le premier terme a souvent la forme de l'ablatif et le second celle du comparatif :
Бæрзондæй-бæрзонддæр « de plus en plus haut ».

Les adverbes de quantité, de mesure et de degré

Les adverbes de quantité répondent aux questions **цас ? ou цæйбæрц ?** « combien ? », les principaux sont les suivants :

Quantité, mesure	Degré
Quantité, mesure **Цæйбæрц ? Цас ?**	Degré **куыд ? Цас ?**
Бирæ « beaucoup »	**Тынг, иттæг, мæлæты** « très »
Дзæвгар « relativement beaucoup »	**Бынтон, бынтондæр, иууыл** « tout à fait »
Гыццыл, иугыццыл « peu »	**Зыбыты, хæрз** « parfaitement »

Цъус « peu »	**Æгæр** « trop »
Чысыл, иучысыл « un peu »	**Фаг** « assez »
Цасдæр, иуцæсдæр « quelques »	**Уæлдай** « particulièrement »

Les adverbes **бирæ**, **тынг**, **иттæг**, **мæлæты** peuvent se traduire par « beaucoup », mais il faut se souvenir qu'en ossète, **бирæ** indique une quantité, et **тынг**, **иттæг**, **мæлæты** l'intensité (« très »).
Бирæ кæсы « il lit beaucoup ».
Бирæ дæ уарзы « il t'aime beaucoup ».

Les adverbes de quantité peuvent produire des comparatifs et superlatifs suivant les règles précédemment enoncées :
цъус « peu », **цъусдæр** « moins », **сеппæтæй цъусдæр** « moins que tout, le moins » ;
гыццыл « peu », **гыццылдæр** « moins », **сеппæтæй гыццылдæр** « moins que tout, le moins ».

A côté de ces formes régulières existent également **къаддæр** « moins », **сеппæтжй къаддæр** « moins que tout, le moins ».
L'adverbe **бирæ** « beaucoup » a un comparatif et donc un superlatif irréguliers :
бирæ « beaucoup », **фылдæр** « plus », **сеппæтæй фылдæр** « plus que tout, le plus ».

Les adverbes de but et de cause

Les adverbes de ce groupe peu nombreux indiquent la cause ou le but de l'action et répondent aux questions : **цæмæн ?** « pourquoi ? », **цæмæ ?** « pour quoi, dans quel but ? », **цæйтыххæй ?** « à cause de quoi ? ». Ce sont : **уымæн æмæ** « parce que », **уымæ гæсгæ, уыйтыххæй** « à cause de cela, pour cette raison, et donc », **цæмæндæр** « pour une raison quelconque », **барæй** « délibérément, à dessein », **æнæбары** « par force, bon gré mal gré », **фыдæнæн** « pour contrarier », **ницæмæн** « pour rien, en vain ».

Les numéraux

Comme en français, on distingue en ossète ordinaux et cardinaux.

Nombre	Cardinal	Ordinal
1	**иу**	**фыццаг**
2	**дыууæ**	**дыккаг**
3	**æртæ**	**æртыккаг**
4	**цыппар**	**цыппæрæм**
5	**фондз**	**фæндзæм**
6	**æхсæз**	**æхсæзæм**
7	**авд**	**æвдæм**
8	**аст**	**æстæм**
9	**фараст**	**фарæстæм**
10	**дæс**	**дæсæм**
11	**иуæндæс**	**иуæндæсæм**
12	**дыууадæс**	**дыууадæсæм**
13	**æртындæс**	**æртындæсæм**
14	**цыппæрдæс**	**цыппæрдæсæм**
15	**фынддæс**	**фынддæсæм**
16	**æхсæрдæс**	**æхсæрдæсæм**
17	**æвддæс**	**æвддæсæм**
18	**æстдæс**	**æстдæсæм**
19	**æнудæс**	**æнудæсæм**
20	**ссæдз**	**ссæдзæм**
30	**æртын**	**æртынæм**
40	**цыппор**	**цыппорæм**
50	**фæндзай**	**фæндзайæм**
60	**æхсай**	**æхсайæм**
70	**æвдай**	**æвдайæм**
80	**æстай**	**æстайæм**
90	**нæуæдз**	**нæуæдзæм**
100	**сæдæ**	**сæдæймаг**
1000	**мин**	**минæм**
1000000	**милуан**	**милуанæм**

Les numéraux sont en général placés devant le terme qu'ils déterminent et forment avec lui un groupe accentuel, l'accent tombant sur le numéral. Toutefois, **дæс** « dix », qui est monosyllabique et ne comprend que la voyelle faible **æ**, n'est pas accentué : **æртæ хойы** « trois soeurs », **фондз хæдзары** « cinq maisons », mais **дæс бæласы** « dix arbres ».

Dans les numéraux composés, chaque mot est accentué, sauf **сæдæ**, **мин** et **милуан** :
авд сæдæ фæндзай æртæ скъоладзауы « 753 élèves ».
иу милуан цыппар сæдæ æхсай иу мин фараст сæдæ нæуæдз æртæ сомы « 1.461.993 roubles ».

La déclinaison des numéraux

« Un » est suivi d'un nom au nominatif singulier. Tous les autres cardinaux sont suivis d'un nom au génitif singulier :
иу сывæллон « un enfant ».
дыууæ чиныджы « deux livres ».

Si le numéral, qu'il soit ordinal ou cardinal, s'utilise pour déterminer un nom, seul ce dernier se décline. Le numéral ne se décline que lorsqu'il est utilisé indépendamment. Sa flexion est identique à celle des noms, et dans les numéraux composés, la désinence n'est ajoutée qu'au dernier terme. Le pluriel est formé à l'aide du suffixe **-т-** :

Cas	Card. sing.	Card. pl.	Ordinaux sing.	Ordinaux pl.
Nominatif	**иу**	**иутæ**	**фыццаг**	**фыццæгтæ**
accusatif	**иу, иуы**	**иутæ, иуты**	**фыццаг, фыццаджы**	**фыццæгтæ, фыццæгты**
génitif	**иуы**	**иуты**	**фыццаджы**	**фыццæгты**
datif	**иуæн**	**иутæн**	**фыццагæн**	**фыццæгтæн**
ablatif	**иуæй**	**иутæй**	**фыццагæй**	**фыццæгтæй**
allatif	**иумæ**	**иутæм**	**фыццагмæ**	**фыццæгтæм**
locatif	**иуы**	**иуты**	**фыццаджы**	**фыццæгты**
adessif	**иуыл**	**иутыл**	**фыццагыл**	**фыццæгтыл**
comitatif	**иуимæ**	**иутимæ**	**фыццагимæ**	**фыццæгтимæ**
similatif	**иуау**	**иутау**	**фыццагау**	**фыццæгтау**

A l'exception des trois premiers (**иу / фыццаг, дыууæ / дыккаг** et **æртæ / æртыккаг),** les ordinaux sont formés à l'aide du suffixe **-æм** ajouté au nombre cardinal, avec dans certains cas l'affaiblissement de la dernière voyelle de ce dernier : **цыппар / цыппæрæм, фондз / фæндзæм, авд / æвдæм**... On rencontre parfois aussi le suffixe **-æймаг** : **цыппæрæймаг, фæндзæймаг, æхсæзæймаг, ссæдзæймаг**.

Les ordinaux composés sont formés en remplaçant le dernier élément du cardinal par l'ordinal correspondant : **æртын дыккаг** « trente-deuxième », **цыппор фæндзæм** « quarante-cinquième »... A noter que dans de semblables composés, les cardinaux terminés par **иу** donnent des ordinaux en **иуæм** et non en **фыццаг** : **ссæдз иуæм** (comparer français « premier », mais « vingt-et-unième »).

Numération vicésimale caucasienne

A côté de la classique numération décimale d'origine iranienne (et, au-delà, indo-européenne), il existe en ossète un système vicésimal, à base vingt, caractéristique du substrat caucasique de la langue. Il a des équivalents en français, où un terme comme « quatre-vingt » représente un vestige du gaulois. C'est le plus utilisé dans la langue parlée.

Dans le système ossète vicésimal, les dizaines sont exprimées ainsi :
ссæдз « vingt ».
дæс æмæ ссæдз « trente » (litt. dix et vingt).
дыууиссæдз « quarante » (deux-vingt).
дæс æмæ дыууиссæдз « cinquante » (dix et deux vingt).
æртиссæдз « soixante » (trois-vingt).
дæс æмæ æртиссæдз « soixante-dix » (dix et trois-vingt).
цыппарыссæдз « quatre-vingt » (comme en français).
дæс æмæ цыппарыссæдз « quatre-vingt-dix » (dix et quatre-vingt).
фондзыссæдз « cent » (cinq-vingt).

Dans les numéraux vicésimaux, les unités (de un à vingt) précèdent les vingtaines et leur sont attachées par la conjonction **æмæ** « et » : **иу æмæ ссæдз** « vingt-et-un » (litt. un et vingt).
æртындæс æмæ ссæдз « trente-trois » (treize et vingt »).
цыппар æмæ дыууиссæдз « quarante-quatre » (quatre et deux-vingt).

Les ordinaux sont formés à l'aide du suffixe **-æм** et sont ajoutés au dernier terme, c'est-à-dire à la vingtaine :
æртæ æмæ ссæдзæм « vingt-troisième ».
дæс æмæ æртиссæдзæм « soixante-dixième ».

Les numéraux distributifs

Les numéraux distributifs se forment par ajout du suffixe **-гай** au cardinal (qui subit dans certains cas une légère modification phonétique) :
иугай « par un, à l'unité », **дыгай** « par deux », **æртыгай** « par trois », **цыппаргай** « par quatre », **фæндзгай** « par cinq », **æхсæзгай** « par six », **æвдгай** « par sept », **æстгай** « par huit », **фарастгай** « par neuf », **дæсгай** « par dix ».

Ils comportent des formes de pluriel obtenues par l'ajout du suffixe **-т** : **иугæйттæй, дыгæйттæй, æртыгæйттæй**...

Les fractions

Les fractions sont exprimées comme en français avec un numérateur qui est un cardinal et un dénominateur qui est un ordinal, complétés par le terme **хай** « part » qui s'accorde avec le numérateur (et peut être omis) :
дыууæ æхсæзæм (хайы) 2/6 (« deux sixièmes parts » ; accordé avec « deux », le terme **хай** « part » prend la marque du génitif singulier, cf. ci-dessus).
иу æхсæзæм (хай) 1/6 (« une sixième part »).

Enfin, la « moitié » et le « quart » s'expriment en ossète par **æрдæг** et **цыппæрæм хай** :
иу æмæ æрдæг « un et demi ».
иу æмæ æртæ цыппæрæм хайы « un trois quart (1,75) ».

La préposition

La langue ossète, qui possède un système flexionnel très développé, est pauvre en prépositions :

Prép.	signification	utilisation	accentuation
æд	« avec » appartenance et accompagnement	avec un nom (souvent inanimé, au nominatif) **æд чиныг** « avec un livre »	toujours inaccentué, forme une unité accentuelle avec le mot suivant
æнæ	« sans » absence	avec un nom ou participe en **-гæ**, -**гæйæ** au génitif **æнæ хæдзарæй** « sans maison » **æнæ дзургæйæ** « sans parler »	forme une unité accentuelle avec le mot suivant, l'accent tombe toujours sur la seconde syllabe
фæйнæ	« par » répartition	avec un nom au génitif **фæйнæ фæткъуыйы** « une pomme à chacun »	forme une unité accentuelle avec le mot suivant, l'accent tombe habituellement sur la seconde syllabe

Les prépositions peuvent fusionner avec un nom et devenir des préfixes en déterminant le sens du composé :
æдзонд « pensant, réfléchi » (avec intelligence)
æнæкъона « sans logis »
æнаконд « non fait, inachevé » (sans fait).

LE VERBE

Le système verbal de l'ossète se distingue nettement de celui du français, mais s'avère plus régulier. Les verbes peuvent être simples ou composés ; les premiers sont au nombre de quelques centaines ; les seconds se composent de deux mots, dont l'un est un nom qui porte la charge sémantique de l'ensemble, et l'autre un verbe auxiliaire. Le nom occupe normalement la première place :
ахуыр кæнын « apprendre » **(ахуыр** : enseignement)
хыл кæнын « se quereller » **(хыл** : querelle)
мæт кæнын « s'alarmer, s'affliger » **(мæт** : peine, tristesse).

Dans l'absolue majorité des verbes composés, le verbe auxiliaire est **кæнын** « faire » ; d'autres verbes peuvent jouer le rôle d'auxiliaire, comme :
уæвын « être », **кæсын** « regarder », **мæлын** « mourir », **марын** « tuer ». En composition, ils perdent souvent leur sens initial :
уæгъд уæвын « être libre » ; **æнхъæлмæ кæсын** « attendre » ; **мæстæй мæлын** « se fâcher » ; **мæстæй марын** « taquiner ».

Le système verbal ossète connaît les catégories du temps, de la voie, de la personne, du nombre.

Une caractéristique de ce système est l'alternance des bases verbales du présent et du passé. Sur le radical du présent sont constitués la forme indéterminée, et toutes les formes verbales du présent et du futur.

Tous les temps passés sont basés sur le radical du passé, qui se distingue de celui du présent par l'élément **-т-** ou **-д-**, l'alternance des voyelles dans la racine, et dans certains cas le changement de consonne finale. Le radical du passé a la même forme que le participe passé :

Alternance	radical du présent	radical du passé	signification
а-æ	**халын**	**хæлд-**	abîmer
а-ы	**стауын**	**стыд-**	mélanger, remuer

æ-а	**кæсын**	**каст-**	regarder
æ-о	**кæнын**	**конд-**	faire
æ-ы	**цæуын**	**цыд-**	aller
и-ы	**фидын**	**фыст-**	payer
о-ы	**тонын**	**тынд-**	déchirer
у-ы	**дзурын**	**дзырд-**	parler
Ø-а	**рæхсын**	**рæхсад-**	coudre

Outre ces alternances vocaliques entre les radicaux du passé et du présent, on observe les alternances suivantes de consonnes :

Alternance	radical du présent	radical du passé	signification
д, т, нд, нт-ст	**кæрдын**	**карст-**	couper
дз, ц, нц-гъд	**садзын**	**сагъд-**	planter
н-д	**æлхæнын**	**æлхæд-**	acheter

Certains verbes ont des radicaux différents au présent et au passé (cf. Lexique en annexe).

L'infinitif du verbe

La forme indéterminée du verbe est constituée du radical du présent et de la désinence **-ын** : **бадын** « être assis, siéger », **кæуын** « pleurer », **худын** « rire ».
Elle coïncide avec la première personne de l'indicatif :
Æз бадын « je siège ».
Æз кæуын « je pleure ».
Æз худын « je ris ».

Elle peut également se décliner, ce qui rappelle une fois de plus le caractère flou et conventionnel des limites entre les catégories grammaticales en ossète.

Dans de rares cas, elle peut aussi produire une forme de pluriel :
Цæрынтæ байдыдтой лæппу æмæ чызг тыгъд быдыры астæу « le garçon et la fille commencèrent à vivre dans cette plaine isolée ».

Dans une proposition, la forme indéterminée peut être attribut, complément direct ou indirect, sujet.

Les temps

Comme en français, les verbes ossètes se conjuguent, c'est-à-dire se modifient en fonction de la personne et du temps. A l'indicatif et au conditionnel, ils ont trois temps : présent, passé et futur ; à l'impératif, ils en ont deux : présent et futur.

Le présent exprime une action ou un état contemporain du moment du discours. Il se forme par ajout des désinences de personnes au radical du présent :
Æз кæсын « je lis ».
Мах худæм « nous rions ».

Le verbe **уын** (ou **уæвын**) « être » est irrégulier.

Le passé désigne une action antérieure au moment du discours. Il se forme par ajout de désinences personnelles au radical du passé :
Æз кастæн « je regardais ».
Мах худтыстæм « nous riions ».

Le futur exprime une action qui se déroulera postérieurement au moment du discours. Il se forme par l'ajout au radical du présent du suffixe **-дзын / -дзы** et des désinences personnelles :
Æз кæсдзынæн « je lirai ».
Мах худдзыстæм « nous rirons ».

L'aspect des verbes

Comme les langues slaves - quoique de façon différente - mais contrairement au français, les verbes ossètes peuvent revêtir deux « aspects » en fonction du caractère « accompli » ou « inaccompli » de l'action.

L'aspect « inaccompli » ou « imperfectif » désigne les actions ou les processus ayant un caractère prolongé, non limité dans le temps, descriptif.
L'aspect « accompli » ou « perfectif » exprime les actions de brève durée, limitées dans le temps, ou le résultat d'un processus.
En pratique, le présent et l'imparfait français se traduisent en ossète à l'aide de verbes inaccomplis, le passé simple ou passé composé et le futur à l'aide de verbes accomplis.

Les verbes accomplis se distinguent la plupart du temps par la présence d'un préfixe verbal ou « préverbe » :
кæнын (inacc.) / **скæнын** (acc.) « faire ».
кæсын (inacc.) / **скæсын** (acc.) « regarder» (vers le haut, avec préverbe **с-**) .
цæуын (inacc.) / **æрбацæуын** (acc.) « aller / arriver ».
Un même verbe inaccompli peut donner naissance à plusieurs formes accomplies, avec des préverbes précisant leur sens. C'est particulièrement le cas pour les verbes indiquant des mouvements.

Le sens des préverbes

Pour la formation des verbes accomplis, l'ossète utilise neufs préverbes, issus pour la plupart de l'iranien commun :
а-, **ба-**, **æр-**, **æрба-**, **ра-**, **ны-**, **цæ-**, **ыс-**, **фæ-**.
Outre l'indication de l'aspect accompli, ils remplissent deux autres fonctions : avec les verbes de mouvement, ils précisent la direction de l'action dans l'espace par rapport au locuteur ; et avec tous les verbes, ils précisent le caractère de l'action, sa durée, sa vitesse, son intensité, son achèvement.

1- Le préverbe **а-** peut indiquer :

-avec les verbes de mouvement, une action dirigée de l'intérieur vers l'extérieur, pour un locuteur se trouvant à l'intérieur, ou l'éloignement par rapport au locuteur (cf. latin *a*, *ab*, *au*) :
Цæуы « il va » / **ацæуы** « il sort (de là où je me trouve), il s'éloigne (de moi) ».

-Avec tous les verbes, la rapidité ou la brièveté de l'action :
хæрын « manger » / **ахæрын** « manger un morceau, rapidement ».
хъазын « jouer » / **ахъазын** « jouer un peu ».
бадын « être assis, siéger » / **абадын** « siéger un instant ».

2- Le préverbe **ра-** a les sens suivants :

-avec les verbes de mouvement, une action dirigée de l'intérieur vers l'extérieur, comme précédemment, mais vue par un locuteur se trouvant à l'extérieur :
Рацæуы « il sort » (observateur à l'extérieur).
Цъиу ратæхы « l'oiseau s'envole » (observateur à l'extérieur).

-l'intensité, l'importance de l'action :
дзурын « parler » / **радзурын** « raconter ».
тонын « déchirer » / **ратонын** « arracher, déchirer avec force ».
нæмын « battre, frapper » / **ранæмын** « abattre, frapper fortement ».

-l'enlèvement, l'éloignement de l'objet :
хæссын « porter » / **рахæссын** « emporter ».

3-Le préverbe **ба-** désigne :

-Un mouvement ou une action dirigé vers l'intérieur, lorsque le locuteur se trouve à l'extérieur :
цæуын « aller » / **бацæуын** « entrer (action vue de l'extérieur)».

-l'accomplissement, le caractère total de l'action :
нуазын « boire » / **бануазын** « boire la totalité ».
хуыйын « coudre » / **бахуыйын** « coudre complètement ».

4- Le préverbe **æрба-** est un composé de **æр-** et **ба-** et exprime :

-une action dirigée vers l'intérieur, lorque le locuteur est lui-même à l'intérieur :

цæуын « aller » / **<u>æрба</u>цæуын** « entrer, arriver (vers l'observateur) ».
тæхын « voler » / **<u>æрба</u>тæхын** « se poser (vers l'observateur) ».

-Le caractère soudain, inattendu **d'une action :**
бырсын « attaquer » / **<u>æрба</u>бырсын** « attaquer par surprise ».
лæууын « se tenir, rester » / **<u>æрба</u>лæууын** « apparaître soudain ».

5- Le préverbe **æр-** désigne :

-un mouvement ou une action dirigé de haut en bas lorsque le locuteur est en bas, au sens propre ou figuré :
цæуын « aller » / **<u>æр</u>цæуын** « venir »- par ex. de la ville au village, « descendre » en ville.
æвæрын « poser » / **<u>æр</u>æвæрын** « déposer ».

-Le caractère soudain, inattendu d'une action (comme **æрба-**, cf. ci-dessus) :
хауын « tomber » / **<u>æр</u>хауын** « tomber soudain d'en haut ».
лæууын « se tenir, rester » / **<u>æр</u>лæууын** « apparaître soudain ».

-Dans certains cas, le caractère final de l'action :
сабыр уын « être calme, taciturne » / **<u>æр</u>сабыр уын** « se calmer ».

6- Le préfixe **ны-** s'utilise pour noter :

-les actions dirigées de haut en bas lorsque le locuteur est en haut :
цæуын « aller » / **<u>ны</u>ццæуын** « descendre ».
кæсын « regarder » / **<u>ны</u>ккæсын** « regarder vers le bas ».
калын « verser » / **<u>ны</u>ккалын** « verser » (vers le bas, sur quelque chose...).

-L'intensité de l'action :
кæуын « pleurer » / **<u>ны</u>ккæуын** « se mettre à hurler ».

On note que l'ajout de ce préverbe à un verbe commençant par une consonne ou une semi-voyelle entraîne la gémination (redoublement) de ces dernières.

7- Le préverbe **с- (ыс-)** a les sens suivants :

-avec les verbes de mouvement, il indique une action de bas en haut, indépendamment de la position du locuteur :
хизын « ramper » / **схизын** « grimper ».
дæттын « donner » / **сдæттын** « élever, présenter vers le haut ».
хæссын « porter » / **схæссын** « porter (vers le haut »).

-Avec les autres verbes, il peut signaler le début de l'action ou d'un processus :
кусын « travailler » / **скусын** « commencer à travailler ».
судзын « brûler » / **ссудзын** « prendre feu ».
æзмæлын « bouger » / **сызмæлын** « se mettre en mouvement ».

8- Le préverbe **фæ-** donne aux verbes toute une série de nuances :

-au présent, il indique la répétition ou la régularité de l'action :
æз кæсын « je lis » (en ce moment) / **æз фæкæсын** « j'ai l'habitude de lire ».
æз зарын « je chante » (maintenant) / **æз фæзарын** « j'ai l'habitude de chanter ».

-Au passé et au futur, le préverbe **фæ- (фе-)** peut donner aux verbes des sens radicalement opposés : brièveté et caractère inattendu, ou longueur et répétition :
гæпп кæнын « sauter » / **фæгæпп кæнын** « faire un bond ».
зынын « apparaître, se montrer » / **фæзынын** « apparaître soudain ».
цæрын « vivre » / **фæцæрын** « vivre longtemps ».
кувын « prier » / **фæкувын** « prier longuement ».

Un même verbe doté de ce préverbe peut souvent avoir deux significations opposées :

Фæзылди « il a longtemps tourné » ou « il s'est retourné d'un coup ».
Фæтади « il a mis longtemps à fondre », ou « il a vite fondu ».
Dans ce cas, le choix du sens correct dépend uniquement du contexte :
Лæг уынгтыл бирæ фæзылди « l'homme a longtemps erré (tourné) dans les rues ».
Чызг æвиппайды фæзылди « la fille s'est soudain retournée ».

L'emploi des préverbes permet de former des séries de verbes aux nuances différentes à partir d'une même racine verbale ; le français « donner » peut ainsi se traduire, en fonction de la situation, par **дæттын**, **раттын** (verbe accompli sans nuance particulière de direction ou autre), **æрдæттын**, **æрбадæттын**, **сдæттын**, **фæдæттын**, **ныддæттын**, **бадæттын**.

Pour exprimer qu'une action est en train de s'accomplir (au présent ou au passé), on intercale l'affixe **-цæй** entre le préverbe et la racine du verbe : **Сывæллон æрбацæйцыди** « l'enfant est en train de s'approcher ».

Les modes

Le verbe ossète connaît trois modes : indicatif, subjonctif / conditionnel et impératif. Comme en français, l'indicatif désigne une action ou un processus réel au présent, au passé ou au futur, et aussi une action prévue dans un futur immédiat. Les formes à préverbes, au passé ou au futur, indiquent une action accomplie.
Къæвда уары : il pleut.

Le subjonctif / conditionnel a un emploi assez similaire à celui qu'il a en latin. Comme à l'indicatif, les formes à préverbes dénotent l'aspect « accompli » ou « perfectif ». Certains linguistes identifient en ossète un mode optatif, sur la base de certaines survivances dans la langue moderne d'un ancien optatif (N. Bagaïev). Le groupement de ces formes dans un ensemble distinct ne nous paraît pas fondé, dans la mesure où elles peuvent la plupart du temps être remplacées par les formes du subjonctif / conditionnel :

L'impératif sert à exprimer une demande ou un ordre, et, comme en français, ses formes existent pour les 2ème et 3ème personnes : leur usage est tout à fait identique à celui qui en est fait en français. Un trait distinctif de l'ossète en la matière est l'existence d'un impératif futur. Il se forme au moyen de la particule **-иу**, qui s'ajoute à la forme régulière de l'impératif du verbe ; le pronom ne s'utilise habituellement pas :
Бакæс-иу сывæлæттæм ! « Surveille (à l'avenir) les enfants ! », « Tu surveilleras les enfants ! »

La voie

Il n'y a pas, en ossète, de système morphologique qui oppose de façon bien définie la voie active (dans laquelle l'action est accomplie par le sujet) de la voie passive (dans laquelle le sujet subit l'action). L'opposition entre les verbes transitifs (« actifs ») et intransitifs (« passifs ») peut être exprimée lexicalement : **арын / гуырын** (« engendrer, mettre au monde » / « naître ») ou, le plus souvent, par l'alternance de voyelles dans le radical du verbe. Dans ce cas, une voyelle forte indique le caractère transitif du verbe, une voyelle faible, le caractère intransitif :
марын « tuer » / **мæлын** « mourir » (avec en outre, ici, l'alternance **а / æ**).
калын « verser » / **кæлын** « être versé, couler ».
La voie passive est formée à l'aide des verbes **уын / уæвын** « être » et **цæуын** « aller » et du participe passé : **фыссын** « écrire » / **фыст уын** « être écrit », **барын** « mesurer, peser » / **барст цæуын** « être pesé ». Dans la conjuguaison, seul le verbe auxiliaire change : **барст цæудзæн** « il sera pesé » ; **фыст уыдис** « il fut écrit ». Cette construction a un caractère passif impersonnel, c'est-à-dire que le sujet logique de l'action, en général, n'est pas exprimé.

Le verbe **уын / уæвын** donne à la construction un sens d'accomplissement, le verbe **цæуын**, le sens d'un processus durable, inachevé.

Les formes réfléchies du verbe s'expriment au moyen du pronom réfléchi : **хи æхсын** « se laver » ; **хи сæрфын** « s'essuyer ». Dans la conjugaison, ces pronoms réfléchis changent en fonction de la personne, comme en français : **æз мæхи æхсын** « je me lave », **уыдон сæхи æхсынц** « ils se lavent », etc.

La personne et le nombre

Comme en français, le verbe se conjugue, c'est-à-dire se modifie en fonction de la personne et du nombre. On distingue deux types principaux de conjugaison, celui des verbes transitifs (admettant un complément direct) et celui des verbes intransitifs (s'utilisant avec des compléments indirects). A la différence du français, la conjugaison des verbes ossètes ne présente presque pas d'exceptions en dehors du verbe « être », les désinences personnelles étant identiques pour chaque type.

-Conjugaison des verbes transitifs à l'indicatif : ex. **нымайын** « compter ».

Présent :

(personne)	singulier	pluriel
1	**æз нымайын**	**мах нымайæм**
2	**ды нымайыс**	**сымах нымайут**
3	**уый нымайы**	**уыдон нымайынц**

Passé :

(personne)	singulier	pluriel
1	**æз нымадтон**	**мах нымадтам**
2	**ды нымадтай**	**сымах нымадтат**
3	**уый нымадта**	**уыдон нымадтой**

Futur :

(personne)	singulier	pluriel
1	**æз нымайдзынæн**	**мах нымайдзыстæм**
2	**ды нымайдзынæ**	**сымах нымайдзыстут**
3	**уый нымайдзæн**	**уыдон нымайдзысты**

-Conjugaison des verbes transitifs au subjonctif / conditionnel :

Présent :

(personne)	singulier	pluriel
1	**æз нымаин**	**мах нымаиккам**
2	**ды нымаис**	**сымах нымаиккат**
3	**уый нымаид**	**уыдон нымаиккой**

Passé :

(personne)	singulier	pluriel
1	**æз нымадтаин**	**мах нымадтаиккам**
2	**ды нымадтаис**	**сымах нымадтаиккат**
3	**уый нымадтаид**	**уыдон нымадтаиккой**

Futur :

(personne)	singulier	pluriel
1	**æз нымайон**	**мах нымайæм**
2	**ды нымайай**	**сымах нымайат**
3	**уый нымайа**	**уыдон нымайой**

-Conjugaison des verbes transitifs à l'impératif :

Présent :

(personne)	singulier	pluriel
2	**ды нымай**	**сымах нымайут**
3	**уый нымайæд**	**уыдон нымайæнт**

Futur :

(personne)	singulier	pluriel
2	**ды нымайиу**	**сымах нымайутиу**
3	**уый нымайæдиу**	**уыдон нымайæнтиу**

Comme on le voit, les verbes à l'impératif n'ont de désinence particulière qu'au présent. La nuance de futur s'obtient par l'ajout de **-иу** aux désinences du présent -soit à la fin, soit devant le verbe.

La conjugaison des verbes intransitifs ne se distingue de celle des verbes transitifs qu'au passé de l'indicatif.

-Conjugaison des verbes intransitifs à l'indicatif : ex. **цæуын**« aller ».

Présent :

(personne)	singulier	pluriel
1	**æз цæуын**	**мах цæуæм**
2	**ды цæуыс**	**сымах цæуут**
3	**уый цæуы**	**уыдон цæуынц**

Passé :

(personne)	singulier	pluriel
1	**æз цыдтæн**	**мах цыдыстам**
2	**ды цыдтæ**	**сымах цыдыстут**
3	**уый цыди(с)**	**уыдон цыдысты**

Futur :

(personne)	singulier	pluriel
1	**æз цæудзынæн**	**мах цæудзыстæм**
2	**ды цæудзынæ**	**сымах цæудзыстут**
3	**уый цæудзæн(и)(с)**	**уыдон цæудзысты**

Le choix de la désinence de la troisième personne du singulier du passé dépend entièrement du locuteur et ne comporte aucune nuance de sens ou de style.

Comme en français, la troisième personne du singulier s'utilise dans des constructions impersonnelles : **Талынг кæны** « le soir tombe » (litt. « la pénombre se fait »).

Le verbe « être »

Comme en français et dans la plupart des langues indo-européennes, le verbe **уын / уæвын** « être » a une conjugaison irrégulière :

-Conjugaison du verbe « être » à l'indicatif :

Présent de **уын / уæвын** (action unique) :

(personne)	singulier	pluriel
1	**æз дæн**	**мах стæм**
2	**ды дæ**	**сымах стут**
3	**уый у, и(с)**	**уыдон сты**

Présent de **вæйын** (action répétée ou habituelle) :

(personne)	singulier	pluriel
1	**æз вæйын**	**мах вæййæм**
2	**ды вæйыс**	**сымах вæййут**
3	**уый вæйы**	**уыдон вæййынц**

Passé :

(personne)	singulier	pluriel
1	**æз уыдтæн**	**мах уыдыстæм**
2	**ды уыдтæ**	**сымах уыдыстут**
3	**уый уыди(с)**	**уыдон уыдысты**

Futur :

(personne)	singulier	pluriel
1	**æз уыдзынæн**	**мах уыдзыстæм**
2	**ды уыдзынæ**	**сымах уыдзыстут**
3	**уый уыдзæн**	**уыдон уыдзысты**

-Conjugaison du verbe « être » au subjonctif / conditionnel :

Présent :

(personne)	singulier	pluriel
1	**æз уаин**	**мах уаиккам**
2	**ды уаис**	**сымах уаиккат**
3	**уый уаид**	**уыдон уаккой**

Passé :

(personne)	singulier	pluriel
1	**æз уыдаин**	**мах уыдаиккам**
2	**ды уыдаис**	**сымах уыдаиккат**
3	**уый уыдаид**	**уыдон уыдаиккой**

Futur :

(personne)	singulier	pluriel
1	**æз уон**	**мах уæм**
2	**ды уай**	**сымах уат**
3	**уый уа**	**уыдон уой**

-Conjugaison du verbe « être » à l'impératif :

(personne)	singulier	pluriel
2	**ды у**	**сымах ут**
3	**уый уæд**	**уыдон уæнт**

(les formes du futur sont identiques, avec l'adjonction de **-иу**).

La conjugaison du verbe « être » présente ainsi une série de particularités, dont la principale est la coexistence de bases différentes : **уын, уæвын** et **вæйын**. Les grands spécialistes des langues iraniennes (V. Miller, E. Benveniste, V. Abaïev, I. Oranski...) estiment que dans ces bases se reconnaît la même racine iranienne **bu-*, **baw-*, dérivé de l'indo-européen **bhu-*, **bheu-* « être, devenir ».

En ossète contemporain, le verbe **уæвын** n'est plus utilisé que sous la forme participiale **уæвгæ** « bien que, d'ailleurs, en fait ».

Le verbe **вæйын** (dont la conjugaison est régulière)a un sens de répétition, de régularité et s'utilise au sens de « être, se trouver, arriver ».

Le verbe **уын (уæвын)** s'emploie avec la majorité des préverbes, qui lui donnent différentes nuances et un caractère perfectif. L'une de ces formes composées, **фæ + уын**, a acquis une existence indépendante avec le sens de « terminer, achever » et une conjugaison particulière.

-Conjugaison de **фæуын** à l'indicatif :

Présent :

(personne)	singulier	pluriel
1	**æз фæуын**	**мах фæуæм**
2	**ды фæуыс**	**сымах фæут**
3	**уый фæуы**	**уыдон фæуынц**

Passé :

(personne)	singulier	pluriel
1	**æз фæдæн**	**мах фестæм**
2	**ды фæдæ**	**сымах фестут**
3	**уый фæци (с)**	**уыдон фесты**

Futur :

(personne)	singulier	pluriel
1	**æз фæуыдзынæн**	**мах фæудзыстæм**
2	**ды фæуыдзынæ**	**сымах фæуыдзыстут**
3	**уый фæуыдзæн(и)(с)**	**уыдон фæуыдзысты**

-Conjugaison de **фæуын** au subjonctif / conditionnel :

Présent-futur :

(personne)	singulier	pluriel
1	**æз фæу(а)ин**	**мах фæу(а)иккам**
2	**ды фæу(а)ис**	**сымах фæу(а)иккой**
3	**уый фæу(а)ид**	**уыдон фæу(а)иккой**

Passé :

(personne)	singulier	pluriel
1	**æз фæуыдаин (фæуин)**	**мах фæуыдаиккам (фæуиккам)**
2	**ды фæуыдаис (фæуис)**	**сымах фæуыдаиккат (фæуиккат)**
3	**уый фæуыдаид (фæуид)**	**уыдон фæуыдаиккой (фæуиккой)**

-Conjugaison de **фæуын** à l'impératif :

(personne)	singulier	pluriel
2	**ды фæу**	**сымах фæут**
3	**уый фæуæд**	**уыдон фæуæнт**

(les formes du futur sont identiques, avec l'adjonction de **-иу**).

Il n'y a pas en ossète de verbe « avoir », et son sens s'exprime au moyen du verbe « être » à la 3ème personne du singulier et un sujet logique soit au datif, soit à l'allatif :
Мæнæн и(с) дыууæ хойы. « J'ai deux soeurs ».

Аланæн и(с) дыууæ æфсымæры. « Alan a deux frères ».
Лæппумæ и(с) диссаджы хъазæнтæ. « Le garçon a des jouets étonnants ».

C'est par la même forme que l'on traduit l'expression française « il y a » et le verbe « se trouver » :
Дæ бæх ам ис, мауал æй агур. « Ton cheval est ici, ne le cherche plus ».

Il n'y a pratiquement pas de différence entre les formes **и** et **ис** qui cohabitent dans la langue. Dans les propositions négatives, on utilise le terme **нæй**, qui représente la contraction de **нæ** et **ис** :
Мæнæн хæдзар нæй. « Je n'ai pas de maison ».

La conjugaison des verbes composés

Comme il a été indiqué plus haut, l'ossète possède un grand nombre de verbes composés, faits d'un nom et d'un verbe auxiliaire. Dans la conjugaison, le nom reste invariable et seul le verbe auxiliaire se conjugue.

-Conjugaison du verbe composé **ахуыр кæнын** « apprendre » à l'indicatif :

présent :

(personne)	singulier	pluriel
1	**æз ахуыр кæнын**	**мах ахуыр кæнæм**
2	**ды ахуыр кæныс**	**сымах ахуыр кæнут**
3	**уый ахуыр кæны**	**уыдон ахуыр кæнынц**

passé :

(personne)	singulier	pluriel
1	**æз ахуыр кодтон**	**мах ахуыр кодтам**
2	**ды ахуыр кодтай**	**сымах ахуыр кодтат**
3	**уый ахуыр кодта**	**уыдон ахуыр кодтой**

futur :

(personne)	singulier	pluriel
1	**æз ахуыр кæндзынæн**	**мах ахуыр кæндзыстæм**
2	**ды ахуыр кæндзынæ**	**сымах ахуыр кæндзыстут**
3	**уый ахуыр кæндзæн (и) (с)**	**уыдон ахуыр кæндзысты**

-Conjugaison du verbe **ахуыр кæнын** « apprendre » au subjonctif-conditionnel :

présent :

(personne)	singulier	pluriel
1	**æз ахуыр кæнин**	**мах ахуыр кæниккам**
2	**ды ахуыр кæнис**	**сымах ахуыр кæниккат**
3	**уый ахуыр кæнид**	**уыдон ахуыр кæниккой**

passé :

(personne)	singulier	pluriel
1	**æз ахуыр кодтаин**	**мах ахуыр кодтаиккам**
2	**ды ахуыр кодтаис**	**сымах ахуыр кодтаиккат**
3	**уый ахуыр кодтаид**	**уыдон ахуыр кодтаиккой**

futur :

(personne)	singulier	pluriel
1	**æз ахуыр кæнон**	**мах ахуыр кæнæм**
2	**ды ахуыр кæнис**	**сымах ахуыр кæнат**
3	**уый ахуыр кæна**	**уыдон ахуыр кæной**

-Conjugaison du verbe **ахуыр кæнын** « apprendre » à l'impératif :

(personne)	singulier	pluriel
2	**ды ахуыр кæн**	**сымах ахуыр кæнут**
3	**уый ахуыр кæнæд**	**уыдон ахуыр кæнæнт**

L'élément **-иу** indiquant le futur de l'impératif s'ajoute à la partie nominale de la construction : **ахуыр-иу кæн** « apprends (dans le futur) », « tu apprendras ! ».

Lorsque les verbes composés n'ont pas de préfixe, ils peuvent avoir un sens aussi bien inaccompli qu'accompli. S'ils ont un tel préfixe, celui-ci leur confère l'aspect accompli. Le caractère transitif ou intransitif est marqué par l'auxiliaire : les verbes avec **кæнын** « faire » deviennent transitifs, ceux avec **уын** « être » intransitifs. Une autre particularité des verbes composés est que le préfixe est accolé à la partie nominale de l'ensemble :
Хъæр кæнын « crier » / **бахъæр кодта** « il a appelé » ; « il a crié ».
Лыг кæнын « couper » / **алыг кæнын** « finir de couper ».

De nombreux verbes composés sont formés à l'aide d'une onomatopée : **гуыпп-гуыпп кæнын** « tambouriner, faire du bruit en tapant » ; **бæр-бæр кæнын** « bavarder » ; **хыр-хыр кæнын** « faire du bruit en grattant », etc.

Les verbes composés dont l'élément nominal est doublé indiquent la répétition de l'action : **ракæс-ракæс кæнын** « regarder » (à plusieurs reprises) ; **стъæлф-стъæлф кæнын** « s'agiter, se convulser ». En règle générale, les verbes composés de ce type s'utilisent avec des préfixes. Pour exprimer la répétition et, en même temps, la variété de l'action, on alterne les préfixes **-ра** et **-ба** accolés à l'élément nominal de l'ensemble : **райваз-байваз кæнын** « traîner » ; **ракал-бакал кæнын** « déplacer au hasard, d'un endroit à l'autre » (sans but précis).

Кæнын s'emploie aussi au sens de « faire faire » : **хæрын кæнын** « faire manger ».

Verbes irréguliers

Différents verbes ossètes n'ont pas de conjugaison complète. Ce sont notamment **фæндын** « vouloir, souhaiter », **уырнын**

« croire », **фæтчы** « il est permis », **уарын** « pleuvoir ». Ils s'utilisent de la façon suivante :

A l'indicatif, le verbe **фæндын** « vouloir » n'a que les formes de 3ème personne du présent, du passé et du futur, qui sont associées aux pronoms personnels mis au génitif (pour les personnes du singulier) ou au nominatif (pour les personnes du pluriel).

présent :

(personne)	singulier	pluriel
1	**мæн фæнды «je veux »**	**мах фæнды « nous voulons »**
2	**дæу фæнды « tu veux »**	**сымах фæнды « vous voulez »**
3	**уый фæнды « il veut »**	**уыдон фæнды « ils veulent »**

passé :

(personne)	singulier	pluriel
1	**мæн фæндыд(и) (c)**	**мах фæндыд(и) (c)**
2	**дæу фæндыд(и) (c)**	**сымах фæндыд(и) (c)**
3	**уый фæндыд(и) (c)**	**уыдон фæндыд(и) (c)**

futur :

(personne)	singulier	pluriel
1	**мæн фæндзæн(и) (c)**	**мах фæндзæн(и) (c)**
2	**дæу фæндзæн(и) (c)**	**сымах фæндзæн(и) (c)**
3	**уый фæндзæн(и) (c)**	**уыдон фæндзæн(и) (c)**

Le subjonctif-conditionnel est représenté par les formes **фæндид** au présent, **фæндыдаид** au passé et **фæнда** au futur. L'impératif par la forme **фæндæд**.

Le verbe **уырнын** « croire » se conjugue, dans l'ensemble, comme **фæндын**, mais sa forme du passé est **уырныдта**.

Фæтчы ou **фæччы** « il est permis de » n'existe qu'à cette seule forme et ne s'utilise que dans des constructions impersonnelles positives ou négatives : **ам дымын нæ фæтчы** « Ici, il n'est pas permis de fumer ».

Le verbe **уарын** « pleuvoir » possède des formes de 3ème personne du singulier et du pluriel à l'indicatif et seulement de 3ème personne du singulier au subjonctif-conditionnel :

indicatif :

(temps) :	singulier	pluriel
présent	**уары**	**уарынц**
passé	**уарыди**	**уарыдысты**
futur	**уардзæн**	**уардзысты**

subjonctif-conditionnel :

présent	**уарид**
passé	**уарыдаид**
futur	**уара**

Verbes impersonnels

Si le sujet d'une action est inconnu ou n'est pas indiqué, l'ossète utilise des formes impersonnelles du verbe. Elles se composent, pour la grande majorité des verbes, en ajoutant au radical du passé le suffixe **-æуы**, où **-у-** représente la 3ème personne de l'indicatif du présent du verbe **уын** « être » : **дзурын** « dire » > **дзырдæуы** « on dit ».
Ces verbes impersonnels se conjuguent de la façon suivante :

indicatif :

(temps) :	singulier
présent	**дзырдæуы**
passé	**дзырдæуыд (и) (с)**
futur	**дзырдæуыдзæн**

subjonctif-conditionnel :

présent	**дзырдæуид**
passé	**дзырдæуыдаид**
futur	**дзырдæуа**

impératif (forme unique) : **дзырдæуæд**

Les formes participiales

On peut rapporter à la catégorie des participes ou adjectifs verbaux les formes suivantes :

1-forme en **-æг** :
Elle est basée sur le radical du présent. En combinaison avec un substantif, elle correspond à un participe présent actif : **кусæг адæймаг** « un homme travaillant » ; **кæсæг сывæллон** « un enfant lisant ». Utilisée seule, elle peut être sujet de l'action et être employée comme substantif : **кусæг** « travailleur », **дарæг** « nourricier » (**дарын** « tenir, nourrir, entretenir »). Elle a d'ailleurs donné naissance à des termes aujourd'hui complètement substantivisés, comme **зарæг** « chanson » (de **зарын** « chanter »). En tant que participe, cette forme peut recevoir des préverbes et prend alors un sens de participe passé actif : **акусæг** « qui a travaillé, ayant travaillé ».

2-forme en **-аг** :
Elle est basée sur le radical du présent. C'est un adjectif de qualité : **хъазаг гæды** « un chat joueur » (**хъазын** « jouer ») ; **кусаг лæппу** « un garçon travailleur » (**кусын** « travailler ») ; **фæзминаг архаид** « une action exemplaire » (**фæзмын** « imiter, suivre l'exemple »).

3-forme en **-инаг** :
Elle est basée sur le radical du présent. Elle indique une action à faire, une obligation :

нæминаг сывæллон « un enfant, qu'il faut » ; **даринаг ныйарджытæ** « des parents à entretenir » ; **кæрдинаг кæрдæг** « l'herbe à couper » ; **кæнинаг куст** « le travail à faire ».

4-forme en **-æн** :
Elle est basée sur le radical du présent. Elle sert à former des substantifs déverbaux : **хъазæн** « jouet » (**хъазын** « jouer »), **барæн** « balance » **барын** (« peser »). Elle peut aussi être employée comme adjectif : **хæлæн нæмыг** « balle (de fusil) » (« grain qui détruit »).

5-forme en **-гæ** :
Elle est basée sur le radical du présent. Intermédiaire entre un participe et un adjectif, elle a un sens passif quand elle est est formée sur un verbe transitif, actif quand elle est formée sur un verbe intransitif : **æлхæнгæ дзул** « pain acheté, pain tout prêt » (**æлхæнын** « acheter »), **абæдгæ чызг** « vieille fille » (**абадын** « être assis, s'asseoir »), **дуцгæ хъуг** « vache laitière » (**дуцын** « traire »).
Cette forme est particulièrement productive, car elle sert à constituer, avec l'auxiliaire **кæнын** « faire », des verbes composés descriptifs caractéristiques de l'ossète : **дзургæ кæнын** « parler, être en train de parler » ; **худгæ кæнын** « rire, être en train de rire » ; **хæргæ кæнын** « manger, être en train de manger ».
Elle constitue aussi un participe indiquant l'action ou l'état du sujet : **хæргæ** « mangeant », **худгæ** « riant », **уæвгæ** « étant ».

6-Diverses formes identiques au radical du passé des verbes et se terminant par **-д**, **-т**, **-ст**, **-ад** :
рæвдыд « caressé » (**рæвдауын** « caresser, bercer ») ; **арæзт** « construit » (**аразын** « faire, fabriquer, construire ») ; **карст** « coupé » (**кæрдын** « couper ») ; **æхсад** « propre, nettoyé » (**æхсын** « laver »)... Elles peuvent être utilisées comme substantifs (**рыст** « douleur », de **риссын** « faire mal ») ou comme adjectifs ou participes passés passifs (**æмпъызт хæдон** « chemise ravaudée » (de **æмпъузын** « réparer »), **æфсæст сывæллон** « un enfant repu », de **æфсадын** « nourrir »).

Toutes ces formes du verbe se déclinent comme les noms quand elles sont utilisées comme substantifs.

LES TERMES INVARIABLES

Les conjonctions

Comme en français, on distingue des conjonctions de coordination, qui lient les termes d'une proposition, et les propositions entre elles, et des conjonctions de subordination, qui lient les propositions subordonnées à la principale. Les conjonctions sont souvent employées par paires.

Conjonctions de coordination

Elles marquent soit l'union des termes ou des parties d'une proposition complexe, soit une opposition, une alternative, etc. Les plus usitées sont les suivantes :
æмæ « et » ; placée habituellement devant le mot auquel elle se rapporte.
дæр « et, aussi » ; suit le mot auquel elle se rapporte.
кæнæ « ou bien ».
кæнæ... кæнæ « ou bien... ou bien ».
йе... йе « ou bien... ou bien »
æви « ou » ; s'utilise dans les propositions interrogatives (ceci ou bien cela ?).
нæдæр... нæдæр « ni... ni ».
цымæ ; correspond à l'expression française « je me demande... ».
фæлæ « mais ».
та « mais » ; ne s'utilise jamais en début de proposition.
æндæра « autrement ».
кæннод « sinon ».

Conjonctions de subordination

Les plus courantes sont :

кæд... уæд « quand... alors ».
куыддæр... афтæ « dès que... alors ».
цалынмæ... уæдмæ « jusqu'à ce que... alors ».
кæд... уæд « si... alors ».
уымæн... æмæ « parce que ».
уыйтыххæй... æмæ « pour cette raison que ».
кæй... уый « ce que... cela ».
кæд... уæддæр « bien que... cependant ».
цыма... афтæ « comme si ».

La conjonction de subordination se place dans la proposition subordonnée, ou bien, quand elle est composée de deux éléments, se répartit entre la principale et la subordonnée (voir la partie consacrée à la syntaxe de la phrase complexe).

La subordination peut également être opérée au moyen de pronoms relatifs, auquel cas le relatif appartient à la proposition subordonnée :
Цавæр адæймаг у, уый дæхæдæг уыныс « Tu vois toi-même quel genre d'homme c'est » (litt. : « quel homme il est, cela toi-même tu vois »).

En ce qui concerne l'accentuation des conjonctions, elle dépend souvent du terme précédent. Ainsi, la conjonction est atone (inaccentuée) après des mots contenant des voyelles pleines, mais prend un accent tonique si le mot précédent est un monosyllabe à voyelle faible :
<u>уый</u> дæр, ды <u>дæр</u> « et lui, et toi ».

Dans les conjonctions doubles, chaque élément est accentué.

Les particules

La langue ossète abonde en particules qui confèrent aux mots et aux propositions différentes nuances de sens. On peut conventionnellement les répartir en deux groupes d'après leur sens :

-particules marquées sémantiquement, c'est-à-dire ayant une signification lexicale ;
-particules modales, exprimant des nuances de possibilité, d'obligation, de préférence, d'appréciation par le locuteur, etc.

Les particules suivantes comptent parmi les plus utilisées :

Particules ayant une signification sémantique

мæнæ « voici » ; concerne un objet placé près du locuteur, au même niveau.
уæртæ « là » ; objet situé non loin du locuteur, au même niveau.
уартæ « là-bas » ; objet situé loin du locuteur, au même niveau.
дæлæ « là en bas » ; objet situé non loin du locuteur, plus bas que lui.
далæ « là-bas en bas » ; objet situé loin du locuteur, plus bas que lui.
уæлæ « là en haut » ; objet situé non loin du locuteur, plus haut que lui.
уалæ « là-bas en haut » ; objet situé loin du locuteur, plus haut que lui.
суанг « jusqu'à ».
хæд « même » (au sens de : lui-même).
уал « tant que, pendant que, au moment où ».
нæ « non, ne pas » ; cette particule négative s'utilise avec les verbes à l'indicatif.
ма « ne pas » ; cette particule négative s'utilise avec les verbes à l'impératif ou au subjonctif-conditionnel.
иу le sens est celui de la répétition ; donne à l'action une signification future.

Particules modales

ма a) incite à l'action (après verbes à l'impératif) ; « encore » ; b) exprime le caractère répétitif de l'action.
цæй, цæйма « allons », « allez » ; incitation à l'action.

фæлтау « il serait mieux », « mieux vaudrait » ; préférence d'un objet ou d'une action à un(e) autre.
уадз (æмæ) « que, pourvu que » ; incitation.
цымæ « intéressant », « on voudrait savoir ».

Dans la proposition, les particules sont habituellement accentuées.

Les interjections

L'ossète utilise volontiers les interjections pour renforcer la coloration émotionnelle. Elles expriment les sentiments du locuteur, tels que la crainte, l'étonnement, l'enthousiasme, le chagrin, etc. Le plus souvent, elles sont placées au début de la proposition.

Les plus caractéristiques sont les suivantes (le lecteur pourra s'amuser à leur chercher des équivalents plus ou moins exacts en français :
æллæх ; frayeur, douleur, chagrin. C'est le nom de l'« Allah » musulman dégradé en simple interjection !
дæдæй ; reproche, compassion, regret.
уанцон нæу ; étonnement, mêlé à de l'indignation.
æгайт ма ; satisfaction.
тæхуды ; requête, voeu.
гъей-джиди ; souhait, aspiration.
йарæбын ; insatisfaction.
тобæ ; caractère indésirable, intolérable de l'action.
фæдис ; alarme, appel à l'aide.

LA FORMATION DES MOTS

Comme en français, les principaux moyens de création lexicale sont la préfixation, la suffixation et la fusion des mots. Les deux derniers sont les plus productifs.

Les suffixes les plus courants sont les suivants :

Suffixe	Sens	Exemple	Type de formation
-джын	propriété, composition	**хъаруджын** « courageux » **картофджын** « tourte de pommes de terre »	adjectif formé sur un nom
-дзинад **-ад**	abstraction	**уарзондзинад** « amour » **сыстад** « insurrection »	substantif formé sur un nom
-ыг	propriété, particularité	**хъæзныг** « riche »	adjectif formé sur un nom
-он	propriété, origine	**хæххон** « montagnard » **ирон** « ossète »	adjectif formé sur un nom
-аг	trait caractéristique origine, destination ; nombres ordinaux	**дзураг** « bavard » **хохаг** « montagnard » **хæринаг** « comestible » **фыццаг** « premier »	adjectif formé sur un nom ou le radical du présent d'un verbe ; sur les cardinaux
-æм	nombres ordinaux	**фæндзæм** « cinquième »	formé sur les cardinaux
-æг	auteur de l'action	**фыссæг** « écrivain »	nom formé sur un infinitif
-æн	instrument endroit	**дасæн** « rasoir » **хизæн** « pâturage »	nom formé sur le radical du présent du verbe
- ын	infinitif	**кæрдын** « couper »	
-т, -д	participe passé	**каст** « lu »	formé sur l'infinitif
-гæ	participe présent et gérondif	**кæнгæ** « faisant »	formé sur l'infinitif
-дæр	-comparatif -indétermination	**рæсугъддæр** « plus beau » **чидæр** « quelqu'un »	formé sur l'adjectif formé sur un pronom

-гомау	insignifiance	**тæргайгомау** « un peu offusqué »	formé sur un nom
-гай	partage, répartition	**иугай** « par un » **радыгай** « tour à tour »	formé sur un nom

Quant à la fusion de mots, elle procède le plus souvent à partir de deux éléments :
хæрзæхсæв < **хорз** + **æхсæв** « bonne nuit ! »
фыдрасыг « fin saoûl » < **фыд** « mal, désagrément » + **расыг** « ivre ».

La signification de l'un des éléments du terme composé est souvent affaiblie, si bien que ce terme peut être considéré comme une sorte de suffixe :
каркдон « poulailler », **хæзнадон** « coffre au trésor » (**дон** « endroit »).

3-SYNTAXE

LA PROPOSITION ET L'ORDRE DES MOTS

Comme le français, l'ossète distingue la proposition simple et la phrase complexe. La proposition simple comprend habituellement un sujet et un prédicat : **Хур кæсы** « le soleil brille ». Elle peut comporter également des éléments secondaires explicitant les éléments principaux : **Хуры фæстаг тын æркасти бæласы сæрмæ** « le dernier rayon du soleil a frappé le sommet de l'arbre ».

L'ordre des mots en ossète est beaucoup plus libre qu'en français. Ceci s'explique par le riche système flexionnel et la parenté avec les anciennes langues iraniennes qui étaient caractérisées par une grande liberté dans la disposition des membres de la phrase. On peut ainsi avoir les variantes suivantes de la phrase « hier nous sommes allés au théâtre » :
Мах знон театрмæ ацыдыстæм.
Знон мах театрмæ ацыдыстæм.
Театрмæ ацыдыстæм мах знон.
Ацыдыстæм театрмæ мах знон.

L'ordre direct des mots, c'est-à-dire l'antéposition du sujet ou du groupe sujet par rapport au prédicat, est cependant le plus courant dans une proposition affirmative.

Le sujet et le prédicat s'accordent en genre et en nombre ; toutefois, si le sujet a un sens collectif, le prédicat prend la forme du pluriel : **Хицауад фæссихор æрæмбырдысты** « la direction s'est réunie après le déjeuner ».

A la différence du français, le déterminant précède le déterminé :
Урс мит бæрзонд хæхтæ бамбæхста « une neige blanche a recouvert les hautes montagnes ».

Les compléments tant directs qu'indirects peuvent précéder ou suivre le prédicat :

Æз арвыстон писмо мæ хомæ / (æз) писмо мæ хомæ арвыстон « j'ai envoyé une lettre à ma soeur ».
Cependant, les compléments directs ou indirects exprimés par des formes courtes des pronoms personnels précèdent habituellement le prédicat :
Æз сæм арæх фæцæуын хуыцаубоны « je vais souvent chez eux le dimanche ».

Les compléments circonstanciels sont généralement accolés au prédicat dans la phrase, le plus souvent devant lui :
Хур ам хъармдæрæй фæкæсы « le soleil ici est plus chaud (litt. brille plus chaudement) ».
Il n'est toutefois pas rare qu'ils suivent le prédicat :
Замманæй суадон ис хохы рæбын « Il y a une source remarquable au pied de la montagne ».
Les compléments de temps, comme en français, sont généralement placés en début de proposition :
Зымæгон уыцы суадон салгæ нæ кæны « En hiver, cette source ne gèle pas ».

Dans la proposition, la négation peut être exprimée par les particules **нæ** « ne pas », **нал** « ne plus » et **ма**, et aussi par des pronoms, adverbes et conjonctions négatifs. Au contraire du français, l'ossète ignore la double négation. Si la négation porte sur la proposition dans son ensemble, elle est placée, à l'indicatif, devant le prédicat et est exprimée par la particule négative **нæ** ou par un pronom ou adverbe négatif, résultant de la fusion de cette particule **нæ** et du pronom ou adverbe voulu :
Æз дæ рагæй нæ федтон « il y a longtemps que je ne t'ai vu ».
Никуы федтон æз ахæм рæсугъд хæхтæ « je n'ai jamais vu d'aussi belles montagnes ». **Никуы ницæмæ сбæззыдтæ дæ царды мидæджы** « tu ne t'es montré bon à rien dans la vie ».
Зарæг нал хъуысыди хæдзарæй « on n'entendait plus chanter de puis la maison (litt. : le chant ne s'entendait plus depuis la maison) ».

Dans les constructions impératives, la négation s'exprime habituellement par la particule **ма**, ou par des pronoms et adverbes négatifs formés au moyen de cette particule, comme **мачи** « personne », **мацы** « rien », **макуы** « jamais », **мауал** « plus », etc. :

Мацæмæ бавнал ! « ne touche à rien ! ».

Мауал нæм цу ! « Ne viens plus chez nous ! ».

Au subjonctif-conditionnel, on peut utiliser aussi bien **нæ** que **ма** :

Фæлтау куы нæ æрбацыдаис ! « il vaut mieux que tu ne viennes pas ! »

Макуы мæн фесафæй ! « Puisses-tu ne jamais disparaître (litt. : pour moi ») ! ».

LA PROPOSITION INTERROGATIVE

La proposition interrogative peut avoir le même ordre de mots que la proposition affirmative et ne s'en distinguer que par l'intonation montante dans la prononciation : **Сывæллон хæдзармæ æрбацыди ?** « l'enfant est arrivé à la maison ? ». L'accent logique tombe sur le mot auquel se rapporte directement la question. Ce mot est alors souvent placé devant le prédicat : **Аслан чиныджы кæсы ?** « Aslan lit un livre ? » (« C'est un livre que lit Aslan ?) ».

Si un pronom ou adverbe interrogatif figure dans une proposition interrogative avec un prédicat verbal simple, il est placé en tête :

Кæм сæ агура ? Кæмæй сæ кура ? « où peut-il les chercher (litt. les cherchera-t-il) ? A qui demander à leur sujet ? » (K. Khétagourov).

Si le prédicat est exprimé par un verbe composé, le terme interrogatif est placé directement devant l'auxiliaire : **Кусгæ кæимæ кæнут ?** « avec qui travaillez-vous ? ».

Si le terme interrogatif se rapporte à une précision, à un complément, à une circonstance, il les précède directement :

Куыд раджы фестыс, куыд хъæрæй зарыс ? « combien tôt te lèves-tu, combien fort chante-tu ? » (K. Khétagourov).

L'expression française « n'est-ce pas » se traduit par **афтæ нæу ?**, litt. « n'est-ce pas ainsi ? » :

Библиотекæмæ райсом цæуыс, афтæ нæу ? « tu vas demain à la bibliothèque, n'est-ce pas ? ».

Une réponse affirmative simple à une question s'exprime généralement par des termes tels que **о** « oui », **æнæмæнг(æй)** « obligatoirement », **бæгуыдæр** « bien sûr », une réponse négative par **нæ**, **нæхъ** « non », **абабау** « en aucun cas ».

LA PROPOSITION IMPÉRATIVE

Comme en français, les propositions impératives expriment une incitation à l'action, une requête, un souhait, un ordre. Elles se forment avec des verbes à l'impératif aux 2ème et 3ème personnes du singulier et du pluriel :
Фæлæуут мæм, уæ хорзæхæй ! « attendez-moi, s'il vous plaît ! ».
Si le prédicat est représenté par un verbe composé, l'auxiliaire à l'impératif (**кæн**, **кæнут**) peut être omis :
Хæргæ (кæнут) « mangez ! ».

Dans les propositions impératives figurent souvent des particules d'injonction : **цæй** « alors, eh bien », **цæй ма** « eh bien, et alors », **марадз** « vas-y, allez-y, vivement » :
Марадз, дуæрттæ ахгæн ! « allons, ferme la porte ! ».

LA PHRASE COMPLEXE

Comme en français, les phrases complexes peuvent contenir des éléments coordonnés ou subordonnés. Les propositions coordonnées peuvent être pourvues ou dépourvues de conjonction. Celles sans conjonction peuvent être tout à fait indépendantes sur le plan logique, et dans ce cas, les propositions simples composant la phrase peuvent être interverties sans modification du sens général :
Дзаг хорæй мæ хордон, бæркадджын мæ зæхх, хæдтулгæ мæ уæрдон, мæ фæндаг уæрæх... « mon grenier est plein de blé, ma terre est fertile, mon chariot roule tout seul, mon chemin est large... » (K. Khétagourov).

Elles peuvent exprimer différentes relations de sens : de temps, d'espace, d'opposition, etc.

Мæнæн - хæзна, дæуæн - маст. « A moi la richesse, à toi le désagrément ».

Dans les propositions coordonnées avec conjonction, le lien entre les propositions simples est déterminé essentiellement par les conjonctions de coordination **æмæ** « et », **дæр** « aussi », **стæй** « puis », **уæлдайдæр «** en outre », et aussi par les conjonctions doubles **дæр... дæр** « et... et », **нæдæр... нæдæр** « ni... ni », **кæнæ... кæнæ** « ou bien... ou bien ».

Арв ныннæрыди, æмæ куыдз йæхи бандоны бын бамбæхста. « Il a tonné, et le chien s'est caché sous la table ».

Дæ хорзæхæй, мæн дæр ма ферох кæн, æз дæр ма ам дæн « S'il te plaît, ne m'oublie pas non plus, je suis encore ici moi aussi ».

Нæдæр къæвда уары, нæ хур кæсы. « Il n'y a ni pluie ni soleil » (litt. : « Ni il [ne] pleut, ni le soleil [ne] brille ».

Si les propositions simples qui font partie d'une phrase complexe contiennent des éléments d'opposition, elles sont assemblées au moyen des conjonctions **фæлæ** « mais », **та** « mais » (opposition plus faible »), **афтæмæй** « cependant », **æндæр** « autrement, sinon ».

Зонд дæр хорз у, кад дæр хорз у, фæлæ зон дæ бон ! « Et l'esprit est bon, et la renommée est bonne, mais connais tes limites ! » (litt. « ce que tu peux » ; K. Khétagourov).

Цал хатты йæм бадзырдтон, уæддæр йæхи не'вдисы. « Combien de fois l'ai-je appelé, cependant il ne se montre pas ».

LA PHRASE COMPLEXE À SUBORDINATION

La phrase complexe à subordination comprend une proposition principale et une ou plusieurs propositions subordonnées. La subordonnée contient ses propres sujet et prédicat.

Dans la grande majorité des cas, les subordonnées précèdent la principale ou y sont insérées. L'ordre des propositions détermine la place des conjonctions et termes de liaison, qui appartiennent généralement aux propositions subordonnées. Les relatifs s'accordent en nombre et en cas avec les membres de la proposition auxquels ils renvoient.
Ex. : « Dis-moi où vivent tes parents ».
Дæ хæстæджытæ кæм цæрынц, уый мын зæгъ. « Tes parents où ils vivent, cela dis-moi ».
Кæм цæрынц дæ хæстæджытæ, уый мын зæгъ. « Où vivent tes parents, cela dis-moi ».
Зæгъ мын, дæ хæстæджытæ кæм цæрынц, уый. « Dis-moi, tes parents où ils vivent, cela ».

La proposition subordonnée qui répond aux questions « qui ? » ou « quoi ? » est reliée à la proposition principale à l'aide de ces mêmes pronoms interrogatifs (**чи, цы**) qui jouent le rôle de conjonction ; dans la proposition principale, la subordonnée est rappelée au moyen d'un pronom personnel de 3ème personne :
Чи дæ хъыгдары, уый мын равдис. « Montre-moi celui qui te gêne », litt. : « Qui te gêne, celui-là, montre-moi ».
Чи ма дзы баззади, уыдон сæ хæдзæрттæм заргæ æрбацæуынц. « Ceux qui séjournaient encore là-bas rentrent à la maison en chantant » (« Qui encore là-bas séjournait, ceux-là rentrent à la maison en chantant »).

Les propositions subordonnées peuvent également être liées à la principale par des pronoms déterminés tels que **чидæриддæр, цыдæриддæр**.

Comme on l'a dit, la subordonnée a généralement tendance à précéder la principale. Elle peut cependant y être insérée :
Ницы фехъусдзæн, сценæйæ æгæр дард чи бæда, уый. « Celui qui s'assiéra trop loin de la scène n'entendra rien », litt. : « Rien n'entendra, qui trop loin de la scène s'assiéra, lui ».

Les subordonnées de complément répondent aux questions exprimées par différents cas et sont liées à la principale par des conjonctions et des pronoms interrogatifs-relatifs, auxquels répondent les termes correspondants : **цы - уый** « ce que - cela », **чи - уый** « qui - cela », **кæй - уый** « qui (acc.) - lui », **кæмæн - уымæн**« à qui - à lui », et aussi les conjonctions **æмæ** au sens de « que » (relatif) et **афтæ** « comme si ».

Хистæр цы зæгъы, уый кæн « Ce que dit l'aîné, cela, fais-le ».

Йæ сывæллæттæ хъуамæ зоной, сæ фыды сын чи фервæзын кодта, уый ! « Ses enfants doivent savoir, qui a sauvé leur père !» (litt. « Ses enfants doivent savoir, leur père pour eux qui a sauvé, cela » (M. Bassiev).

Лæг цы бахæра, цы бануаза, уый мæрдттæм йемæ хæссы, иннæтæ иууылдæр уæлæуыл баззайынц... « Ce qu'un homme mangera, ce qu'il boira, cela il l'emportera chez les morts, tout le reste demeurera à la surface... ».

Цыма райсом къæвда уардзæн, афтæ мæм кæсы. « Il me semble qu'il pleuvra demain » (litt. : « Comme si demain il pleuvra, ainsi me semble-t-il ».

On peut distinguer plusieurs catégories parmi les propositions subordonnées de circonstances. Les subordonnées temporelles sont unies à la principale par des conjonctions et termes de rappel correspondants tels que **куы - уæд** « comme - alors », **куыддæр - афтæ** « dès que - ainsi », **цалынмæ - уалынмæ** ou **уæдмæ** « tant que », **куыд - афтæ** « pour autant que - « ainsi », et aussi par **кæд** « quand » et d'autres.

Къæвда куы фæтынг ис, уыд адæм сæ куыст ныууагътой. « Quand la pluie se fit plus forte, les gens laissèrent leur travail ».

Сатана, цалынмæ мын дæ цæст æрттива, уæдмæ мæнæн бинонтæ æрхæссæн нæй. « Satana, tant que ton oeil brillera pour moi, je ne pourrai me marier ».

Куыддæр уый айхъуыста уæйыг, афтæ фæзылд фæстæмæ. « Dès que le géant l'entendit, il se retourna ».

Dans certains cas, le terme de rappel dans la proposition principale peut être omis :

Куы бацыдысты хæдзармæ, [уæд] афон уыд хæрынæн. « Quand ils parvinrent à la maison, il était temps de manger ».

Les subordonnées de lieu sont liées à la principale par les pronoms relatifs **кæм** « où », **кæдæм** « vers où », **кæцæй, кæцырдыгæй** « d'où », etc. ; les termes de rappel correspondants dans la proposition principale sont les adverbes **уым** « là », **уырдæй** « vers là », **уырдыгæй**« de là ».
Уылынг кæм æрхаудта, уым тæрхъус хуыссыд. « Là où Wylyng était tombé, un lièvre était couché ».

Les subordonnées de condition sont introduites par les conjonctions conditionnelles **кæд, куы** « si », auxquelles répond dans la principale le terme de rappel **уæд** « alors ».
Æз дзыллæйæ къаддæр куы дарин, куы бафидин искуы мæ хæс, уæд афтæ æнкъардæй нæ зарин, нæ хъусид мæ кæуын хъæлæс. « Si je devais moins au peuple, si je payais ma dette d'une façon quelconque, (alors) je ne chanterais pas si tristement, on n'entendrait pas ma voix affligée » (K. Kh.).
Кæд Хуыцауы фæнда, уæд ам стæм мах дæр. « Si Dieu le veut, (alors) nous y sommes aussi (M. Bassiev).
Comme le montre ces exemples, la conjonction **кæд** au sens de « si », contrairement à la même conjonction employée au sens de « quand », peut être séparée du prédicat et se trouver en début de proposition.

Les subordonnées de manière sont caractérisées par l'emploi des termes de liaison **куыд** « comme », **цыма** « comme si » dans la subordonnée et du terme de rappel **афтæ** « ainsi » dans la principale :
Куыд тагъд кусы, хæргæ дæр афтæ тагъд кæны. « Il mange aussi vite qu'il travaille » (litt. : « Comme il travaille vite, ainsi il mange vite »).
Рæстæггай мæм афтæ фæкæсы, цыма атæппæт хабæрттæ мæ фыны уынын. « Il me semble par moment que je vois ces évènements en rêve » (M. Bassiev).

Les subordonnées de but contiennent le terme de liaison **цæмæй** « pour que » ; le terme de rappel dans la principale est **уымæн** , mais il a tendance à être omis :
Сывæллонæн хæринæг ратт, цæмæй мауал кæуа. « Donne à manger à l'enfant, pour qu'il ne pleure plus ».

Les subordonnées de cause sont unies à la principale par les termes **уымæн æмæ, уый тыххæй æмæ** « parce - que ».
Æз дæм уымæн фæдзырдтон, æмæ мæм фæкæсай. « Je t'ai appelé pour que tu m'aides ».

Dans les subordonnées de concession, on utilise les conjonctions **кæд** au sens de « bien que », **куы** au sens de « quand bien même », et les termes de rappel correspondants sont **уæддæр, кæннод** « cependant, bien que, néanmoins ».
Кæд алы хатт йæ хæстæгмæ нæ фæцæуы, уæддæр æм арæх вæййы. « Bien qu'il n'aille pas chaque fois chez son parent, il y demeure quand même souvent ».

LE DISCOURS INDIRECT

Pour rendre le discours d'une tierce personne, l'ossète utilise, de préférence à la subordination, les mots **дам** « dit-on », **зæгъгæ** « pour ainsi dire », **ома** « comme si », ou bien une forme du verbe « dire » dans une proposition isolée par des virgules :
« Æз æхуыргæнæг дæн » - дзуры Асиат.
Æз, дам, æхуыргæнæг дæн, дзуры Асиат.
Æз æхуыргæнæг дæн, зæгъгæ, дзуры Асиат.

III-LA SOCIÉTÉ OSSÈTE

1-LA STRUCTURE SOCIALE

Le système social des Ossètes au XVIIIe et au début du XIXe siècle peut être qualifié globalement de « féodal », bien que son niveau de développement ait varié d'une vallée à l'autre. Les relations sociales à l'intérieur des communautés ossètes étaient très influencées par leur situation géographique, l'existence des terres et pâturages, le degré d'isolement par rapport aux autres communautés, et aussi les contacts avec les peuples voisins. Du fait de ces particularités, le système féodal avait atteint son plus haut niveau de développement en Digorie, qui avait des contacts actifs avec la Kabardie limitrophe, en Ossétie du Sud, qui dépendait des féodaux géorgiens, et en Tagaourie. En Ossétie centrale, dans les vallées d'Alaguir et aussi de Kwyrtatt, le système patriarcal et clanique était plus solide malgré l'existence d'une différenciation sociale.

Dans son essai ethnographique *Ossoba*, qui décrit le mode de vie des Ossètes du village de Nar (dans l'un des coins les plus pittoresques de la vallée de Nar en Ossétie centrale), Kosta Khetagourov, qui en était lui-même originaire, signale quatre classes sociales dans le val de Nar :

1- la **стыр мыггаг** [styr myggag] « grande » ou « puissante » famille ;
2- les **фæрсаг лæг** [færsag læg] représentant la grande majorité, moins riches que la première catégorie, mais indépendants et non soumis à une quelconque obligation envers d'autres familles ;
3- les **кæвдæсард** [kævdæsard], descendants illégitimes des hommes des « familles puissantes ».
4- les **æлхæд** [ælkhæd], **саулæг** [sawlæg], **цæхайраг** [tsæghaïrag], **гуырдзиаг** [gwyrdziag]... Ainsi appelait-on en Ossétie centrale le très petit groupe de serfs « toujours d'une autre nationalité » entièrement soumis au pouvoir de leurs maîtres.

La situation en Digorie était nettement différente. Là, comme en Tagaourie, la domination de l'élite féodale était plus évidente, et l'on distinguait les groupes sociaux suivants :

1- les **бадилиатæ** [badiliatæ], féodaux les plus puissants, qui s'étaient appropriés les terres de la communauté ;
2- les **адæмихатæ** [adæmikhatæ], paysans travaillant pour les féodaux mais ayant le droit de changer de propriétaire ;
3- les **кумаиагтæ** [kumaïagtæ], enfants illégitimes des féodaux ;
4- les **кусагтæ** [kusagtæ], esclaves capturés ou achetés ;
5- les **хехестæ** [khekhestæ], paysans immigrés, tombés sous la domination féodale des badiliatæ et établis sur leurs terres.

En Ossétie du Sud, la population se divisait en deux groupes principaux : les « libres », c'est-à-dire les habitants des districts montagneux qui échappaient à la dépendance féodale, et les Ossètes vivant à proximité immédiate des provinces géorgiennes et au pouvoir des féodaux géorgiens Eristavi et Matchabeli, eux-mêmes d'origine ossète.

L'administration russe, suivant ses intérêts immédiats, soutenait tantôt l'élite féodale, tantôt la paysannerie. La position du commandant en chef russe au Caucase, le général Iermolov, se basait sur le principe *Divide et impera*, et conduisit à toute une série d'expéditions militaires russes contre la population ossète insoumise, en particulier en Ossétie méridionale.

La féodalisation des communautés ossètes, surtout dans la plaine, se poursuivit au long du XIXe siècle, et en 1848, suivant le projet du général Nesterov, le gouverneur impérial au Caucase, le prince Vorontsov, éleva les « princes » de Tagaourie au statut de classe supérieure.

Le même processus continua dans la seconde moitié du XIXe siècle. Il s'accompagna d'un renforcement des tensions sociales liées à la colonisation des plaines par les Ossètes, à cause de la répartition des terres entre les féodaux et les færsag læg, et du refus de ces derniers de reconnaître les privilèges des « princes ».

L'ouverture en Ossétie, dans les années 1860-1890, de grands gisements de minerai, et le développement de la métallurgie, conduisirent à l'apparition d'une classe ouvrière nouvelle et à la formation, à côté de la classe aristocratique traditionnelle, d'une bourgeoisie ossète. Sa partie la plus importante était liée à la métallurgie et aux entreprises de l'industrie de transformation. Dans la même période se formait une classe cultivée ossète nombreuse et extraordinairement active. Dépassant quantitativement et qualitativement celles des peuples caucasiens voisins, cette classe cultivée ossète se dressa résolument contre la politique colonisatrice de la Russie en Ossétie, mais aussi dans tout le Caucase du Nord, et prit la défense de tous les habitants du Caucase. Le premier promoteur de l'idée d'un Etat démocratique indépendant unissant les montagnards du Caucase du Nord fut l'Ossète Akhmet Tsalikov.

2-COUTUMES ET CROYANCES

LA COUTUME ET L'ÉTIQUETTE

Comme on l'a déjà signalé, toute la vie sociale des Ossètes était réglée par un ensemble non écrit de prescriptions qui déterminaient tous les aspects de l'existence de l'Ossète, régissait ses comportements à la maison et hors de chez lui, ses relations sociales, ses principes éthiques. Cet espèce de code existe toujours et se nomme **æгъдау** [æghdaw].[22] Il avait de facto force de loi et était appliqué, jusqu'à des temps récents, de façon inflexible.

L'un des aspects les plus sacrés en était l'hospitalité. Tout voyageur pouvait compter sur l'hospitalité des maîtres de maison ossètes, même s'il leur était inconnu. **Уазæг - Хуыцауы уазæг !** « L'hôte est l'hôte de Dieu ! », dit le proverbe ossète. Ceci signifie qu'il est toujours bienvenu, on lui réserve ce qu'il y a de meilleur dans la maison, et le maître de maison répond de lui sur sa propre tête. Dans la maison ossète, une pièce particulière (**уазæгдон** [wazægdon]) était toujours prête pour l'invité. Tant que ce dernier se trouvait à la maison, toute la maisonnée était à sa disposition et essayait de prévenir et de réaliser ses moindres désirs. Mieux encore, il n'était pas convenable que le maître de maison s'enquière de la durée du séjour de l'hôte, qui pouvait rester tant qu'il voulait. Les efforts faits pour accueillir un étranger étaient redoublés, car ce n'était alors plus seulement une réputation personnelle, mais celle de toute une communauté, qui était en jeu.

K. Koch, J. Von Klaproth, V. Miller et beaucoup d'autres voyageurs et chercheurs ayant séjourné en Ossétie ont remarqué cette atittude particulière des Ossètes envers leurs hôtes. Dans son *Recueil des matériaux relatifs à l'histoire de la Horde d'Or*, V. G. Tiesenhausen rapporte la fuite de l'un des émirs de la Horde d'Or, Outourkou, sous la protection du chef alain Poulad. Tamerlan exigea de Poulad la livraison immédiate du fugitif, ce à quoi l'Alain

---

[22] Le terme provient de l'iranien commun **haxta-*, cf. avestique *haxta-* « juste, convenable, conforme à la loi ».

répondit : « *Outourkou a trouvé refuge chez moi, et tant que mon âme sera dans mon corps, je ne le livrerai pas, et tant que je le pourrai, je le défendrai et le protègerai* ». Tamerlan fit marcher son armée contre Poulad qui, malgré une dure bataille et la défaite qu'il y subit, aida son hôte à s'enfuir dans les montagnes.

L'*æghdaw* réglementait aussi le comportement de l'Ossète lorsqu'il était chez d'autres. Un homme ne devait pas accepter une invitation à rester dans une maison en l'absence du maître des lieux, si une femme s'y trouvait seule. Il ne devait en aucun cas abuser de l'hospitalité du maître de maison. La voracité était toujours condamnée, a fortiori lorsqu'on était chez quelqu'un d'autre, et l'invité devait manger peu et lentement. Le sachant, le maître partageait obligatoirement un festin avec lui, s'efforçait par tous les moyens de régaler son invité et ne cessait jamais de manger le premier pour ne pas le gêner.

Quand l'invité partait, tous les enfants de la maison sortaient l'accompagner et on lui remettait des provisions pour la route. S'il devait emprunter un chemin risqué, les parents ou les amis du maître de maison l'accompagnaient.

Une autre règle absolue, tant chez les Ossètes qu'au Caucase en général, était le respect des aînés. Ce respect particulier et l'autorité dont jouissaient les plus âgés s'expliquaient par l'expérience et les connaissances accumulées avec l'âge ; les anciens étaient considérés comme les gardiens de la tradition et s'efforçaient d'être des exemples pour les plus jeunes. Le doyen d'une famille ossète, homme ou femme, était entouré de toute l'attention et de tous les soins possibles, et il était tout à fait naturel pour les jeunes d'accomplir sa volonté. Les jeunes ne s'asseyaient pas en présence des anciens, il était impensable de les interrompre, et il ne serait tout simplement venu à l'esprit de personne de ne pas laisser passer une personne âgée devant soi ou de ne pas lui céder la place dans les transports en commun.

La femme aussi jouissait d'un respect particulier. Sa vie était certes difficile, car c'est sur elle que reposait toute l'économie domestique de la grande famille patriarcale, mais son statut était spécial. Au témoignage de K. Khétagourov, « *la femme jouit d'un plus grand respect que l'homme, si tous deux marchent côte à côte, la femme est à droite* » - c'est-à-dire occupe la place la plus honorable. Le cavalier qui rencontrait une femme en chemin devait mettre à pied à terre jusqu'à ce qu'il la croise, et ne se remettre en selle qu'ensuite. Il était incorrect de frapper un cheval en présence d'une femme, et d'ailleurs de se livrer à toute démonstration de force. En présence d'une femme, les hommes ne juraient pas ; qui osait offenser ou outrager une femme se couvrait de honte et appelait sur lui le mépris général. En outre, un homme devait autant que possible venir en aide à une femme et la protéger de tout désagrément. Les conseils des femmes étaient écoutés au sein de la famille comme de la communauté.

V. F. Miller aussi confirme ces témoignages : « *Si désolée que soit la vie de la femme, il faut quand même dire à l'honneur des Ossètes que les actes de grossièreté ou de violence à son encontre sont extrêmement rares parmi eux. Battre une femme est considéré comme honteux. Si un désaccord familial en vient à une brouille totale, le femme retourne dans la maison de ses parents, et du côté du mari, on commence à se soucier de faire la paix.* ».

Par sa seule apparition, une femme pouvait prévenir une effusion de sang. Jusqu'à une époque récente existait en Ossétie une coutume qui faisait que quand une femme lançait son foulard entre deux adversaires lors d'un combat, ils l'interrompaient immédiatement.

Bien sûr, ce poids exceptionnel de la femme dans la société ne peut être fortuit. La tradition populaire ossète l'atteste aussi. Dans les récits nartes, Satana personnifie ainsi, non seulement les meilleures qualités féminines, comme la beauté, la compétence dans la gestion domestique, mais aussi le courage et l'inventivité. Dans plusieurs contes plus tardifs, ce sont les personnages féminins qui sont dotés d'intelligence et de présence d'esprit, et ce sont eux qui tirent d'affaire les Ossètes dans les moments difficiles.

Les racines de ce phénomène doivent être cherchées dans la structure sociale des ancêtres iranophones des Ossètes, chez qui le statut spécial de la femme est confirmé par de nombreuses données scientifiques et ne fait pas de doute aujourd'hui.

Une autre coutume ossète fondamentale était le **зиу** [ziw].[23] Il consistait en une aide réciproque pour l'accomplissement des travaux physiques pénibles. La participation au *ziw* était gratuite et honorifique. Dans les dures conditions montagnardes, alors que des calamités naturelles menaçaient sans cesse et que l'activité économique demandait des efforts énormes, l'aide mutuelle était vitale pour la survie. Toute la communauté s'assemblait pour le *ziw* et offrait aussi cette forme d'aide aux veuves et à ses membres infirmes. K. Khétagourov a évoqué cette coutume : « *Chaque Ossète répondait de tout son coeur au besoin d'un autre sans prêter attention au degré de parenté ni à ses propres intérêts. La jeunesse se rendait au pré et finissait en quelques heures le fauchage d'une famille ossète pauvre privée de forces, puis revenait en chantant au village. Les jeunes femmes à leur tour moissonnaient le blé dans le petit champ d'une famille nécessiteuse. Lors des calamités naturelles, chaque Ossète qui pouvait marcher se hâtait à la moindre alerte sur le lieu de l'évènement et aidait, dans la mesure de ses forces et de ses possibilités, les victimes, chacun à sa façon : par du travail personnel, du blé, du foin, de la paille, du bois, des matériaux de construction, etc.* ».

---

[23] *Ziw / zew* : aide mutuelle, rassemblement de la population à l'appel d'un exploitant pour une journée de travail commun ; l'exploitant nourrit ses aides et de la sorte, en une fois, moissonne le blé, fauche un pré, etc. (Dahl IV, 413) ; Importante institution d'aide communautaire. Cf. choughni *γēw* (= *zēw*), rouchani, khouf, bartagan *γīw*, sarykol *γayw*, yazghoulami *γiw* « chasse ». La proximité des sens est évidente : la chasse collective était le plus ancien aspect du travail collectif. [D'après V. Abaïev]

La vengeance sanglante, la *vendetta*, était courante chez les Ossètes comme chez les autres Caucasiens. Chez les Ossètes, elle fut particulièrement répandue du XVIe au XVIIIe siècle. Conformément à cette coutume, les représentants d'une famille devaient défendre chacun de ses membres et venger toute offense. De la sorte, des communautés entières faisaient l'objet de la haine mortelle d'autres. Dans cette situation, un rôle spécial revenait à la femme : la *vendetta* ne la touchait pas, si bien qu'elle prenait à sa charge tous les travaux tant féminins que masculins.

« *La femme sauvait non seulement les siens, mais aussi les étrangers : un assassin ne risquait pas d'être abattu à proximité d'une femme.*
Il arrivait que les ennemis restent le soir à proximité et se glissent dans le village au petit matin. Alors les assiégés descendaient de leur tour et, après une décharge des fusils, un combat d'homme à homme s'engageait. Au milieu de ce combat farouche, une femme en deuil était le salut - il suffisait qu'elle apparaisse au plus fort de la bataille sanglante, parmi les ennemis en proie à la flamme bleue de la rage, pour que tous cessent de se battre, remettent au fourreau leurs sabres ensanglantés et se dispersent. » (K. Khétagourov, *Ossoba*).

La loi d'hospitalité était le salut de l'assassin : s'il réussissait à jouir de l'hospitalité d'une famille influente, le chef et tous les membres de cette dernière s'obligeaient à le défendre, et l'hostilité de deux familles menaçait l'adversaire d'un total anéantissement. On passait alors de l'affrontement à une phase de pacification dans laquelle les anciens jouaient le rôle principal. La paix était également possible si l'assassin réussissait à s'introduire dans la maison de celui qui le pourchassait et à enrouler autour de lui la chaîne sacrée du foyer. Dans ce cas, la loi d'hospitalité était également prioritaire. L'assassin pouvait être pardonné par la mère de sa victime s'il parvenait à embrasser sa poitrine. Cet acte signifiait symboliquement qu'il était nourri par le même sein que le mort et était considéré comme adopté par la mère. C'était bien sûr extrêmement rare.

La coutume de la *vendetta* exista jusqu'au début du XXe siècle. Elle disparut pratiquement durant la période soviétique ; elle fait de nouveau parler d'elle depuis les années 1990 et la résurgence de la criminalité dans l'espace post-soviétique.

LES CROYANCES DES OSSÈTES

Il est officiellement admis que les Ossètes sont en majorité (à environ 80 %) chrétiens orthodoxes, et musulmans (à peu près 20 %). A y regarder de plus près, le système de croyances des Ossètes apparaît comme beaucoup plus compliqué. Il a un caractère syncrétique et se compose de plusieurs éléments : chrétien, musulman et « païen »[24]. L'élément chrétien lui-même n'est pas homogène, car il s'est formé à différentes époques et sous l'influence de divers courants d'évangélisation.

Le premier contact des Alains, ancêtres des Ossètes, avec des missionnaires grecs byzantins, et les premiers essais d'évangélisation, eurent lieu aux Ve-VIIe siècles. Ces tentatives ne parvinrent pas à modifier complètement la vision du monde païenne, mais elles influencèrent extérieurement certains rites alains. Par la suite, les contacts entre l'Etat alain, devenu une force politique considérable dans la région, et Byzance, se traduisirent par la formation d'abord d'un archevêché (éparchie) alain, puis en 921 d'une métropole alaine, relevant du patriarcat de Constantinople. C'est durant cette période que furent édifiés sur le territoire de l'Alanie « *les meilleures réalisations de l'architecture ancienne au Caucase : les trois églises du Zélentchouk, celles de Choana et de Senta. Ces églises monumentales à trois absides, avec des vestiges de fresques, datent du Xe siècle et sont les plus anciens monuments [de ce genre] sur le territoire russe* » (V. A. Kouznetsov). Cependant, au témoignage de l'évêque Théodore, lui-même probablement alain d'origine et qui visita l'Alanie sur l'ordre du patriarche Germanos II en 1223 (peu après l'invasion mongole), la population n'était que partiellement et superficiellement chrétienne

[24] On emploiera ici ce terme, sans connotation péjorative, pour désigner les éléments religieux antérieurs au christianisme et à l'islam.

et conservait des pratiques païennes parallèlement aux rites chrétiens.

La seconde vague d'influence chrétienne en Ossétie-Alanie est liée au règne de la reine de Géorgie Thamar, épouse du prince alain David Soslan. Les missionaires géorgiens connurent de grands succès en utilisant pour leurs prédications les anciens sanctuaires ossètes, initialement appelés **кувæндон** [kuvændon] « endroit de prière » et rebaptisés ensuite **дзуар** [dzwar] (du géorgien *djvari* « croix »). Ce nom des sanctuaires fut ensuite transféré aux saints personnages qui y étaient habituellement vénérés. En outre, de nombreuses familles ont leur protecteur, également appelé *dzwar* et en l'honneur duquel avait lieu un **куывд** [kwyvd] annuel.[25]

Enfin, la troisième vague de christianisation de l'Ossétie, la plus efficace, fut entreprise par le gouvernement russe à partir des années 1740. Les autorités russes avaient pour objectif d'accélérer la colonisation du Caucase et prirent une série de mesures pour y parvenir. Une Commission spirituelle ossète fut notamment créée pour baptiser la population ossète, et en 1860 fut fondée la « Société pour le rétablissement du christianisme orthodoxe » qui exista jusqu'en 1917 et s'occupa activement de la propagation du christianisme.

Les Alains commencèrent à se familiariser avec l'islam, aujourd'hui la seconde religion ossète, à la suite de la victoire des Arabes sur les Khazars. Mais les tentatives arabes de diffuser l'islam en Alanie échouèrent. Ce sont les invasions mongoles (« tatares ») qui inaugurèrent l'islamisation forcée des Alains. A la fin des années 1950, on a découvert sur le site d'un ancien établissement alain (près de la *stanitsa* Zmeïskaïa en Ossétie du Nord) plusieurs

---

[25] **куывд** (*kuvd* en dialecte digor) désigne précisément un « banquet rituel commençant par une prière du doyen de l'assemblée » (V. Abaïev). Le verbe **кувын** signifie « prier ». Il est rapproché de diverses racines indo-iraniennes, notamment **kubh-* « accomplir un rituel communautaire » (scr. *kubhanyu-*).

mosquées, et le minaret de Tatartoup dont la construction est datée de la période mongole.

L'islam commença, aux XVIIe-XVIIIe siècles, à trouver des partisans parmi les féodaux ossètes de Digorie, voisins de la Kabardie dont les élites professaient l'islam. A la suite de ces contacts, au milieu du XVIIIe siècle, les des familles aristocratiques de la plaine se considéraient en majorité comme musulmanes et suivaient partiellement les préceptes de l'islam. Et au début du XIXe siècle, les premiers villages ossètes musulmans apparurent en basse Ossétie : Lesken, Khæznydon, Tchikolæ, Beslænyqæw, Nogqæw, Zilgæ, Bryt, Zamanqul, Kærdzynyqæw, Elkhot. Cette période vit un renforcement notable de l'influence de l'islam qui jouait un rôle unificateur dans la résistance caucasienne à la colonisation russe.

La situation changea complètement après l'établissement du contrôle russe sur le Caucase central dans les années 1860. La victoire de l'armée russe entraîna un exode massif d'une partie des Caucasiens musulmans, ce qui affaiblit beaucoup le poids de l'islam dans toute la région, et en particulier en Ossétie.

En ce qui concerne le troisième élément, « païen », des croyances ossètes, il se compose lui aussi de plusieurs strates : indo-européenne, scythe, caucasienne.

Toutes ces influences et leurs contaminations mutuelles ont conduit à l'apparition d'une vision du monde religieuse spécifique des Ossètes, qui les a aidé à conserver le sentiment d'appartenance à une même ethnie et qui s'exprime dans leur panthéon particulier.
Ce dernier est dominé par le « Dieu des dieux » (**Хуыцæутты Хуыцау** [Khwytsæwtty Khwytsaw], démiurge, insaisissable, invisible et inaccessible, qui régit les affaires humaines à travers de nombreux « anges-gardiens » (**зæдтæ** [zædtæ] et esprits protecteurs (**дауæг** [dawæg], pl. **дауджытæ**). Du fait de son éloignement, le Dieu des dieux ne réclame pas de sacrifices

particuliers contrairement aux autres divinités, mais chaque festin commence par un toast qui lui est porté.

La divinité la plus populaire du panthéon ossète, investie de nombreuses fonctions importantes, est sans doute **Уастырджи** [Wastyrdji].[26] Son culte remonte au lointain passé pré-chrétien, mais il a revêtu avec le temps une forme chrétienne et le prototype païen de Wastyrdji a été assimilé à saint Georges. A la vérité, il a des pouvoirs et un poids beaucoup plus considérables. Au Ciel, il trône à côté du Créateur ; on considére qu'il assiste tous ceux qui ont été injustement lésés et punit les coupables.

Il est avant tout le protecteur de tous les guerriers et voyageurs et de leurs chevaux. Les femmes ne doivent pas prononcer son nom et l'appellent **лæгты дзуар**, litt. le « saint des hommes ». On célèbre en son honneur, en novembre, la fête de **Джиоргуыба** [Djiorgwyba], qui dure toute une semaine et a donné son nom au mois correspondant.[27]

Les Ossètes se représentent Wastyrdji comme un vieillard de haute taille aux cheveux et à la barbe blancs, chevauchant un cheval blanc à trois pattes, qui peut apparaître aux hommes à tout instant et apprécie la beauté féminine.

Les femmes vénèrent la « Mère Marie » **(Мады Майрæм** [Mady Maïræm], leur protectrice, dont la compétence s'étend à tous les problèmes féminins, en particulier ceux liés à la naissance des enfants. Son nom est clairement emprunté à la Vierge chrétienne. Sa fête est célébrée dans la dernière semaine d'août. Les femmes se rendaient au sanctuaire et emmenaient souvent les enfants nouveaux-nés pour demander pour eux santé et bonheur.

---

[26] Le nom provient de *Wats Gergi* « saint Georges », dans une forme probablement empruntée au mingrélien *Gerge*.

[27] V. Warziati pense que cette fête est « une fête chrétienne caucasienne » (cf. le *Gorgoba* géorgien), car elle est célébrée à l'automne comme dans le reste du Caucase, et non le 6 mai comme le voudrait la tradition grecque et russe.

Une place extraordinairement importante dans le panthéon ossète revient à **Уацилла** [Watsilla] le « saint Elie » ossète, maître de la pluie, du tonnerre et de l'éclair. Il est également considéré comme le protecteur de la moisson et à ce titre est nommé **Хоры Уацилла** « Watsilla du blé ». Celui que frappait la foudre était regardé comme son élu. S'il survivait, on sacrifiait un mouton en son honneur. L'été, on dédiait à Watsilla un grand banquet, on égorgeait un taureau ou un agneau, on brassait une bière spéciale, et durant la fête on racontait des récits merveilleux sur les hauts-faits de la divinité. Ce jour-là, les femmes en signe de vénération particulière cuisaient le pain en silence. Chaque famille portait un don au sanctuaire de Watsilla, dans lequel cependant seul le desservant avait le droit d'entrer.

Watsilla était doublé par une divinité appelée **Æвриаг** [Ævriag] « le nébuleux », qui régissait aussi les éléments et le temps en général et résidait dans les vieilles tours des communautés.

La plus douce et inoffensive divinité des Ossètes était **Фæлвæра** [Fælværa], protecteur du bétail et plus particulièrement des ovins. Son nom résulte de l'agglutination de ceux des saints russes *Flor* et *Lavr* (Laurent), qui étaient chez les Slaves orientaux les protecteurs des chevaux. On lui confiait le bétail et on le priait de le protéger des maladies et des épizooties. Sa fête était célébrée en septembre et précédait la tonte des moutons. Ce jour, ou plutôt cette nuit-là, il était habituel d'égorger un mouton et de préparer le **дзыкка**, un mets à base de fromage frais.

Comme le pire ennemi du bétail était le loup, il fallait amadouer aussi le protecteur de ce dernier, appelé **Тутыр** [Tutyr]. Son nom dissimule celui du saint byzantin Théodore de Tyr, qui passe pour avoir été dans les meilleurs termes avec les loups. Chez les Ossètes, Tutyr est devenu le maître des loups. Il était indispensable de se le concilier pour qu'il n'envoie pas ses protégés déranger les troupeaux en train de paître. La fête qui lui était dédiée avait même lieu deux fois par an, au printemps et à l'automne. Celle du printemps était chômée, mais on y fabriquait divers outils dont on pensait qu'ils serviraient ainsi plus longtemps. Lors de la fête d'automne de Tutyr, on sacrifiait le soir un bouc dont la viande n'était consommée que dans le cercle de famille.

Les Ossètes faisaient également une place spéciale à **Аларды** [Alardy], divinité cruelle qui infligeait la variole, et que l'on priait pour se protéger de cette maladie et d'autres. Dans beaucoup de villages, on délimitait des « champs d'Alardy » dont la moisson servait aux banquets en son honneur. Son nom était accompagné des épithètes « lumineux, doré, beau ». On lui sacrifiait un agneau blanc. On croyait que quand Alardy tournait son visage vers quelqu'un, il pouvait lui communiquer la variole, et c'est pourquoi la façade de son sanctuaire était tournée à l'opposé du village, et dans les prières qui lui étaient adressées, on lui disait : **Гъе Аларды, дæ чъылдыммæ дын кувдзыстæм, де'ргом нæм ма раздæх !** « O Alardy, nous adresserons nos prières à ton dos, ne tourne pas vers nous ton visage ! ». Dans certains villages ossètes de la gorge de Darial (et aussi chez les Géorgiens de cette région), la fête d'Alardy coïncidait avec celle de saint Jean-Baptiste, que les chrétiens considéraient comme un guérisseur. Il est possible que les caractéristiques de l'ancien Alardy lui aient été transférées. La veille de la fête d'Alardy était célébrée celle du **Рыныбардуаг** [Rynybarduag], responsable des épidémies et épizooties massives.

Les Ossètes vénéraient depuis des temps immémoriaux de nombreuses autres divinités, comme par exemple **Хуыцау-Дзуар** [Khwytsaw-Dzwar], protecteur des mariages, de la fécondité et de la **parturition, Æфсати** [Æfsati], **maître des animaux sauvages et protecteur des chasseurs, Донбеттыр** [Donbettyr], maître des eaux, **Сафа** [Safa], protecteur du foyer, etc. Ils conservaient également diverses pratiques païennes comme le culte du feu, celui des morts, du sabre porteur de la victoire (hérité de leurs ancêtres iranophones nomades), du cerf (qui a les mêmes racines), etc.

Tous les Ossètes, tant « chrétiens » que « musulmans », vénèrent ces divinités du panthéon traditionnel. Parallèlement, les uns et les autres pratiquent leur culte respectif et célèbrent les fêtes chrétiennes ou musulmanes. Les processus de renaissance spirituelle qui ont commencé au milieu des années 1980 ont bénéficié non seulement au christianisme et à l'islam, mais aussi aux vieilles traditions antérieures. On constate partout, à côté de la construction d'églises et de mosquées, la renaissance des anciens sanctuaires (bosquets, buissons, grottes) et la tenue de banquets cultuels en l'honneur de leurs protecteurs.

LE CALENDRIER POPULAIRE

L'année ossète commence en janvier et comprend douze mois. Leurs appellations chez les Ossètes Iron et Digor diffèrent légèrement et sont les suivantes :

Iron	Digor	Mois
тъæнджы мæй	**басилти (æнсури) мæйæ**	janvier
æртхъирæны мæй	**комахсæн**	février
комдарæн (тæргæйтты мæй)	**комдарæн**	mars
хуымгæнæны мæй (сыфтæры мæй)	**мартъи**	avril
зæрдæвæрæны мæй (кæрдæджы мæй)	**Никкола (Фæлвæра)**	mai
Хурхæтæны мæй (кæхцгæнæн)	**амистол**	juin
Сусæны мæй	**Сосæни мæйæ**	juillet
Майрæмы куадзæны мæй	**Майрæми куадзæни мæйæ**	août
Рухæны мæй	**Рухæн**	septem-bre
Кæфты мæй	**кæфти мæйæ**	octobre
Джеоргуыбайы мæй	**Горгуба**	novembre
Цыппурсы мæй	**цæппорсе**	décembre

Le décompte du temps se faisait suivant le vieux calendrier agricole ossète et le calendrier religieux plus tardif. On le voit aux noms des mois, associés soit aux travaux saisonniers et aux phénomènes naturels (**тъæнджы мæй** « mois des gels à pierre fendre »,

æртхъирæны мæй « mois terrible », **хуымгæнæны мæй** « mois des labours » , **сыфтæры мæй** « mois de la pousse des feuilles », **кæрдæджы мæй** « mois de l'herbe », **хурхæтæны мæй** « mois du solstice », **сусæны мæй** « mois de la chaleur torride », **кæфты мæй** « mois des poissons »), soit à des représentations religieuses (**комдарæн** « jeûne », **цыппурс** « Noël », **зæрдæвæрæны мæй** « mois de l'Ascension », **Майрæмы куадзæны мæй** « mois de la Dormition de la Vierge », **Джеоргуыбайы мæй** « mois de saint Georges »).

Le calendrier populaire ossète abondait en fêtes et jours significatifs. La raison en était la « surpopulation » du panthéon ossète, et aussi le grand nombre de fêtes familiales et saisonnières. Il y avait plus de cinquante fêtes et jours mémorables. On peut distinguer les fêtes fixes, qui étaient toujours célébrées à la même date, et les fêtes mobiles qui suivaient un calendrier « glissant ». Le caractère saisonnier des fêtes a aussi une grande importance et permet de les répartir en fêtes printanières, estivales, automnales et hivernales. Les principales sont les suivantes : :

Hiver	Printemps	Eté	Automne
Ныккола Цыппурс (ног нымадæй) Ногбоны æхсæв(ног нымадæй) Ногбон Цыппурс Бынатæхсæв Æртгæнæнтæ Ногбон (зæронд нымадæй) Доныскъæфæн тæ Бадæнтæ Фацбадæн Нафы бæрæгбон	**Фыдыкомбæттæн Урсыкъуыри (царвкъахæн) Алардыйы къуырисæр Стыр комбæттæн Тутыртæ Хорыбон (хор- хоры бон) Бæлдæрæн Чындзыты донмæгæнæн бон Лауызгæнæнтæ Астæуымархо Зазхæссæн / Нæзуихист Къутугæнжнтæ Стыр цыппæрæм**	**Зæрдæвæрæ н Реком Кæрдæгхæсс æн Фæлвæра Дзывгъисы Уастырдæи Цыргъобау Уацилла Ныхасы Уастырдæи Дауджытæ Елиа Хетæдæы Уастырдæи Дзири-дзуар Гææлиаты**	**Фæззæджы Аларды Нары дзуар Æрджынарæ джы Уастырджи Фыдыуани Фæззæджы Тутыр Мыкалгабы ртæ Таранджелос Дзылат (Тæтæртупп) Ичъына Дыгургомы Уастырджи Джеры**

<table>
<tr>
<td>Комахсæны
хуыцаубон
(гæлæр-
гæвдæн)
Комахсæны
къуыри
Комахсæны
цыппæрæм</td>
<td>Куадзæн
Мæрдты куадзæн
Нафы-
хæдзарвандаæы
бинонты бон
Дзимыры саниба
Касутæ/(донмæцæ
уæ бон)</td>
<td>Авд дзуары
Кæхцгæнæн
тæ
Рагъы дзуар
Атынæг
Хуыцауы
дзуары бон
Халмæвнал
æн
Фароны
бæрæгбон
Бесланы
Уастырджи
Арыхъы
дурджын
бæрзонд
Майрæмы
куадзæн
Ирыхъæуы
дзуæрттæ</td>
<td>Уастырджи
Хоры сæры
куывдтæ
Уастырджий
ы
бæрæгбонтж
Зыгуымон
æхсæв
Джеоргуыба/
Гиоргоба</td>
</tr>
</table>

LE BANQUET RITUEL

Chacun de ces jours de fête a un sens particulier et est célébré suivant le rituel qui lui est propre, mais aucun ne se déroule sans **куывд**, c'est-à-dire sans un banquet rituel communautaire, qui a un caractère fortement symbolique et suit les règles, strictement déterminées, de comportement à la table ossète.

Le banquet est présidé par un « aîné » **(хистæр)**. On choisit habituellement le plus âgé et le plus respecté des participants. Sa responsabilité est de conduire dignement le banquet à son terme, c'est-à-dire de veiller strictement à l'ordre durant le repas, à la quantité de boissons absorbées, et de n'omettre aucun des toasts prévus par le rituel tout en conservant l'esprit clair et la beauté de l'expression. Les places à table sont aussi strictement définies en fonction de l'âge et du rôle social des convives. Quelques jeunes gens assurent le service.

Le repas rituel comprenait non seulement une liste déterminée de plats, mais aussi les quantités servies en fonction du caractère du festin. Un élément obligatoire des repas de fête était, par exemple, les tourtes ossètes au fromage (**уæлибæхтæ**) et à la viande (**фыджынтæ**), servies par trois ; mais aux repas funéraires, il n'y avait pas de ещгкеуы à la viande, et la quantité des autres sur le plat devait être paire. Le **физонæг**, une brochette rituelle faite avec les côtelettes d'un animal sacrifié ou ses produits dérivés, était exclusivement un plat de fête. En outre, l'assortiment même des plats, en particulier de viandes, dépendait également de la situation et de l'âge des convives. Le service des différents plats servait de repère chronologique à l'ancien et déterminait la durée du banquet. Il était assuré par de jeunes gens, proches parents ou voisins de l'organisateur du **куывд**.

Dans toute l'Ossétie, le signal du début du banquet était donné par une prière en forme de toast, adressée par l'ancien qui présidait au Dieu des dieux, et qui était une oeuvre poétique achevée. La coupe et une partie du gâteau rituel étaient ensuite remises aux plus jeunes. Ayant bu, le cadet remplissait la coupe et la rendait au doyen. De la première à la dernière minute, tout le processus était réglementé par l'étiquette la plus sévère, et les rôles étaient répartis entre les convives suivant leur place à table. La violation des règles de bonne conduite à table est sanctionnée : autrefois, le coupable devait organiser un banquet « compensatoire » au jour fixé ; aujourd'hui, il doit vider debout une coupe supplémentaire.

Le deuxième toast était toujours prononcé en l'honneur de Wastyrdji, puis suivaient les toasts à la divinité en l'honneur de laquelle se tenait le festin, ensuite ceux à d'autres saints et sanctuaires. On chantait. Au milieu du repas, on levait en l'honneur du convive le plus respecté la coupe d'honneur (**кады нуазæн**), dont la consommation était accompagnée d'un chant en choeur. Puis l'attention des convives se fixait sur la jeunesse, à laquelle on adressait toutes sortes de recommandations et de souhaits, et sur les maîtresses de maison qui avaient préparé les mets de fête. A la fin du banquet, l'ancien prononçait un toast à Mykalgabyrtæ (**Мыкалгабыртæ**), protecteur de l'aisance matérielle, et un autre pour souhaiter paix et abondance (**бæркад**). Lorsque l'ancien s'était levé de table, il était permis à tous les autres d'en faire autant. Dans des cas particuliers, le plus souvent durant le rituel du mariage, avant que les hôtes ne quittent la maison, on portait un toast en l'honneur du protecteur des voyageurs et des routes droites, **Къæсæрысæр Уастырджи** [K'æsærysær Wastyrdji].

Telle était la forme du banquet ossète. Mais son essence consistait non seulement à rendre leur dû aux divinités, mais aussi et avant tout à communiquer, échanger des informations et transmettre les valeurs traditionnelles entre les générations. Ce n'est pas pour rien qu'on disait dans le peuple : **Ирон фынг зонд амоны** « un banquet ossète enseigne la sagesse ». L'étiquette de table actuelle continue de jouer un rôle très important dans les relations sociales entre Ossètes et conserve un caractère sacralisé et rituel.

CHANTS, DANSES ET DISTRACTIONS

Naturellement, chaque fête était accompagnée de chants, de danses, de jeux. Le chant choral masculin était le plus répandu en général chez les Ossètes et particulièrement durant les banquets : un soliste chantait la mélodie fondamentale, et les autres participants l'accompagnaient. On exécutait habituellement des chansons de table, humoristiques.
Les chants populaires ossètes peuvent être classés en quelques catégories : ballades héroïques, consacrées aux exploits d'une figure historique réelle (par ex. le chant de Taïmouraz Kozyrev), chansons de travail (chants des femmes foulant la laine, barattant le beurre), chansons rituelles (comme celle sur Wasgergi), berceuses, etc.

L'une des particularités du chant ossète est qu'il ne glorifiait pas seulement les exploits de génération en génération, mais couvrait aussi de honte les comportements indignes, si bien que le souvenir des fautes se transmettait également de génération en génération. C'est pourquoi on peut encore entendre souvent dans la conversation cet avertissement : **Ма кæн, зарджытæ дыл скæндзысты** « Ne fais pas cela, ou l'on fera des chansons sur toi ! ».

Le chant en public était une prérogative masculine. K. Khétagourov (*Ossoba*) écrit à ce sujet : « *La tradition ne permet pas aux jeunes filles et aux femmes de chanter. Mais cette exigence n'est pas respectée loin des habitations, quelque part au moulin, dans la forêt, lors du ramassage des baies et des noix, de l'arrachage des racines, etc. Ce n'est qu'en l'absence totale des hommes et en compagnie exclusivement féminine que les jeunes femmes ossètes qui s'amusent en toute liberté s'adonnent très volontiers à cette distraction.* »

Mais la distraction préférée de l'ensemble de la population était et demeure la danse. On y trouve, sous une forme concentrée, les traits ossètes les plus encouragés et cultivés dans la conscience populaire : l'agilité, le courage, la dignité, l'énergie pour les hommes, et pour les femmes la grâce, l'élégance, la réserve, et en même temps la capacité à manifester au moment voulu des qualités égales à celles des hommes et à resplendir dans une danse masculine fulgurante. Savoir danser était naturel pour chacun, car on l'apprenait dès le plus jeune âge.

La danse la plus frappante et spécifique était le **симд** [simd], souvent évoqué dans les récits épiques nartes (cf. *infra*). Il comportait deux variantes, l'une masculine et l'autre mixte. La danse masculine avait des fonctions hautement sacralisées et servait souvent à obtenir un effet psychologique : donner aux participants un sentiment de confiance en eux-mêmes, d'unité et de bravoure. Elle était exécutée par deux groupes de danseurs. Ceux du premier formaient un cercle en se tenant par la ceinture, les danseurs du second sautaient sur les épaules des précédents et s'accrochaient également aux ceintures les uns des autres. Tout le cercle se déplaçait d'abord vers la droite, puis vers la gauche, accompagné par des chants. Il arrivait que les danseurs du second groupe hissent sur leurs épaules des bouvillons ou des poulains, formant ainsi un cercle à trois étages.

La variante mixte du *simd* est dansée par les hommes et les femmes. Elle se distingue par une grande précision de composition et exige un arrangement strict. Le *simd* demeure de nos jours la danse ossète la plus populaire. Il faut signaler que beaucoup d'ensembles de danses du Caucase l'exécutent aujourd'hui en « oubliant » de signaler son vrai nom et son origine exacte.

En dehors du *simd*, il existe d'autres danses anciennes et autrefois appréciées, comme la **хонгæ кафт** (danse d'invitation), la **зилгæ кафт**, **тымбыл кафт**, danse des jeunes filles, la danse humoristique **чепена** et d'autres. A l'heure actuelle, la jeunesse ossète préfère toujours la danse populaire à celles inspirées par les tendances contemporaines.

Les danses étaient accompagnées à l'accordéon ossète et au tambour (**гуымсæг**) ; le rythme de la danse était donné par des battements de paume et de bâtons. L'apparition de l'accordéon chez les Ossètes date de la fin du XIXe siècle. Auparavant, les hommes seuls jouaient d'un instrument musical à deux cordes (**хъисын фæндыр**), du pipeau (**уадындз**), et d'une petite harpe angulaire à douze cordes (**дыууадæстæнон фæндыр**). Chez les Ossètes d'Ossétie du Sud existaient aussi des harpes à onze cordes. Mais l'accordéon se diffusa très vite dans toute l'Ossétie et supplanta pratiquement les instruments à corde. C'étaient initialement les femmes qui en jouaient. Il est pratiqué aujourd'hui aussi par les deux sexes.

Les fêtes étaient également agrémentées de compétitions variées : des courses à cheval, de la gymnastique et des jeux équestres. Les cavaliers caucasiens n'avaient pas d'égaux dans l'art équestre. Leur domination durant des décennies sur les arènes des cirques russes n'était pas fortuite, comme le fait que le fondateur du cirque équestre russe ait été l'Ossète Ali-Bek Kantemirov. Les lutteurs ossètes sont également renommés dans le monde entier.

3-LA TRADITION ORALE

LA TRADITION ORALE OSSÈTE

Le peuple ossète a constitué et conservé un ensemble de traditions extrêmement riche dans son contenu et ses formes, et dont la place centrale est occupée par les récits sur les Nartes[28] (**Нарты кадджытæ**). C'est une épopée, qui se compose de nombreux récits répartis en différents cycles et a un caractère indiscutablement héroïque. Elle est peu connue du grand public occidental, bien que par la richesse et la variété de son contenu elle puisse se comparer aux anciennes épopées grecques et scandinaves.

Les premières informations sur l'épopée narte se trouvent dans le *Voyage en Géorgie et au Mont Caucase* » de J. von Klaproth, publié pour la première fois en 1812.

Dans la seconde moitié du XIXe siècle, l'intérêt pour les récits nartes se manifeste aussi bien parmi les Ossètes eux-mêmes que chez les savants russes qui avaient entamé une étude systématique du Caucase et de ses peuples. Des intellectuels ossètes comme Vasiliï Tsoraïev, Dzantemir et Gatsyr Chanaïev recueillent et mettent par écrit les légendes nartes. En 1868, des légendes recueillies et traduites en russe par V. Tsoraïev et D. Tchonkadzé, avec des notes de A. Schiffner, paraissent dans les *Notes de l'Académie des sciences*. En 1870, des textes traduits par D. Chanaïev sont publiés dans le *Recueil de données sur les montagnards du Caucase*, vol. 111 (réédité en 1992). Cependant, l'étude scientifique de l'épopée narte n'a vraiment été entamée que dans les années 1880 par le linguiste et folkloriste Vsevolod Miller, qui visita l'Ossétie en 1879 et publia par la suite ses *Etudes ossètes*, qui comprennent des récits sur les Nartes et des commentaires.

---

[28] L'étymologie de ce nom est encore controversée. On le rapproche généralement de **nar-* « homme », mais il existe d'autres théories, en particulier celle de V. Abaïev qui invoque une origine mongole (*nara* « soleil »).

Le lecteur occidental eut accès aux récits nartes en 1887, grâce au spécialiste des langues ossète et arménienne H. Hübschmann, qui donna une traduction des légendes publiées par V. Miller dans le journal *Zeitschrift der Deutschen morgenländischen Gesellschaft*, XLI (1887).

Le recueil des récits nartes s'est poursuivi depuis lors. Les résultats de ce travail long et attentif ont été publiés en ossète et en traduction russe dans les années 1940-50, dans toute une série de publications en Ossétie et dans les autres républiques caucasiennes.

Les travaux de Georges Dumézil, en particulier ses *Légendes sur les Nartes* qui comprennent une analyse mythologique des récits et une analyse comparative de certains d'entre eux, ont eu une importance décisive pour l'étude de ces textes. G. Dumézil a évoqué l'épopée narte dans plusieurs de ses écrits, en particulier *Loki* (1948), *Mythe et épopée* (1968), et surtout *Romans de Scythie et d'alentour* (1978). Ces études se distinguent par la précision peu commune de l'analyse, la qualité du style et frappent par la profondeur et la variété de l'érudition de leur auteur.

Un autre linguiste distingué, le professeur H. W. Bailey, a proposé son interprétation de l'épopée narte.[29] Un autre grand savant qui a beaucoup contribué à l'étude des récits nartes est V. Abaïev, qui y a travaillé plus d'un demi-siècle et leur a consacré des travaux tels que *L'épopée narte des Ossètes*, *Sur les noms propres dans l'épopée narte*, *Les enfants du soleil*, *Essai d'analyse comparative des mythes d'origine des Nartes et des Romains*, *Le cheval de Troie* et d'autres.[30]

A l'heure actuelle, l'étude de l'épopée narte est entrée dans une nouvelle phase. La chute de L'Union soviétique et les processus consécutifs de réévaluation de l'idée nationale ont ranimé l'intérêt de

[29] Dans : *Traditions of Heroic and Epic Poetry. Vol. I : the Traditions.* Edited by A. T. Hatto. Publications of the Modern Humanities Research Association, Londres, 1980, pp. 236-67.
[30] *Избранные труды, религия и литература*, том 1, 1990.

différents peuples pour leur histoire et leur culture. Les spécialistes des Nartes se réunissent régulièrement en « table ronde ». Ces rencontres et ces échanges d'idées permettent de mieux comprendre le caractère des vues exprimées à travers l'épopée par les peuples sur leur propre histoire, et aussi les racines de leurs représentations morales et éthiques. La dernière de ces réunions a eu lieu à l'automne 2000.

QUI SONT LES NARTES ?

L'épopée narte est constituée de plusieurs cycles de récits centrés sur un héros ou certains évènements, et qui glorifient des qualités telles que le courage, l'inventivité, la sagessse. Le trait le plus évident des héros est la lutte pour la liberté et pour la juste cause contre différents ennemis dont des géants et même des divinités. La noblesse et l'orgueil sont les caractéristiques inséparables de tous les Nartes. Ils refusent même d'incliner la tête devant Dieu et de reconnaître sa supériorité : « *Que faire ? Nous avons choisi nous-mêmes quand nous sommes entrés en lutte contre les cieux : plutôt que vivre dans la servitude et souffrir la honte, mieux vaut mourir tous avec gloire.* »[31]

Les récits nartes sont connus non seulement des Ossètes, mais aussi de différents peuples du Caucase : Abkhazes, Abazas, Adyghés, Balkares, Ingouches, Kabardes, Karatchaïs, Svanes, Tchetchènes, et certains peuples du Daghestan (Avars, Koumyks, Laks). La question de leur origine et des voies de leur diffusion chez ces peuples est l'objet d'une longue discussion.

Le mot de la fin a été dit à ce sujet par G. Dumézil. Au terme d'une analyse comparative détaillée des récits nartes chez différents peuples du Caucase, et après avoir rapproché ces témoignages des informations données par les auteurs antiques, il a conclu que la version ossète de ces récits, contrairement à toutes les autres parvenues jusqu'à nous, reflétait une structure sociale tripartite de la

[31] *Нарты. Эпос осетинского народа*, 1951.

société narte, analogue au modèle idéal de la société scythe décrit par Hérodote il y a plus de deux mille ans.

G. Dumézil considère que les peuples indo-européens, à date très ancienne, avaient distingué trois fonctions sociales fondamentales : cultuelle, guerrière et économique. Cette tripartition conditionnait toutes les sphères de la vie communautaire : l'idéologie et les représentations religieuses, l'art, etc. Dumézil met en parallèle la légende d'origine des Scythes, rapportée par Hérodote et les trois familles nartes, le rôle cultuel du cheval chez les Scythes historiques et les Nartes de l'épopée, la signification rituelle de certains récipients chez les uns et les autres, le statut particulier de la femme, et beaucoup d'autres faits.

Comme les premiers Scythes de la légende d'origine, les Nartes sont divisés en trois familles : les **Алæгатæ** [Alægatæ], **Æхсæртæгкатæ** [Ækhsærtægkatæ] et **Боратæ** [Boratæ] ; chacune joue un rôle bien particulier.

Les Alægatæ[32] interviennent comme gardiens de la sagesse, du savoir. Dans leur « grande maison » (**стыр хæдзар**) ont lieu les assemblées et les festins les plus importants, c'est chez eux qu'est conservée la coupe magique des Nartes, le Wacamongæ, qui ne s'emploie qu'à des fins rituelles, chez eux encore que se pratique la divination sur une omoplate. Dans un récit recueilli en Digorie, il est dit : **« Æхсæртæггатæ, Бориатæ - берæ мыггæгтæ æдтæнсæ. Æлæгатæ сæ сæр æдтæнсæ »** (Les Ækhsærtægkatæ, les Boratæ - il y avait beaucoup de familles (chez les Nartes). Les Alægatæ étaient à leur tête.[33]

---

[32] G. Dumézil pense que le nom d' Alæg, ancêtre de cette famille, remonte à l'iranien **arya-ka*, dérivé de l'ethnonyme *Arya-* (*Mythe et épopée*, 1968).

[33] Ю. А. Дзицойты, *Нарты и их соседы*, 1992.

Aux Ækhsærtægkatæ[34] appartiennent plusieurs générations de héros nartes : Wyryzmæg et Khæmyts - les aînés -, Soslan et Batradz - les cadets. Une grande partie de l'épopée narte est consacrée au récit de leurs exploits. Leur valeur et leur courage sont reconnues non seulement par les Nartes, mais aussi par les divinités. C'est à cette famille qu'appartient l'incomparable Satana, symbole de la maternité, de l'inventivité, de la générosité chez les Nartes.

Les Boratæ[35] (Boriatæ, Boïratæ) sont également une famille narte nombreuse, dont la richesse est la principale caractéristique. Leur chef se nomme Buræfærnyg. Les Boratæ sont en état d'hostilité perpétuelle avec les Ækhsærtægkatæ.

L'analyse de certains noms propres des récits, en particulier de ceux qui ne se rencontrent que chez les Ossètes et sont inconnus chez les autres peuples du Caucase ou n'y jouent qu'un rôle insignifiant, et de ceux qui appartiennent aux couches les plus anciennes de l'épopée, montre leur origine iranienne et leur lien incontestable avec le monde scythique.

Résumant les résultats de la comparaison des différentes variantes nationales de l'épopée narte, et aussi des témoignages antiques et de la description ethnographique des peuples caucasiens, G. Dumézil conclut que la continuité des traditions scythiques ne s'observe pas seulement dans la structure trifonctionnelle des récits nartes d'Ossétie, mais aussi dans des rituels funéraires qui se sont

---

[34] Ce nom dérive de **æхсæр** « force guerrière », et remonte à une racine iranienne **xšaθra-* également attestée en sanscrit (*ksatra-* « puissance, principe de la fonction guerrière », qui apparaît dans le nom des *ksatrya*, la caste des guerriers.

[35] Les linguistes s'accordent à penser que la racine de ce nom est identique à l'ossète **бур**, **бор** « jaune » ; elle se rencontre dans des anthroponymes scytho-sarmates et remonterait à l'iranien commun **bau-* « être riche, abondant ». Le nom de Buræfærnyg contient également le terme **фарн** qui prolonge un concept religieux iranien majeur (iranien commun **xwarnah-* « charisme solaire, céleste »).

conservés jusqu'à nos jours, dans les représentations de l'autre monde, dans les traditions de festins cultuels.

A son avis, « *Cette épopée populaire déborde aujourd'hui largement le pays ossète, avec des variantes importantes dans la lettre et dans l'esprit. Mais quantité d'indices convergents permettent de définir la situation en trois propositions :*
1-C'est chez les Ossètes, et sans doute déjà en partie chez leurs lointains ancêtres, que le noyau de l'épopée, ses principaux personnages, se sont formés. Je sais, en publiant ce jugement, que je peine mes amis tcherkesses et abkhazes, mais magis amica veritas *: en son fond, l'épopée narte est ossète.*
2-Elle a été adoptée chez plusieurs peuples voisins, transformée de différentes manières, avec des pertes et des enrichissements, recevant surtout des colorations morales différentes. Les trois principaux bénéficiaires de cette extension ont été les Tchetchènes-Ingouches, les Tcherkesses aussi bien orientaux qu'ocidentaux, et les Abkhazes : sur ces trois domaines, les enquêtes folkloriques officielles, systématiques, faites au Caucase depuis 1940 ont amené au jour un très grand nombre de variantes. L'épopée narte a aussi pris racine, plus modestement, chez les tatars Karatchaïs et Balkars.
3-A l'ouest les Oubykhs, les Koumyks et les Daghestaniens à l'est n'ont pas été aussi accueillants : le nom générique des Nartes leur est connu, mais il n'est plus que le synonyme de « géant » ; il désigne ces méchants et stupides colosses dont les David nationaux viennent toujours à bout » (*Mythe et épopée*, 1968, pp. 453-54).

Concernant la périodisation de l'épopée narte, V. Abaïev dit que « *beaucoup de sujets et de motifs des récits remontent aux anciens mythes scythiques et peuvent dater des VIIIe-VIIe siècles av. J.-C. D'un autre côté, il est sûr que les rapports avec les Mongols aux XIIIe-XIVe siècles ont laissé leur marque sur l'épopée narte. Les noms de héros majeurs, comme Khæmyts et Batradz, reflètent une influence mongole. C'est à cette même époque (XIIIe-XIVe siècles) qu'est apparu le terme de « Narte ». Entre ces deux périodes - les*

VIIIe-VIIe siècles av. J.-C. et les XIIIe-XIVe siècles - s'est constituée, nous semble-t-il, l'épopée narte ».[36]

La tradition orale ossète ne se limite cependant pas aux récits nartes. D'autres catégories, moins étudiées, présentent un intérêt égal, comme les récits « daredzaniens » (**Дарeдзанты кадджытæ**), empruntés à l'épopée géorgienne des Daredjani et devenus un cycle ossète indépendant, les chansons héroïques, de travail, mythologiques, la poésie rituelle familiale, les prières, les déplorations, les bénédictions...
Les contes ont toujours joui d'une grande popularité. Ils sont extrêmement divers par leurs sujets et peuvent être subdivisés en contes sur les animaux, contes fantastiques, contes de la vie quotidienne, de chasse, d'aventures, etc. Beaucoup donnent des indications sur les cultes anciens des Ossètes et leurs représentations religieuses. Cette couche de la tradition populaire est beaucoup moins étudiée que l'épopée narte, bien qu'elle conserve à l'évidence beaucoup d'informations ethnographiques sur la vie et les moeurs du peuple ossète.

Les récits populaires, dans lesquels les évènements réels s'entremêlent à des sujets fictifs, étaient eux aussi appréciés. En l'absence de documents écrits, des chercheurs ont souvent eu recours à ces traditions pour compléter leur documentation ethnographique et, dans des cas particuliers, historiques.

Au témoignage de K. Khétagourov, le genre épique connaissait un grand succès dans le peuple : « *Les contes sont le bien commun des deux sexes et de tous les âges. Ils sont nombreux, variés et artistiques. Ils ont toujours été l'une des façons les plus agréables de passer le temps. Jouer du* fændyr *à deux ou douze cordes (un genre de violon ou de harpe), et en accompagner de longs récits, étaient un privilège exclusif des hommes les plus doués. Cette branche de l'art populaire est particulièrement appréciée et pleine de charme.*»

---

[36] *Нарты. Эпос Осетинского народа*, 1957, p. 730.

La figure du chanteur-conteur jouissait d'un respect et d'une affection particuliers. Les noms de conteurs tels que Dzuguty Bibo (*Kwyrm Bibo,* « Bibo l'Aveugle » du village de Zærond Bataqæïurt), Dzusty Ramon, Khalægaty Inaldyqo et beaucoup d'autres appartiennent pour toujours au trésor de la création orale populaire ossète.

4-LA LITTÉRATURE ET LA SITUATION LINGUISTIQUE

La littérature ossète est née au milieu du XIXe siècle. Les premières oeuvres littéraires en ossète sont dues à Akso Koliev (1823-66) et ont un caractère principalement religieux et spirituel. Des poètes et écrivains de talent, comme Temirbolat Mamsourov (1845-99) et Inal Kanoukov (1850-98) ont apporté une contribution significative au développement de la littérature professionnelle ossète.

Cependant, l'affirmation et l'épanouissemement de cette littérature sont liés avant tout, et à juste titre, à l'oeuvre de Kosta Khétagourov (1859-1906), qui fut son vrai fondateur. Fils d'un officier de l'armée russe, il naquit dans le village montagnard de Nar. Après des études à Vladikavkaz et Stavropol', il entra à l'Académie des arts de Saint-Petersbourg où commença sa carrière de créateur. Peintre, poète, prosateur et publiciste, il écrivait en russe aussi bien qu'en ossète. Il avait choisi comme credo la justice sociale et la lutte contre l'administration coloniale russe dans tout le Caucase du Nord. **Ирон фæндыр** [Iron fændyr], oeuvre centrale de Kosta Khétagourov, fut adoptée par le peuple bien avant son édition. Elle est toujours l'oeuvre littéraire en langue ossète la plus lue et la plus aimée.

A la même époque se distinguèrent des écrivains et poètes comme Blachka Gourjibékov (1868-1905) qui écrivait en dialecte digor, Georges Tsagolov (1871-1939), Alexandre Koubalov (1871-1944), Seka Gadiev (1855 ou 1857-1915) et d'autres encore. Au début du XXe siècle apparurent les premières oeuvres dramatiques de Ié. Britaïev (1881-1923) et Tsomak Gadiev (1881-1931).

On note dans les années 1920-30 une tendance au développement impétueux de la littérature nationale ossète. La période fut marquée par une cohorte de prosateurs tels qu'Arsène Kotsoïev (1872-1944), Dabé Mamsourov (1909-1966), et le poète Ivan Djanaïev « Niger » (1896-1947). De nombreuses oeuvres étrangères furent traduites en ossète, comme celles de Shakespeare, Molière, Dante, Goethe, Joyce, Swift, Pouchkine, Chevtchenko, Koupala, Lermontov, Tolstoï, Gorki, Soljenitsyne...

Malheureusement, les répressions staliniennes n'épargnèrent pas la classe cultivée ossète, la majorité des écrivains en vue en fut victime et la publication de leurs oeuvres interdites. La Seconde Guerre Mondiale fut une autre épreuve : l'Ossétie y perdit 46.000 vies, et son élite littéraire - 60 écrivains, dont certains étaient déjà connus et d'autres commençaient à peine leur carrière.

Les quatre dernières décennies du système soviétique peuvent être qualifiées de période critique pour la littérature ossète. Il ne subsistait que quelques écrivains de langue ossète, car la signification pratique de la langue elle-même et son prestige avaient sérieusement décliné, et le lectorat était submergé de littérature en langue russe. Pourtant, des écrivains comme Michel Bassiev, Georges Kaïtoukov, Maxime Tsagaraïev, le dramaturge Achækh Tokaïev, Ækhsar Kodzati, Chamil' Djigkaïev, continuaient d'écrire en ossète.

On observe depuis le début des années 1990 et la fin du régime soviétique une nouvelle vague d'intérêt du peuple ossète pour sa culture nationale. Le projet de loi « Sur les langues des peuples de la République d'Ossétie du Nord », publiée dans la presse de la République, ranima l'intérêt de la société ossète pour les problèmes de la langue nationale et de son statut. Cependant, son examen a traîné durant plusieurs années, et ce projet ou plutôt ceux qui lui ont succédé se trouvent toujours au stade de la discussion. Un autre projet de « Conception de l'école nationale de l'Ossétie du Nord », étroitement lié aux précédents, a également été soumis à l'appréciation de la population dès novembre 1992.

A l'heure actuelle, l'enseignement en ossète dans les classes primaires est dispensé dans 62 écoles sur un total de 224 en Ossétie du Nord, et une seule d'entre elles se trouve à Vladikavkaz. Dans la presse et l'édition, on publie en russe et en ossète (dialectes iron et digor). Des ouvrages bilingues russe / ossète ont également été publiés.
En Ossétie du Sud, l'édition se fait en ossète et en russe.

PETIT GUIDE DE CONVERSATION

(Dans toutes les phrases, le lecteur notera qu'il n'existe pas de pluriel de politesse en ossète : on dit toujours « tu » à une personne seule, on n'emploie « vous » que pour plusieurs interlocuteurs.)

Salutations, rencontres, adieux.

Æгас цу (цæут).	Bonjour à toi (à vous) [à qqn venant de l'extérieur]
Дæ (уæ) райсом хорз !	Bon matin !
Кæй райсом, уый хорзæх дæ уæд ! **Хорз амонд дæ хай !**	Bon matin ! (en réponse)
Дæ (уæ) бон хорз !	Bonjour (à toi - à vous) !
Дæ (уæ) изæр хорз !	Bonsoir (à toi - à vous) !
Арфæгонд у.	(salutation en réponse).
Байрай !	Que Dieu t'aide (dans ton travail) !
Бузныг, хорз бон дыл (уыл) кæнæд !	Merci ! Un bon jour à toi (à vous) !
Салам !	Salut !
Тынг æхсызгон мын у дæ (уæ) фенд !	Enchanté de te (vous) voir !
Мæнæн дæр !	Moi aussi !
Кæдæй–уæдæй !	Enfin !
Кæм фесæфттæ (фесæфтыстут) ?	Où donc étais-tu passé ?
Мидæмæ !	Entrez, bienvenue !
Куыд цæрыс (цæрут) ?	Comment vas-tu (allez-vous) ?
Бузныг, хорз ; Бузныг, дзæбæх.	Bien, merci.
Бузныг, тынг хорз; Бузныг, иттæг хорз !	Merci, très bien !
Ды (сымах) та ?	Et toi (vous ?)
Ницы мын (нын) у.	Pas mal.
Ардыгæй дæумæ.	Comme ci-comme ça.
Цæй уæдæ !	A bientôt !
Фæндараст !	Au revoir ! (à celui qui part)
Хорзæй баззай !	Au revoir ! (à celui qui reste)

Дзæбæх у (ут) !	Porte-toi (portez-vous) bien !
Æнæниз у (ут) !	Porte-toi (portez-vous) bien !
Хæрзбон !	Bonne journée !
Хæрзизæр у (ут) !	Bonne soirée !
Хæрзæхсæв у (ут) !	Bonne nuit !
Цæй, аз фæцæуын (мах фæцæуæм).	Bon, j'y vais (nous y allons).
Дæ (уæ) бинонтæн салæмттæ ратт(ут) !	Salue(z) les vôtres de ma part.
Дæ (уæ) фæндаг раст ! (фæндараст)	Bon chemin !
Хорзыл æмбæл(ут).	Bonne chance !

Présentations, façons de s'adresser aux interlocuteurs

Хæлар (хæлæрттæ) ! Æфсымæр (æфсымæртæ) !	Ami(s) ! Frère(s) !
Зынаргъ æмбал (æмбæлттæ) !	Cher(s) ami(s) !
Бахатыр кæн (ут)	Excusez-moi (pour attirer l'attention).
Байхъус(ут)-ма	Ecoutez...
Зæгъ(ут)-ма, дæ (уæ) хорзæхæй	Dites-moi, s'il vous plaît,...
Мæхи дын бацамонон	Je me présente…
Æз дæн	Je suis...
Мæ ном у...	Je m'appelle...
Тынг æхсызгон мын у демæ (уемæ) кæй базонгæ дæн.	Très heureux de faire connaissance avec toi (vous).
Рагæй мæ фæндыди демæ (сымахимæ) базонгæ уын.	Il y a longtemps que je voulais faire ta (votre) connaissance.
Бар мын ратт(ут) æмæ уæ базонгæ кæнон ме'мбалимæ (мæ хæлæримæ, ме'рдхордима)	Permets (permettez)-moi de vous présenter mon ami(e)
Кам кусыс (кусут) ?	Où travailles-tu (travaillez-vous) ?
Кæм ахуыр кæныс (кæнут) ?	Où fais-tu (faites-vous) tes (vos) études ?
Æз кусын скъолайы (больницæйы, институты, заводы).	Je travaille dans une école (un hôpital, un institut, une usine).
Æз ахуыр кæнын университеты.	J'étudie à l'université.

Кæмæй кусыс (кусут)?	Quel est ton (votre) métier ?
Æз дæн ахуыргæнæг (дохтыр, фыссæг, нывгæнæг, инженер, шофер, кусæг, студент)	Je suis enseignant (médecin, écrivain, artiste, ingénieur, chauffeur, ouvrier, étudiant).
Кæм цæрыс (цæрут) ?	Où vis-tu (vivez-vous) ?
Кæцонау дзурæм ?	Quelle langue allons-nous parler ?
Иронау, францусагау (францагау), уырыссагау, англисагау ...	Ossète, français, anglais, russe...
Æз англисагау не 'мбарын	Je ne comprends pas l'anglais
Ницы кæны, æз тæлмац кæндзынæн.	Ça ne fait rien, je vais traduire.
Æз немыцагау хорз (æвзæр) дзурын.	Je parle bien (mal) allemand.
Æз ахуыр кæнын гуырдзиаг (испайнаг, украйнаг...) æвзаг.	J'apprends le géorgien (l'espagnol, l'ukrainien).
Иронау фыссын зоныс ?	Peux-tu écrire en ossète ?
Нæ, тынг хорз нæ фыссын иронау.	Non, je ne l'écris pas très bien.

Remerciements

Бузныг.	Merci.
Стыр бузныг.	Merci beaucoup.
Арфæгонд у (ут).	Je te (vous) remercie
Бузныг, хорз (мæ) нæ кæй суазæг кодтай (кодтат), уый тыххæй.	Merci pour ton (votre) accueil chaleureux.
Ницы кæны.	Ce n'est rien.
Тыхсгæ ма кæн(ут).	Ne t'inquiète (vous inquiétez) pas.
Табуафси.	Je vous en prie.

Accord, désaccord

Æз (демæ, сымахимæ) разы дæн.	Je suis d'accord avec toi (avec vous).
Æцæгæй.	Vraiment, en vérité.
Раст зæгъыс (зæгъут).	Tu dis (vous dites) vrai.
О, афтæ у.	C'est bien ainsi.
Уæдæ нæ !	Pas vrai ?

Иттæг раст.	Tout à fait exact.
Мæнмæ гæсгæ, уый раст у.	A mon avis, c'est vrai.
Æнæ сразы уыл нæй.	On ne peux qu'être d'accord avec vous.
Нæ, æз разы нæ дæн.	Non, je ne suis pas d'accord.
Æнæмæнг.	Incontestablement.
Уый раст нæу.	C'est inexact.
Уый мæ зæрдæмæ нæ цæуы.	Ça ne me plaît pas.
Уый мемæ разы нæу.	Il n'est pas d'accord avec moi.
Æппындæр нæ.	Pas du tout.
Афтæ нæ вæййы.	Non ! Pas possible !
Мæн нæ фæнды.	Je ne veux pas, je n'en ai pas envie.
Уый мæн нæ уырны.	Je ne le crois pas.
Гæнæн нæй.	Il n'y a rien à faire.

Excuses

Бахатыр кæн (кæнут), - **бахъыгдардтон дæ (уæ)** - **байрæджы кодтон** - **бафæстиат дæн** - **дæ ныхас дын райстон** - **ферох мæ и(с)** - **нæ дæ (уæ) бамбæрстон.**	Excuse(z)-moi, - je t'ai (vous ai) gêné - je suis en retard - j'ai été retenu - je t'ai interrompu - j'ai oublié - je n'ai pas compris
Хатыр дæ (уæ) курын.	Je te (vous) prie de m'excuser.
Уый мæн аххос у.	C'est ma faute.
Хъыг мын у, фæлæ мæ бон ницы у.	Je suis désolé(e), mais je ne peux rien faire.
Тынг хъыг мын у.	Je regrette beaucoup.
Фæсмон кæнын.	Je regrette
Дæу бафхæрын мæ нæ фæндыди.	Je ne voulais pas t'offenser.
Ницы кæны.	Ce n'est rien.
Цы нæ вæййы.	Ça arrive, ce n'est pas grave.
Ферох дæ уæд.	Oublie cela.
Дæу (сымах) аххос нæу.	Ce n'est pas ta (votre) faute.

Etonnement, doute

Æцæгæй ?	Vraiment ?
Диссаг у (диссæгтæ) !	Etonnant !
Афтæ нæ вæййы !	Non ? Impossible !
Æмбисонд нæу ?	N'est-ce pas étonnant ?
Цытæ дзурыс !	Que dis-tu là ?
Диссæгтæ-æмбисæндтæ !	Très surprenant !
Ма дзур !	Quoi ! Eh bien, dis donc !
Чи йæ зоны...	Qui sait...
Нæ мæ уырны.	Je ne peux pas le croire.

Âge

Цал азы дыл цæуы ?	Quel âge as-tu ?
Мæныл (уыуыл) цæуы ... азы.	J'ai (il, elle a) ..... ans.
Кæд (кæцы азы) райгуырдтæ ?	En quelle année es-tu né(e) ?
Æз райгуырдтæн ... азы.	En ....
Ды та ?	Et toi ?
Сымахæй хистæр (кæстæр) чи у ?	Qui d'entre vous est l'aîné (le cadet) ?
Æз дæуæй (сымахæй) дыууæ азы хистæр дæн.	Je suis ton (votre) aîné de deux ans.
Уый æрыгон (ацæргæ, зæронд) у.	Il est jeune (d'âge mûr, vieux).

La famille

Мæнæн ис	J'ai
- фыд	- un père
- мад	- une mère
- хотæ	- des soeurs
- æфсымæртæ	- des frères
- сывæллæттæ	- des enfants
- лæппу	- un fils
- чызг	- une fille
- фыды мад	- une grand-mère (paternelle)
- фыды фыд	- un grand-père (paternel)
- мады фыд	- un grand-père (maternel)
- мады мад	- une grand-mère (maternelle)

- хæрæфырттæ **- æрвадæлтæ.**	- des neveux (nièces) - des parents.
Чындзыцыд (мойгонд) дæ ? **Бинонтæ дын ис ?**	Tu es mariée ? Tu es marié ?
Сиахс	Gendre
Чындз	Fiancée
Хицау	Beau-père
Æфсин	Belle-mère
Цæгат	Famille de la fiancée
Лæг	Mari
Ус, бинойнаг	Femme

Invitation

Райсом дæ (уæ) æхсæвæрмæ (сихормæ) нæхимæ хоньн.	Je t'invite (vous invite) à dîner (déjeuner) demain.
Стыр бузныг, æнæмæнгæй æрбацæудзынæн (æрбæцæудзыстæм).	Merci beaucoup, je viendrai (nous viendrons) sans faute.
Бахатыр кæн, фæлæ райсом мæ бон æрбацæуын нæ уыдзæн.	Excuse moi, mais je ne pourrai venir demain.
Райсом мæ не 'вдæлы.	Demain, je suis pris.
Æмбæлы уæм ?	On peut entrer ?
Дæ (уæ) хорзæхæй, мидæмæ рацу (рацæут).	S'il te (vous) plaît, entre(z).
Табуафси, сбад(ут) .	Je t'en prie (vous en prie), assieds-toi (asseyez-vous).
Ацаходут дзы.	Goûtez.
Уæхи хорз фенут.	Servez-vous copieusement.
Æфсæрмы ма кæнут.	Ne vous gênez pas.
Дæ (уæ) минас бирæ !	Merci pour votre hospitalité.
Чъиритæ (дзидза, карк ...) фенут.	Essayez les tourtes (la viande, le poulet...).
Цæхх ма мын авæр, дæ хорзæхæй.	Passe(z)-moi le sel, s'il vous plaît.
Фæкæсон (фæкæсæм) дæм ?	On peut t'aider (vous aider) ?
Аххуыс дын (уын) кæнæм ?	On peut t'aider (vous aider) ?
Бузныг, бæркадджын ут.	Merci, puissiez-vous jouir de l'abondance.

Хæлæр дын (уын) уæд.	A ta (votre) santé.

Félicitations, voeux

Арфæ дын (уын) кæнын !	Je te (vous) félicite !
Бæрæгбоны хорзæх дæ (уæ) уæд !	Bonne fête (à toi - à vous) !
Дæ гуыræнбоны хорзæх дæ уæд !	Bon anniversaire !
Ног азы хорзæх дæ (уæ) уæд !	Bonne année !
Арфæта ракæн дæ бинонтæн.	Mes meilleurs voeux à votre famille.
Æнæниз у (ут) !	Bonne santé (à toi - à vous) !
Хорз амонд дæ (уæ) хай!	Sois (soyez) heureux !
Уæлахиз у (ут) !	Bonne chance !
Фæндараст !	Bon voyage !
Мæ зæрдæ дын (уын) зæгъы **- æнæниздзинад** **- æнтыстытæ** **- рæсугъд цард.**	Je te (vous) souhaite - la santé - le succès - une belle vie.

La date, le temps

Абон кæцы нымæц у ?	Quel jour (date) sommes-nous ?
Абон у фæндзæм октябрь.	Le cinq octobre.
Абон цы бон у ?	Quel jour (de la semaine) sommes-nous ?
Абон у къуырисæр (дыццæг, æртыццæг, цыппæрæм, майрæмбон, сабат, хуыцаубон).	Lundi (mardi, mercredi, jeudi, vendredi, samedi, dimanche).
Раджы	Tôt
Æрæджы	Tard
Райсомæй (бонæй, изæрæй, æхсæвыгон)	Le matin (le jour, le soir, la nuit)
Афоныл	A temps
Æнафон	Pas à temps
Æндæрæбон	Avant-hier
Знон	Hier
Абон	Aujourd'hui

Райсом	Demain
Иннæбон	Après-demain
Райсом	Matin
Бон	Jour
Æмбисбон	Midi
Изæр	Soir
Æхсæв	Nuit
Æмбисæхсæв	Minuit
Къуыри	Semaine
Мæй	Mois
Афæдз, аз	Année
Фарон	L'année dernière
Æцы аз	Cette année
Иннæ аз	L'année prochaine
Сахат дæм ис ?	Tu as l'heure.
Цал сахаты у? Рæстæг цас у ?	Quelle heure est-il ?
Бахатыр кæн, рæстæг ма мын зæгъ ?	Dis (dites), s'il vous plaît, quelle heure est-il ?
Табуафси, ныртæккæ у дыууæ сахаты.	Je vous en prie, il est deux heures.
Дыууæ сахаты æмæ дæс минуты.	Deux heures dix
Дыууæ сахаты дæс минуты хъуаг.	Deux heures moins dix.
Фондз сахаты æмæ 'рдæг	Il est deux heures et demi.
Дыууæмæ æввахс.	Environ deux heures.
Дæ сахат раст цæуы ?	Votre montre est exacte ?
Мæнмæ гæсгæ, дæ сахат фæстæ зайы.	Il me semble que votre montre retarde.
Мæ сахат раздæр цæуы.	Ma montre avance.
Иу чысыл мæм фæкæс(ут).	Attends (attendez)-moi un peu.
Æз тагъд кæнын.	Je suis pressé.
Байрæджы кодтон.	Je suis en retard.
Æз фæлидзын.	Je cours.

Les couleurs

æрвхуыз	bleu clair
æвзистхуыз	argent

бур	jaune
кæрдæгхуыз	vert
морæ	marron
сау	noir
сырх	rouge
цъæх	bleu
фæлурс	clair
ирд	éclatant
тар	sombre

A l'hôtel

Кæцы фысымуаты цæрдзыстæм ?	Dans quel hôtel allons-nous résider ?
Нæ фысымуат кæцы бынаты ис ?	Où se trouve notre hôtel ?
Нæ фысымуат центры ис ?	Notre hôtel se trouve dans le centre ?
Мæн хъæудзæн иу иубынатон (дыууæбынатон) уат.	Il me faut une chambre à une place (à deux places).
Нæ фысымуат тынг зæрдæмæдзæугæ у.	Cet hôtel est très agréable.
Ацы фысымуат мæ зæрдæмæ нæ цæуы.	Cet hôtel ne me plaît pas.
Цал боны фæуыдзынæ (фæуыдзыстут) нæ фысымуаты ?	Combien de temps passerez-vous (sing. / pl.) dans notre hôtel ?
Мæ дæгъæл ма мын авæр (ут).	Je voudrais la clef
Ацы уаты табако дымæн ис ?	Peut-on fumer dans cette chambre ?
Мæ уат цæттæ у ?	Est-ce que ma chambre est prête ?
Мæн фæнды бафидын.	Je voudrais payer.
Æз райсом цæугæ кæнын.	Je pars demain.
Уæ хорзæхæй, авд сахатыл мæ райхъал кæнут.	S'il vous plaît, réveillez-moi à sept heures.
Тæгъд-иу фæстæмæ æрбацу (æрбацæут).	Reviens (revenez) bientôt.

En ville

Бахатыр кæн, кæуылты ацæуæн ис **- ирон театрмæ** **- Къостайы уынгмæ** **- университетмæ** **- литературон музеймæ** **- паркмæ** **- киномæ** **- стæдионмæ** **- аргъуанмæ ?**	Excusez-moi, comment aller - au théâtre ossète - rue K'osta - à l'université - au musée de littérature - au parc - au cinéma - au stade - à l'église ?
Ардыгæй дард (хæстæг) у ?	C'est loin (près) d'ici ?
Фистæгæй ацæуон (ацæуæм) æви машинæйæ ?	Je peux (nous pouvons) y aller à pied, ou en voiture ?
Æз рагæй на уыдтæн ацы сахары æмæ йæ хорз нал зонын.	Il y a longtemps que n'ai pas séjourné dans cette ville et je ne la connais plus bien.
Уæ горæт мæ зæрдæмæ тынг цæуы.	Votre ville me plaît beaucoup.
Æз фæндаг нæ зонын.	Je ne connais pas le chemin.
Дæ хорзæхæй, ацы уынг куыд хуыйны, уый ма мын зæгъ.	Dites-moi, s'il vous plaît, comment s'appelle cette rue.
Æз агурын сæйраг библиотекæ.	Je cherche la bibliothèque centrale.
Урыссаг театрмæ кæцы трамвай цæуы?	Quel tramway va au théâtre russe ?
Автобус (трамвай, такси) кæм æрлæууы?	Où s'arrête l'autobus (le tramway, le taxi) ?
Автобусы мидæг билет балхæнæн ис?	Peut-on acheter son billet dans l'autobus ?
Дæ хорзæхæй, кæм хизын хъæуы, уый мын зæгъ.	Dites-moi, s'il vous plaît, où je dois descendre.
Æз мæ фæндаг фесæфтон. **Æз фæдзагъæл дан.**	Je suis perdu.
Дæ хорзæхæй, «Интурист» фысымуатмæ мын фæндаг бацамон.	Montrez-moi, s'il vous plaît, le chemin de l'hôtel « Intourist ».
Фыццаг раст ацу, уый фæстæ галиу (рахиз) 'рдæм баздæх.	Allez d'abord tout droit, puis tournez à gauche.

Ацы автобус (трамвай, троллейбус) центрмæ цæуы?	Cet autobus (tramway, trolleybus) va au centre ville ?
Æз поездæй (хæдтæхæнæй) ацæудзынæн	J'irai en train (en avion)
Хæдтæхæн алы бон тæхы Мæскуымæ ?	Il y a un vol quotidien pour Moscou ?
Хæдтæхæн Мæскуымæ цал сахаты тæхы ?	Combien dure le vol jusqu'à Moscou ?
Цал сахатыл ныххæццæ уыдзыстæм ?	A quelle heure arriverons-nous ?
Æрхæццæ стæм!	Nous sommes arrivés !

Le temps

Абон **- уазал** **- хъарм** **- тæвд** **- хур** **- асæст** **-Мигъ бон у**	Aujourd'hui, il fait - froid - chaud (tiède) - très chaud - soleil - maussade - C'est un jour de brouillard.
Абон замманай уалдзæг (сæрд, фæззæг, зымæг) бон у.	Aujourd'hui est un merveilleux jour de printemps (d'été, d'automne, d'hiver).
Хур кæсы (судзы).	Le soleil brille (chauffe).
Къæвда (мит, их) уары.	Il pleut (il neige, il grêle).
Бон фæцыбыр (фæдаргъ) кæны.	Le jour raccourcit (s'allonge).
Мит тайы.	La neige fond.
Дымгæ дымы.	Le vent souffle.
Райсом цавæр боныхъæд уыдзæн ?	Quel temps fera-t-il demain ?
Куы къæвда уары, куы хур кæсы.	Tantôt il pleut, tantôt le soleil brille.

Distractions, repos

Мæн фæнды **- киномæ** **- театрмæ**	Je veux aller - au cinéma - au théâtre

- музыкалон театрмæ **- концертмæ** **- хæрæндонмæ** **- хохмæ** **- стæдионмæ** **- денджызы былмæ ацæуын .**	- au théâtre musical - au concert - au restaurant - à la montagne - au stade - à la mer.
Кæд райдайдзæн (фæуыдзæн) кино ?	Quand commencera (se terminera) le film ?
Цавæр кино цæуы абон ?	Quel film passe aujourd'hui ?
Дæ хорзæхæй, астæумæ мын дыууæ билеты авæр.	Donnez-moi, s'il vous plaît, deux places centrales.
Нæ бынæттæ нын бацамонут, уæ хорзæхæй.	Montre-nous nos places, s'il vous plaît.
Цавæр равдыст (концерт, кино) уыдзæн ахсæв ?	Quel spectacle (concert, film) y aura-t-il ce soir ?
Мæн фæнды исты рæуæг спектакль фенын.	Je voudrais voir un spectacle léger.
Чи сывæртта ацы равдыст ?	Qui a mis en scène ce spectacle ?
Чи ныффыста йæ сценари ?	Qui a écrit son scenario ?

Au magasin

Цал сахатыл байгом вæййынц дуканитæ ?	A quelle heure ouvrent les magasins ?
Мæн фæнды газеттæ балхæнын.	Je voudrais acheter le journal.
Æз агурын...	Je cherche...
- универмаг (цум) **- чингуыты дукани** **- афтек** **- базар** **- хæлцадон** **- лæвæртты дукани.**	- un grand magasin - une librairie - une pharmacie - un bazar - un magasin d'alimentation - une boutique de cadeaux.
Ирон-уырыссаг (уырыссаг-ирон, этимологон) дзырдуат уæм ис ?	Avez-vous un dictionnaire ossète-russe (russe-ossète, étymologique) ?
Дæ хорзæхæй, мæнæ дын йæ фæстаг рауагъд (мыхуыр).	Voici la dernière édition.
Исты ног ирон чингуытæ уæм ис ?	Avez-vous de nouveaux livres en ossète ?

Мæн хъæуы простудæйы хос. Цы мын бауынаффæ кæндзынæ ?	Il me faut un remède contre le rhume. Que me conseillez-vous ?
Мæнæн мæ **- дæндаг** **- хъус** **- сæр** **- фæсонтæ** **- ахсæн** **- къух... риссы.**	J'ai mal - à une dent - à l'oreille - à la tête - au dos - à l'estomac - à la main...
Сæры хос мын авæр, дæ хорзæхæй.	Donnez-moi, s'il vous plaît, un médicament contre la migraine.
Æз агурын **- ног ахст цыхт** **- цæхджын цыхт** **- стыр хæрзад пъæмидортæ** **- цæхæрайы сыфтæ** **- хохаг картæфтæ** **- сырх хъæдур** **- цъæх (сырх) цывзы** **- рæгъæд фæткъуытæ.**	Je cherche - du fromage frais - du fromage salé - de bonnes grosses tomates - des feuilles de betterave - des pommes de terre des montagnes - des haricots rouges - un piment vert (rouge) - des pommes mûres.
Иу гыццыл мын прындз (дзидза, къалбас, сæкæр, ссад, къаффеттæ) абар, дæ хорзæхæй.	Pesez-moi, s'il vous plaît, un peu de riz (de viande, de saucisson, de sucre, de bonbons).
Цавæр къалбас дæ хъæуы ?	Quel saucisson voulez-vous ?
Цавæр лæвар агурыс (-ут) ?	Quel cadeau cherchez-vous ?
Мæн хъæуы ирон кæлмæрзæн.	Il me faut un châle ossète.
Дæ хорзæхæй, ацы **- хъама** **- хъæдын къус** **- æвзист рон** **- риуæгънæджытæ** **- нымæт худ** **- хызын** **- ныв... мын равдис.**	Montrez-moi, s'il vous plaît, ce(tte) - poignard - tasse en bois - ceinture d'argent - parure pectorale - chapeau de feutre - sac - tableau...
Ай къухæй конд у ?	C'est fait main ?
Тынг арæхст куыст у.	C'est un très beau (artistique) travail.
Мæ зæрдæмæ тынг цæуы.	Il (elle) me plaît beaucoup.

Дзæбæхдæр уæм исты ис ?	Avez-vous quelque chose de mieux ?
Зæлдаг (къуымбил) кæлмæрзæн у ?	C'est un châle en soie (en laine) ?
Ай æгæр **- стыр** **- гыццыл** **- уæрæх** **- уынгæг** **- тар** **- ирд** **- даргъ** **- цыбыр** **- уæззау** **- æрыгон у.**	C'est trop - grand - petit - ample - serré - foncé - vif - long - court - lourd - récent.
Йæ аргъ цас у ?	Combien cela coûte-t-il ?
Ай тынг зынаргъ (аслам) у.	C'est très cher (bon marché).
Дæ хорзæхæй, батух мын æй.	S'il vous plaît, emballez-le moi.

Au restaurant

Уæ бон хорз, бынат уæм ис ?	Bonjour, il y a de la place ?
Уæ хорзæхæй, æрбахизут.	Par ici, s'il vous plaît.
Цæмæй нæ фендзыстут ?	Que nous proposez-vous ?
Дæ хорзæхæй, æрбахæсс нын **- цæхджынтæ** **- хъæрхуыпп** **- чъиритæ** **- уæлибæхтæ** **- картофджынтæ** **- фыдджынтæ** **- лывзæ** **- карчы фыд** **- кæсаг.**	S'il vous plaît, apportez-nous - des légumes marinés au vinaigre - une soupe - des tourtes - des tourtes au fromage - des tourtes à la pomme de terre - des tourtes à la viande - de la viande en sauce - du poulet - du poisson.
Нуазгæ цы кæнут ?	Que boirez-vous ?
Суадоны дон **Минералон дон** **Хъæрмыдон** **Ирон бæгæны** **Арахъ**	De l'eau de source De l'eau minérale De l'eau de Qærmydon De la bière ossète De l'eau-de-vie

Сырх (урс) сæн **Цай** **Къофи** **Къофи æхсыримæ.**	Du vin rouge (blanc) Du thé Du café Du café au lait.
Алцы дæр уыди тынг хæрзад.	Tout était très bon.
Уæ минас бирæ	Merci pour le repas.

ANNEXES

Différences entre les dialectes iron et digor

Quelques différences phonétiques

DIALECTE IRON	DIALECTE DIGOR	DIFFÉRENCES
хур, дур, сур	**хор, дор, сор**	[u / o]
фырт, фын, сырд	**фурт, фун, цурд**	[y / u]
иу, мигъ, тигъ	**еу, меугъæ, тегъæ**	[i / e]
фыд, фыст, мыст	**фидæ, финст, мистæ**	[y / i]
хъуг, хъус, хъуын	**гъог, гъос, гъун**	[q / gh]
гом, тауын	**игом, итауын**	Conservation fréquente en digor de [i-] initial.
чиныг, чызг	**кинугæ, кизгæ**	[tch / k]

Comme on le voit, ces différences concernent aussi bien les voyelles que les consonnes.

Différences lexicales

Des divergences existent dans la désignation d'objets ou d'activités propres à certaines régions (« ethnographismes »), et aussi dans le sens de certains termes (dialectismes sémantiques ; ex : **аргъауын** [arghawyn] = iron « célébrer un service religieux », mais digor « lire »).

IRON	DIGOR	SIGNIFICATION
гæды	**тикис**	chat(te)
рудзынг	**къæразг**	fenêtre
сыгъдæг	**кæдзос**	propre, pur
фыцын	**ирауын**	cuire
æфсон	**рæуанæ**	motif, prétexte

Quant aux divergences morphologiques et syntaxiques, elles sont insignifiantes et se manifestent essentiellement dans la conjugaison des verbes et la flexion nominale :

IRON	DIGOR	DIFFÉRENCE
адæймаг	**адæймагæ**	Désinence [**-æ**] du nominatif digor
адæймагыл	**адæймагбæл**	désinence de l'adessif
адæймагимæ	**адæймаги хæццæ**	désinence du comitatif
дæсæн	**дæсемæн**	suff. de nom déverbal
кусут	**косетæ**	2e prs. pl. présent indicatif
кусдзыстæм	**косдзинайтæ**	2e prs. pl. futur indicatif
дарын	**дарун**	désinence de l'infinitif

Un récit narte

Схуалийы мæликк

Нартыл фыд аз, фыд дуг скодта.

Хæлттæ æппæрстой, фосы хизынмæ чи аскъæра, ууыл, æмæ Уырызмæджы хал схаутта: хъуамæ сæ уый аскъæрдтаид Схуалийы мæличчы бæстæм.

Уыцы бæстæ афтæ уыд, æмæ йæ дыргътæй иу дидинæг афтыдта, иннæ згъæлгæ кодта, аннæ хæрынæн бæззыд.

Уырызмæг схъынцъым:
-Ацы хъуыддаг мæ бон нал бауыдзæн, базæронд дæн æмæ мæ бон нал у уырдæм цæуын.

Сатана йын зæгъта:
-Мæ мын тæрс, зæронд лæг, æз сæ аскъæрдзынæн дæ бæсты.

Райсом Сатана рацыди, Уырызмæджы дарæс йæ уæлæ скодта, йæ нымæт ын райста, йæ даргъ дзыккутæ болат хæсгардæй ралыг кодта, йæ гæрзтæ райста Уырызмæгæн, йæхæдæг нарты раз æрлæууыди æмæ сын загъта: уæ фос раскъæрут, Схуалийы бæстæм сæ скъæрын.
Сатана сæ иудзæвгар фæхызта. Уæд Мæликк акаст æмæ фæдис и:
- Чи куыдз, чи хæрæг, уый мæ бæстыл чи хизы? Ардæм æй ракæнут!

Фосæн хъарагъултæ баурæдтой æмæ Сатанайы ’ркодтой мæликкмæ. Мæликк Сатанайы бафарста:
- Мæ бæстæм цæмæн æрыскъæрдтай?

Сатана йын загъта:
-Цы кæнон, фыд аз нæм скодта, Уырызмæджы хал схаудта, æз йæ искæйон дæн, æмæ сæ уый бæсты хизын.

Мæликк йын загъта:
-Хиз сæ, æрмаст мын Сатанайы мæ къухты бафтау.

Сатана йын дзырд радта:
-Уыцы бон мæм æрцу, æмæ дын æй дæ къухты бафтаудзынæн.

Сатана хæйрæг уыд æмæ Уырызмæгæн загъта:
-Ды дæхи ма равдис, мæхи мын бауадз уцы лæгимæ.

Лæг дын æрхæццæ. Сатана рагæпп ласта, йæ бæх ын райста, хор-хос ын ныккодта, бафснайдта йæ. Уый фæстæ хæдзармæ бацыдысты, æмæ маличчы къæлæтджыныл æрбадын кодта, Уырызмæджы фæсдуар бамбæхста.
Сатана Схуалийы мæличчы бафарста:
-Дæ уд кæм ис, уый мын бацамон, æмæ дын æй ныхсон.
-Де 'ддæ цæджындзыл и, - загъта Схуалийы мæликк.

Сатана æхсын куы райдыдта, уæд мæликк бахудт æмæ загъта:
-Уым цы ми кæны мæ уд ? Дæ разы къонайы ис.

Сатана къонайы куы райдыдта 'хсын, уæд ын Схуалийы мæликк загъта:
-Уым цы ми кæны мæ уд ? Уæртæ авд æфцæджы æддейæ ис мæ уд, саджы хуылфы.

Уырызмæг айхъуыста уыцы ныхæстæ. Сатана мæликкæн ронг бадардта, æмæ мæликк афынæй.

Уырызмæг абадти йе 'фсургъыл, йæ егармæ фæдзырдта æмæ авд æфцæгыл ахызт. Уым федта – фараст хосдзауы кæрдынц хос. Уырызмæг сæм куы баввахс, уæд сæ фæрсы:
-Цы ми кæнут ?

Уыдон ын загътой:
-Ам æрвылбон нæ туг калæм, не 'лдарæн иу саг ис, æмæ сæ уый ныхъуыры.
-Гыццыл мын æмбæхсæн ныууадзут, æмæ уæ æз фервæзын кæндзынæн.

Уалынджы æрцыди саг фырттытæгæнгæ. Уырызмæг æм топп фæцæрæзта, æмæ - дæ балгъитæг афтæ ! Акъæртт кодта саджы. Саджы хуылфæй тæрхъус рагæпп кодта, егар æй асырдта æмæ йæ рацахста.

Уырызмæг акъæртт кодта тæрхъусы æмæ дзы æртæ бæлоны систа: иуы, йæ уд уыд мæликкæн, иннæйы – ныфс, æртыккаджы – йæ тых. Уырызмæг сыскъуыдта мæликкæн йæ ныфс æмæ йæ тых, фæлæ йын йæ уд ныууагъта.

Æрхæццæ и Уырызмæг йæ хæдзармæ. Мæликк нал æзмæлыд – базыдта йæ хуыцауы цæф, лæгъзтæ ма кодта:
-Мæ уд мын ма аскъуынут !

Уыдон æй нал ныууагътой, йæ уды къубал ын аскъуыдтой æмæ йæ авд æфцæджы сæрты аппæрстой.

Le roi de Skhouali

Les Nartes connurent une mauvaise année, un mauvais sort.

Ils tirèrent au sort celui qui devrait paître le bétail, et c'est Wyryzmæg qui fut choisi : il devait mener le bétail dans le pays du roi de Skhouali [37].

Ce pays était tel, que pendant que l'un de ses fruits était en fleur, un autre mûrissait, et le troisième était déjà mûr.

Wyryzmæg s'inquiétait :
-Cette tâche est au-dessus de mes forces, je suis trop vieux et je ne peux plus y aller.

Satana[38] lui dit :
-Ne crains rien, vieil homme, j'emmènerai les bêtes à ta place.

Le lendemain, Satana sortit, mit les vêtements de Wyryzmæg, prit son manteau, coupa ses longs chevaux au moyen de ciseaux d'acier, prit les armes de Wyryzmæg ; elle se présenta aux Nartes et leur dit : faites venir vos bêtes, je les ferai paître au pays de Skhouali.

---

[37] Pays mythique ; on a proposé de l'identifier à la Chorasmie (Khwarezm / Khvalis) des rives de la mer d'Aral.

[38] Ce récit, comme beaucoup d'autres, montre Satana sauvant les Nartes ; il est remarquable qu'elle se travestisse en homme et porte les armes, telle une « amazone » sarmate de l'Antiquité. Le cas n'est pas unique dans l'épopée.

Satana fit paître les bêtes un certain temps. Alors le roi les aperçut et s'alarma :
-Quel chien, quel âne se trouve sur mes terres ? Amenez-le ici !

Les gardes s'emparèrent du troupeau et amenèrent Satana au roi. Le roi demanda à Satana :
-Pourquoi as-tu mené tes bêtes dans mon pays ?

Satana lui dit :
-Qu'y faire, nous avons eu une mauvaise année, le sort est tombé sur Wyryzmæg, je suis son parent et je pais les bêtes à sa place.

Le roi lui dit :
-Pais-les, mais arrange-toi pour mettre Satana en mon pouvoir.

Satana lui dit ces mots :
-Viens chez moi le jour que te fixe, et je te la livrerai.

Satana était une vraie diablesse, et elle dit à Wyryzmæg :
-Ne te montre pas, laisse-moi m'occuper de cet homme.

L'homme vint. Satana bondit vers lui, prit son cheval et lui donna à boire et à manger, le mit à l'écurie. Ensuite ils entrèrent dans la maison, elle fit asseoir le roi dans un fauteuil ; elle cacha Wyryzmæg derrière la porte.

Satana demanda au roi :
-Montre-moi où se trouve ton âme, je vais la nettoyer.
-Elle est à l'extérieur, sur un poteau, dit le roi de Skhouali.

Lorsque Satana commença à nettoyer le poteau, le roi de Skhouali dit :
-Que ferait là mon âme ? Elle est devant toi dans la chaîne du foyer.

Lorsque Satana commença à nettoyer la chaîne, le roi dit :
-Que ferait là mon âme ? Elle est derrière cette colline, à l'intérieur d'un cerf.

Wyryzmæg entendit ces propos. Satana proposa du *rong* [39] au roi, et le roi s'endormit.

---

[39] Boisson mythique.

Wyryzmæg monta sur son destrier, appela son chien et s'en fut derrière cette colline. Là, il vit que neuf faucheurs fauchaient l'herbe. Quand il fut près d'eux, il leur demanda :
-Que faites-vous ?

Ils répondirent :
-Nous trimons jour et nuit, notre prince possède un cerf qui dévore tout ce que nous fauchons.
-Laissez-moi une petite place pour me cacher, et je vais vous libérer.

A ce moment, le cerf arriva en soufflant. Wyryzmæg le visa de son fusil, et - que tel soit le sort de ton ennemi ! Il ouvrit le cerf. Des entrailles du cerf s'élança un lièvre, le chien le poursuivit et l'attrapa.

Wyryzmæg ouvrit le lièvre et en sortit trois colombes : dans l'une se trouvait l'âme du roi, dans une autre son espoir, et dans la troisième sa force. Wyryzmæg déchira l'espoir et la force du roi, mais épargna son âme.

Wyryzmæg rentra chez lui. Le roi ne bougeait plus ; il comprit le coup du sort et supplia encore :
-Ne déchirez pas mon âme !

Ils ne l'épargnèrent pas, ils tordirent le cou à son âme et la jettèrent derrière sept collines.

D'après : *Нарты. Осетинский героический эпос в 3х книгах*, Москва, Наука, 1990. Trad. L. Arys-Djanaïéva et I. Lebedynsky.

Une prière traditionnelle ossète

Ног азы куывд

Хуыцау, табу де стырдзинæдтæн фæуæд, нæ нæуæг азы хорзæх нын ратт !
Хуыцау, уæдæ, афæдзæй афæдзмæ дын куывдтæ куыд фæкæнæм, ахæм арфæ ракæн !
Хур- Æртхурон, Хуыцаумæ цæуæг дæ, уæлæмæ хорз хабæрттæ фæхæсс, фæстæмæ нын хорз арфæтæ ракæн !
Уастырджи, нæ кæстæртæ, нæ бæлццæттæ – де уазæг, дзæбæхæй ныл-иу куыд æмбæлой, куывдтæ дын куыд кæнæм, ахæм арфæ ракæн ! Бынаты хицау, бынатæй-иу чи араст уа, уый-иу фæндараст фæкæн, фæстæмæ-иу æй дзагарм, зæрдæрухс, хъæлдзæгæй сæмбæлын кæн ! Быдыры зæдтæ, уæ быдыры сойæ-иу нæ хайджын кæнут !
Хохы дзуæрттæ, быдырмæ-иу нын хорз арфæ ракæнут !
Хоры Уацилла, хорæй-иу нæ æфсис скæн !
Фосы Фæлвæра, дæ фосæй-иу нæ хайджын скæн æмæ дын нывæндтæ куыд кæнæм, ахæм арфæ нын ракæн !

Рухс Еля, цæндæг-уæндæг-иу нæ скæн, фыд æртæхæй-иу нæ бахъаххъхъæн, Еля !

Мыкалгабыртæ, бæрæчет дæттæг стут, нæ къухы чи уа, уым-иу бирæ бæркад куыд уа, бирæ барæчет куыд уа !
Сидæны цæхгæрау уæлæмæ исгæ, бынæй ахадгæ куыд уа, нæ бахъуыды сахат нæхи къухы куыд уа, агурын нæ куыд нæ хъæуа, ахæм арфæ нын ракæнут!
Бирæ кувынæй бирæ хæрзтæ хуыздæр у, æмæ уын бирæ хæрзтæ Хуыцау ракæнæд !

Prière du Nouvel An

Dieu, louée soit ta grandeur, donne-nous la bénédiction de l'année nouvelle !
Dieu, fais que nous te célébrions d'année en année !
Soleil-Feu solaire, toi qui montes vers Dieu, emporte au ciel de bonnes nouvelles et rapporte-nous de bonnes bénédictions !
Wastyrdji ! Nos cadets, ceux d'entre nous qui sont en expédition, sont tes protégés ; qu'ils nous reviennent sains et saufs ; donne-nous de te prier !
Maître du Foyer, fais bonne route à celui qui quitte le foyer, donne-lui de revenir les mains pleines, heureux et joyeux !
Anges des champs, donnez-nous en partage la richesse des champs !
Esprits de la montagne, envoyez-nous votre bénédiction dans la plaine !
Watsilla du grain, nourris-nous de grain !
Fælværa des troupeaux, donne-nous part à ton troupeau et fais en sorte que nous te rendions grâce !

Lumineux Iélia, toi le très résistant, protège-nous de la mauvaise goutte, Iélia !

Mykalgabyrtæ, vous qui donnez l'abondance, ce qu'il y a en notre main, qu'il y en ait à foison, en grande abondance ! Faites qu'en temps de besoin nous ayons ce qu'il nous faut sans avoir à le chercher, à l'instar du chaudron de Sidæn, où l'on puise par le haut pour qu'il se remplisse par le bas !
Beaucoup de biens valent mieux que beaucoup de prières, et donc que Dieu vous accorde beaucoup de biens !

D'après : T. A. Khamitsaïéva, *Памятники народного творчества осетин*, СОИГУ, Vladikavkaz, 1992. Trad. L. Arys-Djanaïéva et I. Lebedynsky.

Chant de Wasgergi (Wastyrdji) - en digor

Уасгергий зар

Табу дин, фæндаги Уасгерги,
Биццеу лæг ка кæнуй,
Байрæг бæх ка кæнуй !
Бæрзæндтæй никкæгмæ нæмæрафæлгæсæ !
Ниллæги ба нæ Хуыцаубæл бафæдзæхсæ !
Мæнæ дæмæ ковæг адæм ковунцæ,
Мæ дæмæ ци ковунцæ, уой син дæтгæ кæндзæнæ !
Фæндараст, фæндараст !
Сæ рахез фæрсти цо !

Chant de Wasgergi

Louange à toi, Wasgergi de la route,
Qui du garçon fais un homme,
Qui du poulain fais un cheval !
De tes hauteurs tourne ton regard vers la plaine, vers nous !
Et danns la plaine confie-nous à Dieu
Voici que te prient ceux qui ont foi en toi (litt. « des gens priant »),
Et ce pour quoi ils te prient, tu le leur donneras !
Bonne route, bonne route !
Sois à leur droite !

Trad. L. Arys-Djanaïéva et I. Lebedynsky.

Lexique ossète-français

A	
А (ацы)	celui-ci (pr.dém.)
Абабау	en aucun cas
Абаргæ	comparatif
Абон	aujourd'hui
Абырæг/ -джытæ	voleur
Авг / æвгтæ	verre
Август	août
Авд	sept
Авдæн	berceau
Автобус	bus, car
Агурын / агуырдт-	chercher (vt)
Агъуыст / -ытæ	bâtiment
Ад	goût
Адæймаг /адæм	homme
Адджын	savoureux, sucré
Адджинад	friandise
Аз / азтæ, æзтæ	1.année 2. âge
Аздæхын / аздæхт-	1. rentrer 2. se tourner, se retourner
Азым	faute
Аив	beau, attirant, artistique
Айвад	art
Ай	celui-ci, celle-ci
Айк / айчытæ	oeuf
Аларды	génie de la variole et d'autres maladies
Алфæмбылæй /-ттæ	1. autour de 2. alentours, environs
Алчи	chacun
Алы	chaque
Алыварс	partout, autour
Алыхуызон	différent, divers
Ам	ici
Амонд	bonheur, sort
Амондджын	heureux
Аннæ	autre
Апп	1.noyau, pépin, graine ; 2. contenu, essence
Аппарын / аппæрст-	1. jeter, rejeter ; 2. perdre (vt)
Апрель	avril

Аразын / аразт-	faire, fabriquer, construire (vt)
Арахъхъ	eau-de-vie
Арæх	souvent
Арв	ciel
(Арв)нæрын	tonner
Арвырон	arc-en-ciel
Арвырттывд	éclair
Аргъ / æргътæ	prix, valeur
Аргъау / -гъæуттæ	conte
Аргъуан	église
Ард / æрдтæ	serment
Ардæм	par ici
Ард халын	se parjurer
Ард хæрын	prêter serment
Ардыгæй	d'ici
Арм /æрмттæ	bras, main
Арт / æртытæ	feu, flamme
Арф	profond
Арфæ	gratitude, remerciement
Архайд / -дтытæ	action, labeur, besogne
Архайын / архайдт-	faire, fabriquer, travailler (vt)
Ас (йас)	quantité, mesure, taille
Асæст	1. nuage ; 2. couvert, gris
Асин	escalier, échelle
Аслам	bon marché
Аст	huit
Астæу	1.a) la taille b) le milieu; 2. parmi
Ауузон	ombre, abri
Афæдз	année, anniversaire
Афон	temps, période, saison
Афонмæ	à temps
Афтæ	ainsi
Афтæмæй	ainsi, cependant
Афтид	vide
Ахизын / ахызт-	avancer (vt)
Ходæн	petit-déjeuner
Ахорæн	teinture
Ахсæв	ce soir, cette nuit
Ахсæн	estomac
Ахсджиагдзинад	besoin
Ахсын / ахсадт-	1. laver (vt)

Ахуыр	études, enseignement
Ахуыр кæнын	apprendre
Аххос	faute, erreur
Ацафон	à l'heure actuelle
Ацы	celui-ci
Ацырдыгай	d'ici, de ce côté
Æ	
Æваст	subitement, soudain
Æвæрын /æвæрдт-	poser (vt)
Æвæццæгæн	peut-être, probablement
Æввахс	près, proche
Æввахсдзинад	proximité
Æвдай	soixante-dix
Æвдæлон	1. vide ; 2. vacant, inoccupé
Æвдгай	par sept
Æвддæс	dix-sept
Æвдисын / æвдыст-	montrer, témoigner, prouver (vt)
Æвзаг / æвзæгтæ	langue, langage
Æвзарын / æвзæрст-	choisir (vt)
Æвзæр	mauvais, méchant, mal
Æвзæрын / æвзæрд-	1. apparaître ; 2. naître ; 3. commencer
Æвзист	argent, argenté
Æви	ou, ou bien
Æвиппайды	immédiatement, aussitôt
Æвналын / æвнæлдт-	1. toucher, effleurer ; 2. commencer, entreprendre (vt)
Æгад	déshonneur
Æгас	1. vivant, en bonne santé 2. entier, intact
Æгæр	trop, excessivement
Æгъгъæд	suffisant
Æгъдау / -дæуттæ	règle, code de comportement
Æгънæг / -джытæ	bouton ; fermeture
Æгъуыст / -стытæ	sans emploi, sans occupation
Æддаг	extérieur
Æдде	en dehors
Æдзух	constamment, toujours
Æдылы	sot, idiot
Æдылыдзинад / -нæдтæ	bêtise, sottise

Ædзæллаг	désordonné, négligent
Æз	moi, je
Æййафын / æййæфт-	1. rattraper, rejoindre ; 2. subir
Ælгъитын / æлгъыст-	1. gronder, blâmer ; 2. être grossier (vt)
Æлдар / æлдæрттæ	prince, seigneur
Æлхæнын, балхæнын / æлхæдт-	acheter, avoir acheté (vt)
Æмæ	et (conj)
Æмбал / -бæлттæ	ami, partenaire
Æмбæлд / -тытæ	rencontre
Æмбаргæ	compréhensif, sensé
Æмбарын / æмбæрст-	comprendre (vt)
Æмбæлын / æмбæлд(т)-	rencontrer, trouver
Æмбæхсын / æмбæхст-	cacher, dissimuler (vt)
Æмбис	moitié
Æмбисæхсæв	minuit
Æмбисонд / -сæндтæ	proverbe, dicton
Æмбулын / æмбылдт-	gagner, vaincre (vt)
Æмбыд	pourri, décomposé
Æмбырд	réunion
Æмгар / -гæрттæ	personne du même age
Æмгъуыд	terme, période
Æмпъузын / æмпъызт-	ravauder (vt)
Æнад	1. insipide ; 2. répugnant
Æнаккаг / -ккæгтæ	indécent, incorrect ; canaille
Æнафон	tardif, malvenu
Æнахуыр	inaccoutumé, bizarre, exceptionnel
Æнаххос	innocent
Æнæбары	involontairement
Æнæбон	faible, frêle, délicat, démuni
Æнæзивæг	infatigable, inlassable
Æнæмæнг	sûrement, obligatoirement
Æнæмбаргæ	incompréhensible, stupide
Æнæпайдæ	1. inutile, vain ; 2. sans intérêt
Æнæфсарм	éhonté, sans vergogne, impudent
Æнæххæст	non-accompli, incomplet
Æнæхъæн	entier
Æнгæс	semblable
Æнгом	1. serré, étroit ; 2. solidaire, uni
Æнгуз	noix
Æнгуылдз	doigt

Æнгуыр	canne, perche
Æндæр(а)	1. autre, différent 2. autrement, sinon
Æндæрæбон	avant-hier
Æнкъард	tristesse, chagrin
Æнтысын / æнтыст-	réussir, parvenir à, atteindre
Æнувыд	appliqué, méticuleux
Æнус	siècle
Æнудæс	dix-neuf
Æнхъæл	espoir, espérance
Æнхъæлмæ кæсын	attendre
Æнцад	calme, serein, placide
Æнцой	1. repos, calme, tranquillité ; 2. appui, soutien, confort
Æнцон	facile, confortable
Æппарын / æппæрст-	jeter (vt)
Æппæлын / æппæлыд(т)-	flatter, vanter
Æппæты (сеппæты)	tout, tous (avec superlatif)
Æппыныдзух	constamment, sans cesse
Æрæгмæ	jusque tardivement
Æрбахæссын / æрбахаст-	apporter, ramené (vt)
Æрбацæуын / æрбацыд(т)-	venir , arriver
Æрвад / æрвадæлтæ	parent éloigné
Æрвитын / æрвыст-	envoyer (vt)
Æрвхуыз	bleu
Æргом	1. clair, évident; 2. en face; 3. visage
Æрдæг /-джытæ	la moitié
Æрдз	nature
Æрдзон	naturel
Æрра	fou
Æртæ	trois
Æртæх	1. goutte ; 2. rosée
Æртиссæдз	soixante
Æртгæнæнтæ	1.allumettes 2. rituel à la mémoire des morts
Æрттивын / æрттывт-	briller, flamboyer
Æртхъирæны мæй	février
Æртыгай	par trois
Æртыккаг	troisième
Æртын	trente
Æртындæс	treize
Æртыццæг	mercredi

Æрфæныфæд	Voie lactée
Æрыгон	jeune
Æстдæс	dix-huit
Æстай	quatre-vingt
Æстгай	par huit
Æфсати	maître des animaux sauvage, protecteur des chasseurs (myth.)
Æфсарм / -сæрмытæ	modestie, timidité
Æфсæн	fer
Æфсæйнаг / -нæгтæ	en fer, ferreux
Æфсин	1. belle-mère (de la femme) ; 2. maîtresse de maison
Æфснайын / æфснайдт-	1. ranger, faire le ménage ; 2. cacher, mettre de côté (vt)
Æфсон / -сæнттæ	cause, prétexte
Æфстау	emprunt
Æфсургъ	cheval mythique
Æхсай	soixante
Æхсар	courage, bravoure
Æхсаргард / -гæрдтæ	sabre
Æхсæв	nuit
Æхсæвæр	dîner
Æхсæз	six
Æхсæзæймаг	sixième
Æхсæзгай	par six
Æхсæн	parmi
Æхсæрдæс	seize
Æхсызгон	agréable, aimable
Æхсын / æхсадт-	laver (vt)
Æхсыр	lait
Æфсадын / æфсæст-	nourrir, rassasier (vt)
Æфсарм	modestie
Æфсин	1. maîtresse de maison ; 2. belle-mère (de la femme)
Æфсон / -сæнттæ	excuse, prétexte
Æфсымæр	frère
Æхгæнын / æхгæдт-	fermer (vt)
Æххормаг	1. faim; 2. affamé
Æххæст	suffisant, plein
Æххуырсын / æххуырст	employer (vt)
Æхца	argent (numéraire)

Æцæгæй	vraiment, réellement
Æцæгæлон	étranger, hostile
Б	
Ба	baiser
Бабыз	canard
Бадæнтæ	repas funéraire la veille du Nouvel An
Бадын / бадт-	être assis ; siéger
Баз	oreiller
Базар	marché
Баззайын / баззад(т)-	rester
Базыр	aile
Байраг	poulain
Бакаст	regard, apparence
Бакомкоммæ	en face
Бал	cerise
Балц	1. voyage ; 2. raid, incursion armée
Бандон / -æттæ	chaise
Бар	droit (jur.)
Барæй	exprès
Барæн	balance
Барын / барст-	mesurer, peser (vt)
Бас	bouillon
Бæгæны	bière
Бæгуыдæр	bien sûr
Бæззын / бæззыд(т)-	convenir
Бæлас /-æстæ	arbre
Бæлон / -æттæ	colombe, pigeon
Бæллæх	malheur
Бæмбæг / -æджытæ	ouate, coton
Бæмбæдджын	ouatiné
Бæр-бæр кæнын	bavarder
Бæрæг	1. connu ; 2. clair, distinct ; 3. visible, apparent
Бæрæгбон / -æттæ; -онтæ	fête
Бæрæчет	abondance, richesse
Бæрзонд	grand
Бæркад	abondance
Бæркадджын	abondant
Бæрц / -ытæ	la quantité, le nombre, la mesure
Бæстон	solide, profond

Бæсты	en échange de
Бæттын / баст-	attacher
Бæх	cheval
Бел	pelle
Бинойнаг	épouse, membre de la famille
Бинонтæ	les proches
Бирæ (фылдæр)	beaucoup (plus)
Бирæгъ	loup
Бон	1. jour ; 2. force, possibilité
Бонджын	aisé, puissant
Боныхъæд	temps (météo.)
Боцъо	barbe
Буар / буæрттæ	corps
Бузныг	merci
Бур	jaune
Буц	gâté, capricieux
Быдыр	champ, plaine
Был	lèvre
Бын	1. racine 2. fondement 3. biens 4. sous
Бынат /-æттæ	place
Бынæттон	locatif
Бынтон, бынтондæр	tout à fait, complètement
Бырсын / бырст-	attaquer
В	
Вагон	wagon
Вазыг, вазыгджын хъуыдыйад	complexe, phrase complexe (gr.)
Вилкæ	fourchette
Г	
Гагадыргъ	baie
Газет	journal
Гал	boeuf
Галиу	gauche
Галиуæг	gaucher
Галуан	palais
Гæды	chat
Гæккуыри	lézard
Гæлæбу	papillon

Гæмæх	dénudé, chauve ; calvitie
Гæнæн	possibilité
Гæнæх	forteresse
Гæпп / -ытæ	saut
Гæрзтæ	armement
Гæсгæ	d'après
Гæххатт / -ытæ	papier, document
Гитарæ	guitare
Гобан / -бæттæ	matelas
Гогыз	dinde
Голлаг / -лджытæ, -æгтæ	sac
Гом	ouvert, nu
Гом кæнын	ouvrir
Горæт	ville
Грекъаг / -къæгтæ	Grec(que), grec
Гуыбын	ventre, abdomen
Гуыл	petit pain ovale
Гуымсæг	tambour
Гуыпп-гуыпп кæнын	tambouriner, faire du bruit en tapant
Гуырдзиаг / -дзиæгтæ	Géorgien(ne)
Гуырын, райгуырын / райгуырд(т)-	naître
Гуырынон	génitif
Гыццыл	petit
Гыццылгай	petit à petit
ГЪ	
Гъæй ! гъæй-джиди ! гъæйттæй !	ah, si seulement... !
Д	
Давæг / -вджытæ	voleur
Давын / давт-	1. voler ; 2. porter vite (vt)
Далæ	là-bas en bas
Дарæс	vêtements, habit
Дард	loin
Даргъ	long

Дарын / дардт-	1. entretenir ; 2.porter ; 3. être redevable (vt)
Дасын / даст-	raser (vt)
Дауæг / -уджытæ	esprit protecteur
Дæгъæл	clef
Дæларм / -лæрмттæ	aisselle
Дæлæ	là-bas
Дæле	en bas, là-bas
Дæндаг / -дæгтæ	dent
Дæс	dix
Дæсгай	par dix
Дæр	et, aussi (conj.)
Дæргъ	longueur
Дæсны	1. habile ; 2. connaisseur ; 3. guérisseur
Дæттын / лæвæрдт-	donner (vt)
Дæттынон	datif (gram.)
Дæхæдæг	toi-même
Декабрь	décembre
Денджыз	mer
Дидинæг / -нджытæ	fleur
Дин	foi, religion
Дис	étonnement
Диссаг	c'est incroyable, miracle
Дойны	soif
Домбай	lion
Дон / дæттæ ; доны ивылд	1. eau ; 2. cours d'eau ; inondation
Донбеттыр	Maître des eaux (myth.)
Дохтыр	médecin
Дуар / -æрттæ	porte
Дуаргæс	portier
Дукани	boutique, magasin
Дуне	monde
Дур	pierre
Дуцын / дыгът-	traire (vt)
Ды	tu
Дыгай	par deux
Дыгурон / -рæттæ	Digor
Дыккаг	deuxième, second
Дымгæ	vent
Дынджыр	grand, adulte
Дыргъ	fruit

Дысон	la nuit dernière
Дыууадæс	douze
Дыууæ	deux
Дыууиссæдз	quarante
Дыууын	vingt
Дыццæг	mardi
Дж	
Джеджджын	origan
Джеоргуыбайы мæй	novembre
Джитъри	concombre
Джих	distrait, inattentif
Джихæй	distraitement, d'un œil absent
Джыбы	tique
Джыджына	muguet
Дз	
Дзабыр	chaussure
Дзаг	plein, rempli
Дзаума /-æттæ	1. objet, article, chose ; 2. vêtement
Дзæбæх	1. bien ; 2. En bonne santé
Дзæвгар	relativement beaucoup, considérablement
Дзæгъæлы	en vain
Дзидза	viande
Дзуапп /-ытæ	réponse
Дзуар / -уæрттæ	1. ange ; 2. sanctuaire ; 3.croix
Дзул	pain
Дзурын / дзырдт-	parler (vt)
Дзуттаг / -ттæгтæ	Juif
Дзывылдар	mésange
Дзыкка	mets à base de fromage frais, ou de crème fraîche
Дзыкку	cheveu
Дзыллæ	nombre, population
Дзыназын / дзынæзт-	gémir, pleurer
Дзыпп / -ппытæ	poche
Дзырд	mot, parole
Дзырдуат /-уæттæ	dictionnaire
Дзых	bouche

Е	
Европæйаг / -йæгтæ	Européen(ne)
Егъау	grand, de forte taille
Ерыс	1. compétition ; 2. tension, confrontation
Ефс / -ытæ	jument
Ж	
жанр	genre
жаргон	jargon
жасмин	jasmin
журнал	journal
З	
Зайæгой	plante
Заман	époque, période, temps
Замманай	remarquable
Зарæг / -рджытæ	1. chant, mélodie ; 2. chanteur
Зарын / зарыд(т)-	chanter
Зæвæт / -вæттæ	talon
Зæгъын / загът-	dire (vt)
Зæд	ange-gardien
Зæй	avalanche
Зæрдæ	cœur
Зæрдæвæрæны мæй	mai
Зæрдæвæрд	promesse
Зæрдиаг	cordial, sincère
Зæронд/-рæдтæ	vieux, ancien
Зæхх/-ытæ	terre(s)
Зæххæнкъуыст / -ытæ	tremblement de terre
Згъалын / гъзалын / -згъæлдт-	1. verser, répandre (vt)
Згъорын / згъордт-	courir
Зды	plomb
Зиан	1. dommage, dégât ; 2. perte ; 3. défunt
Зивæг	paresseux
Зилын / зылдт-	tourner (vt)
Зиу	aide mutuelle

Змæлд	mouvement
Змæлын / змæлыд(т)-	bouger
Змис	sable
Знаг / -æгтæ	ennemi(s)
Знон	hier
Зокъо	champignon
Зонд / зæндтæ	le savoir; intelligence
Зонджын	intelligent
Зонын / зыдт-	savoir ; connaître (vt)
Зыбыты	parfaitement
Зымæг	hiver, en hiver
Зымæгон	hivernal
Зынаргъ	cher, précieux
Зынг	étincelle, feu
Зындзинад	difficulté
И	
Иблис	diable
Ибон	il n'y a pas longtemps, récemment
Ивар	1. amende, punition ; 2. interdiction
Ивaрон	accusatif
Ивддзæг	1. remplacé ; 2. en échange de
Ивддзинад	changement
Ивын / ивт-	changer, remplacer (vt)
Игæр	foie
Изæр	soir
Изæрæй	le soir, à partir du soir
Илцы	prix du péage d'un col (payé à un prince ossète)
Инджын	fromage frais
Ингæн	tombe
Иннæ	autre
Иннæбон	après-demain
Ирд	éclatant, vif
Ирон	ossète
Иртæстон	ablatif
Ирхæфсын / ирхæфст-	divertir, amuser (vt)
Ирыстон	Ossétie
Искуы	à un moment quelconque, un jour ; quelque part

Исын / ист-	1. prendre ; 2. obtenir ; 3. recevoir (vt)
Иттæг	très, fort, bien
Иу	1. un / une ; 2. (part.) désigne l'action répétitive
Иуæндæс	onze
Иугай	un par un
Иумæ	ensemble
Иунæг	seul
Иууылдæр	tout à fait, tous sans exception
Иухатт	une fois
Их	1. glace ; 2. grêle
Ихуат	glacier
Июнь	juin
Июль	juillet
Й	
Йарæби	Oh ! Mon Dieu !
Йæ	son / sa
Йæхæдæг	lui-même
Йе... йе	ou bien... ou bien
Йедзаг	plein, bondé, rempli
Йеддæмæ	à part, sauf
К	
Кад	respect, estime, honneur, gloire
Кадæг /-дджытæ	chant épique accompagné au fandyr
Кадджын	respectable
Калм / кæлмытæ	serpent
Калын / калдт-	1. verser 2. éparpiller (vt)
Капекк /капеччытæ	kopek
Карæн	personne du même âge
Кард / кæрдтæ	couteau
Кæрдын / карст-	1. couper ; 2. faucher ; 3. tailler (vt)
Карк / кæрчытæ	poule
Картоф / картæфтæ	pomme de terre
Кафт / -тытæ	danse
Кафын / кафыдт -	danser

Кæд	quand?
Кæдæм	où ? (direction)
Кæддæр	à un certain moment
Кæддæриддæр	n'importe quand
Кæмдæр	quelque part
Кæимæ	avec qui ?
Кæй	à / de qui ?
Кæйау	comme qui ?
Кæлмæрзæн	foulard, châle
Кæлын / калд(т)-	couler
Кæнæ	ou bien (conj.)
Кæнæ... кæнæ	ou bien... ou bien (conj.)
Кæм?	où ? (endroit)
Кæмæ?	chez qui ?
Кæмæй?	de qui ?
Кæмæн?	à qui ?
Кæннод	sinon
Кæнын / кодт-	faire (vt)
Кæрæдзи	mutuel
Кæрдæг/ -æджытæ	herbe(s)
Кæрдо	poire
Кæрдын / карст-	couper (vt)
Кæркдон / -дæттæ	poulailler
Кæрон / -рæттæ	fin, bout, limite
Кæронæй кæронмæ	d'un bout à l'autre
Кæрт / -тытæ	cour
Кæрц	manteau
Кæсаг/ -сæгтæ	poisson(s)
Кæсæн	miroir
Кæсгон / -гæттæ	Kabarde
Кæстæр	cadet
Кæсын / каст-	1. regarder ; 2. lire
Кæуыл	sur qui ?
Кæуын / кудт-	pleurer
Кæф	un gros poisson
Кæфахсæг/ -сджытæ	pêcheur
Кæфты мæй	octobre
Кæцон	de quel endroit ?, d'où ? de quelle origine ?
Кæцæй	d'où ?
Кæцы	lequel

Кæцырдыгон	de quelle origine ?
Километр	kilomètre
Кино	cinéma
Кой	1. rumeur ; 2. soin
Ком	col (de montagne)
Комкоммæ	1. en face, face à face; 2. droit, sincère
Коммæгæс	docile
Конддæжын	1. svelte ; 2. bien fait_
Куадзæн	Pâques
Кувæггаг/ -æгтæ	première coupe remise par le doyen au plus jeune convive
Кувæндон / -дæттæ	lieu de prière
Кувын / куывт-	prier
Кулдуар /-æрттæ	portail
Курын / куырдт-	1. demander ; 2. demander en mariage
Кусын / куыст-	travailler
Кусаг	laborieux, travailleur
Куывд / -дтæ, -дтытæ	1. prière ; 2. banquet
Куыд	comment
Куыдз / куйтæ	chien(s)
Куырдиат / -диаттæ	requête, demande, faveur
Куырой/ -рæйттæ	moulin(s)
Куыст/ -ытæ	travail / travaux ; tâche(s)
Къ	
Къаба	robe
Къабаз / -бæзтæ	1. membre (anat.) ; 2. branche
Къабуска	chou
Къаддæр (бирæ)	moins (comp.)
Къалиу	branche
Къам	1. carte ; 2. photographie
Къаф(ф)етт	bonbon
Къах / къæхтæ	jambe
Къæбæда	mal élevé ; babillard
Къæбæлдзыг	frisé
Къæбиц	cagibi
Къæбыла	chiot
Къæвда	pluie
Къæдзæх	rocher
Къæсæр	seuil

Къона	foyer
Къоппа	tête
Къофи	café
Къох	bosquet
Къубал / -бæлттæ	cou
Къул	un mur
Къус	bol
Къух	bras
Къухдарæн	bague
Къуыдайраг / -рæгтæ	Koudar (Ossète du sud)
Къуымбил	laine
Къуыри	semaine
Къуырисæр	lundi
Къуырма	sourd
Л	
Лампæ	lampe
Лауыз	crêpe
Лæбурын / лабурдт-	1. attaquer (vt) ; 2. faire irruption
Лæвар / -вæрттæ	1. cadeau ; 2. gratuit
Лæг	homme, mari
Лæгъз	lisse, doux
Лæдзæг / -дзгуытæ / -дзджытæ	bâton
Лæппу	garçon
Лæппу-лæг	jeune homme
Лæууын / лæууыд(т)-	se tenir, rester
Лыг	coupé ; découpé, dépecé
Лыг кæнын	couper, trancher, blesser
Лымæн	ami, connaissance
Лыстæг / -тæджытæ	1. de petite taille ; 2. menue monnaie
М	
Ма	1. encore ; 2. ne pas (avec les verbes à l'impératif ou au subjonctif-conditionnel)
Магуса	paresseux
Магъз / мæгъзтæ	cerveau
Мад / мадæлтæ	mère
Мадзура	réservé, silencieux

Мады Майрæм	Mère Marie, protectrice des femmes
Май	mai
Майрæмы мæй	août
Майрæмбон	vendredi
Макуы	jamais (dans les phrases à l'impératif ou au subjonctif-conditionnel)
Марадз	allons, vivement !
Маргъ / мæргътæ	volaille, gibier
Мард / мæрдтæ	(un) mort
Мартъи	mars
Марын / мард(т)-	tuer (vt)
Маст / -ытæ	1. amertume, colère ; 2. bile
Мах	nous
Мацы	rien (dans les phrases à l'impératif ou au subjonctif-conditionnel)
Мачи	personne (dans les phrases à l'impératif ou au subjonctif-conditionnel)
Машинæ	automobile
Мæ	mon, ma, mes
Мæгуыр	pauvre
Мæзджыт	mosquée
Мæй	1. mois ; 2. lune
Мæлæт	(la) mort
Мæлæты	très bon, fabuleux
Мæликк / -личчытæ	roi, tsar
Мæллæг / -ллæджытæ	maigre
Мæлын / мардт-	mourir
Мæнæ	voici
Мæнг	1. mensonge ; 2. faux
Мæстæй мæлын	se fâcher
Мæстæй марын	taquiner, irriter
Мæсты	méchant, fâché, sévère
Мæсыг / -сгуытæ	tour
Мæт	1. souci, chagrin, inquétude ; 2. pensée
Мæт кæнын	s'alarmer, s'affliger
Мæхæдæг	moi-même
Мæхи	mon / ma
Ми	occupation, action
Мивдисæг / -сджытæ	verbe
Мигъ	nuage, nuée, brume
Мидæг	à l'intérieur

Мидис	contenu
Милуан	million
Мин	mille
Минас	collation, régalade
Мит	neige
Минасгæнæг/-нджытæ	banqueteur(s), fêtard(s)
Морæ	brun, marron
Мыггаг/ -æгтæ	nom(s) de famille, famille
Мыд	miel
Мысын / мысыд(т) -	1. inventer, composer ; 2. se rappeler ; 3. être en manque de
Мыст /-ытæ	souris
Мыхуыр	1. tampon sceau ; 2. publication, impression
Н	
Найын / надт-	baigner
Налат / -лæттæ	effronté, insolent, sans gêne
Нана	maman, grand-maman
Нарæг	gras, gros
Нард	étroit
Нарт	Narte
Натхор / -хæрттæ	maïs
Нæ	1. notre ; 2. non, ne pas
Нæдæр... нæдæр	ni... ni (conj.)
Нæл	mâle
Нæлгоймаг / -мæгтæ	homme
Нæмыг / -мгуытæ	grain, germe
Нæмын / надт-	battre, frapper (vt)
Нæрын / нæрыд-	tonner
Нæуæдз	quatre-vingt-dix
Нæхæдæг, нæхуыдтæг	nous-mêmes
Нæхи	à nous, notre
Нæхъæн	(en) entier
Низ	maladie
Никуы	1. nulle part ; 2. jamais
Ницæмæн	en vain, pour rien
Ницы	rien
Ничи	personne
Ног / нæуæг	nouveau

Ног аз	Nouvel An
Ноджыдæр	encore, à nouveau
Нозт / -тытæ	boisson
Номдар	nom (gramm.)
Ном / нæмттæ	(pré)nom
Номон	nominatif
Ноябрь	novembre
Нуазæн	1. coupe, verre ; 2. coupe d'honneur
Нуазын / нуæзт-	boire (vt)
Нуры	ail
Ныйарæг/ -рджытæ	parent
Нывv	1. dessin, tableau, peinture ; 2. Film
Нывгæнæг / -нджытæ	peintre, artiste
Ныгуылæн	couchant, ouest ; coucher de soleil
Ныллæг	bas
Нылхæ	beurre
Нымайын / нымадт-	1. compter, calculer ; 2. estimer (vt)
Нымæц	chiffre, date
Ныр/ ныртæккæ	en ce moment, actuellement, à présent
Нырæй	désormais, dorénavant, dès a présent
Ныридæгæн	déja, à l'heure qu'il est
Ных	1. ongle ; 2. front ; 3. face
Ныхас / -хæстæ	discours, discussion ; place de réunion (hist.)
Ныхмæ	contre
О	
Обау	tumulus, colline
Онг	jusqu'à (postposition)
Октябрь	octobre
П	
Паддзах / -дзæхтæ	empereur, gouverneur
Паддзахад	Etat
Пайда	utilité, intérêt, profit, avantage
Парахат	abondant, riche, aisé
Парк	parc
Парламент	parlement
Парти	parti

Пец	cuisinière (appareil)
Писмо	lettre
Пост	la poste
Поэт	poète
Пумпуси	léger, duveteux
Пурти	balle
Пыл	éléphant
Пырындз	riz
Пысылмон	musulman
Пысыра	ortie
Пъ	
Пъалто	manteau
Пъол	sol
Р	
Равдыст	spectacle
Равзæрд	origine
Рагæй	il y a longtemps, depuis longtemps
Рагон	ancien ; antique
Рагацау	à l'avance
Рад	tour (à son tour, etc.)
Раджы	tôt
Раджы-мæ-рыджы	il était une fois
Радзырд	récit
Раз	1. façade, partie antérieure ; 2. devant
Разæй	devant
Разæфтауæн	préfixe
Раздæр	autrefois
Размæ	vers (en avant)
Райваз-байваз кæнын	traîner
Райгуырд	naissance
Райдайын / райдыдт-	commencer (vt)
Район	région, district
Райсом	1. demain ; 2. Matin
Райсомæй	le matin
Райсын / райст-	prendre (vt)
Ракаст / -тытæ	regard
Раст / растытæ	1. droit ; 2. correct ; 3. juste

Растдзинад / -нæдтæ	vérité
Рацыд	sortie
Рахиз	droite
Рæвдауын / рæвдыдт-	caresser, bercer (vt)
Рæдыд	erreur
Рæзты	devant (en passant devant)
Рæсугъд	joli, beau
Рæстæг	temps, heure
Расыг	ivre
Рæхсын	coudre
Риссын / рыст-	faire mal
Риу	poitrine
Рихи	moustache
Рог	léger, rapide, frivole
Розæ	rose
Рон / рæттæ	ceinture
Ронг	*rong*, boisson à base de miel (myth.)
Рох кæнын	oublier (vt)
Роцъо	menton
Руаджы	grâce à
Рувас / -вæстæ	renard
Рудзынг /-дзгуытæ	fenêtre
Рус	joue
Рухæны мæй	septembre
Рухс / -сытæ	lumière
Рухсад	éducation, instruction ; culture
Рыг	poussière
Рынчын	malade
Рыст	douleur
С	
Сабат	samedi
Саби	enfant
Сабыр	calme (adj.), silencieux
Сабырдзинад	1. tranquillité, silence ; 2. paix
Саг	cerf
Садзын / сагъд-	planter, enfoncer (vt)
Сайд / -дтытæ	mensonge
Сапон / -пæттæ	savon
Сау	noir

Сауцæст	aux yeux noirs
Сафа	protecteur du foyer (myth.)
Сахар	ville
Сахат	montre, heure
Сæ	leur
Сæгъ	chèvre
Сæдæ	cent
Сæйраг / -рæгтæ	suprême(s)
Сæкæр	sucre
Сæлын / салд(т)-	geler
Сæнæфсир	raisin
Сæпп-сæпп	bruit (qu'on fait en traînant les pieds)
Сæр	1. tête ; 2. toit, couvercle ; 3. sommet
Сæрæн	alerte, vif
Сæрд	été
Сæрибар	libre, indépendant
Сæрфын / сæрфт	essuyer (vt)
Сæттын / саст-	casser, briser (vt)
Сæфын / сæфт-	1. périr 2. disparaître
Сæхæдæг (сæхуыдтæг)	eux- mêmes
Семæ	avec eux
Сеппæты (æппæты)	eux tous
Сентябрь	septembre
Сидт / -дтытæ	appel, déclaration
Симд	danse populaire ossète
Син	hanche
Сихор	déjeuner
Скæсæн	1. levant, lever de soleil ; 2. est
Скъола	école
Скъоладзау	écolier, élève
Сой	graisse ; huile
Сом	1. unité monétaire (rouble) ; 2. demain
Сомæхсæв	la nuit prochaine
Сомизæр	le soir prochain
Сомихаг / -хæгтæ	Arménien(ne)
Ссад / -æдтæ	farine
Ссарын / ссардт-	trouver (vt)
Ссæдз	vingt
Ссæдзæймаг	vingtième
Ссудзын / ссыгъдт-	brûler, allumer
Ставд	gros, épais

Станци	station
Стауын / стыдт-	remuer (vt)
Стæвдæн	en largeur
Стæг / стæджытæ	os
Стæлфын / стæлфыд(т)-	tressaillir
Стæм	rare
Студент	étudiant
Стыр	grand
Стъол	table
Стын / стад(т)-	se lever
Стъалы	étoile
Суадон / -дæттæ	source
Суанг	jusqu'à
Судзын / сыгът-	brûler (vt)
Сур	1. sec ; 2. perte de conscience
Сусæгдзинад	secret, mystère
Сусæны мæй	juillet
Сыбыртт	léger bruit, bruissement, frôlement
Сывæллон/-ллæттæ	enfant(s)
Сызгъæрин / сызгъæрин	or, doré
Сыгъдæг	propre, saint (adj.)
Сыл	femelle
Сылгоймаг	femme
Сындæг	lent, tranquille
Сынтæг/ -æджытæ	lit
Сырд	animal, gibier
Сырх	rouge
Сыф	feuille (végétale ou de papier)
Сыхаг / -æгтæ	voisin
Т	
Та	et, mais (conj.)
Тагъд	rapide, précipité, prompt, vite
Тайын / тад	fondre
Талынг	obscurité, ténèbres
Тамако	tabac
Тар	foncé, sombre, ombrageux
Тас	danger
Таурæгъ	histoire, narration ; fable, légende
Тауын / тыдт-	1. semer, disperser ; 2. étaler (vt)

Тæвд	chaud
Тæлмац	traduction
Тæргæйтты мæй	mars
Тæригъæд	compassion, pitié
Тæркъæвда	orage
Тæрсын / тарст-	avoir peur
Тæрхæнгæнæг	juge
Тæрхъус	lièvre
Тæссаг	dangereux, menaçant
Тæф	odeur, vapeur
Тæхын / тахт-	voler ; courir
Текст	texte
Тигъ	coin, extrémité, facette
Тонын / тыдт-	déchirer 2. exploser 3. cueillir 4. griffer (vt)
Топп / -ытæ	fusil de chasse
Тох	1. lutte ; 2. polémique
Туаг	acide
Туаллаг / -æгтæ	habitant de la région de Toual
Туг	sang
Тутыр	protecteur des loups(myth.)
Тыгъд	plein ; isolé
Тымбыл	rond
Тын	1. toile d'araignée ; 2. rayon ; 3. morceau de tissu, tissu de laine
Тынг	fortement, fermement
Тыргъ	couloir, entrée
Тырыса	drapeau
Тых	force, puissance, énergie
Тыхджын	fort, puissant
Тыхдзинад	violence,. brutalité
Тыхми	violence
Тыххæй	1. à peine (adv.) ; 2. à cause de, à propos de (post.)
Тъ	
Тъæнджы мæй	janvier
Тъæпæн	plat, bas
Тъæпп /-ытæ	craquement, fracas

У	
Уавæр	condition, situation
Уад / - уæдтытæ	1. tourbillon, rafale, tempête ; 2. démarche rapide
Уадел	pommette
Уазал / -зæлттæ	1. froid ; 2. indifférence
Уадзын / уагът-	1. laisser ;2.permettre, donner la possibilité (vt)
Уадындз	chalumeau
Уазæг /-зджытæ	invité
Уазæгдон / -дæттæ	1. salon ; 2. chambre (maison) d'hôte
Уайтагъд	immédiatement
Уайын / уад(т)-	courir, aller très vite
Уал	tant que, pendant que, au moment où
Уалæ	là-bas en haut
Уалдзæг	printemps
Уалынмæ	pendant ce temps
Уартæ	là-bas
Уаргъ / уæргътæ	1. charge ; 2. corvée
Уарзын	aimer
Уарзон	amoureux
Уарзондзинад	amour
Уарын / 1. уæрст- 2. уарыд-	1. diviser, partager (vt) 2. pleuvoir (vi)
Уасæг / -сджытæ	coq
Уастырджи	« saint Georges » ossète, le protecteur des hommes et des voyageurs (myth)
Уат	1. pièce ; 2. chambre
Уацилла	maître de la pluie, du tonnerre et de l'éclair (myth)
Уæвын / уыд(т)-	être
Уæгъд	1. ample, large ; 2. exempt de, libre
Уæд	alors
Уæдæ	donc, alors
Уæдæй (рынмæ)	depuis lors
Уæдмæ	jusqu'à un certain moment
Уæз	poids
Уæздан	noble, poli, délicat
Уæззау	lourd, dur
Уæйыг / -гуытæ	géant

Уæладзыг / -дзгуытæ	étage
Уæлахиз	1. supériorité, domination ; 2. victoire
Уæлæ / уæле	là-bas, au-dessus, en haut
Уæлдай	particulièrement
Уæлдайдæр	en outre
Уæлдæф	air
Уæлмæрдтæ	cimetière
Уæлибæх	tourte au fromage
Уæллаг	haut, supérieur (géogr.)
Уæраг / -рджытæ	genou(x)
Уæрæх	large, ample, spacieux
Уæрдон / -дæттæ	chariot
Уæртæ	là
Уæрыкк / -рыччытæ	agneau
Уæфт / -тытæ	tissu(s)
Уæхæдæг (уæхуыдтæг)	vous-même(s)
Уæхск / - счытæ	épaule
Уд	âme, esprit
Удæгас / -гæстæ	vivant, sauf
Удыбæстæ	Paradis
Удыгага	chéri, bien-aimé, mignon
Уидаг / -æгтæ	racine (à tous les sens)
Уидыг / -дгуытæ	cuiller
Улæфын / улæфыд(т)-	respirer
Урс	blanc
Ус / устытæ	femme, épouse
Уый	il, lui, cela
Уызын	hérisson
Уым	là
Уымæл	humide
Уымæн (æмæ)	parce que
Уыйтыххæй	pour cette raison que...
Уылæн	vague, flot
Уынаффæ	1. conseil, recommandation ; 2. décision
Уынæр	bruit
Уынг	rue
Уынын / уыдт-	voir
Уырг	rein
Уырдыгæй	de là-bas

Уырнын / уырныдт-	croire
Уыры	rat
Уырыссаг	russe
Уыцы	celui-là, celle-là
Ф	
Фаг	assez, suffisamment
Фарн	bonheur, prospérité, concorde
Фæлвæра	Fælværa, le protecteur du bétail (ovins) (myth.)
Фале	de l'autre côté
Фараст	neuf
Фарастгай	par neuf
Фарон	l'an passé
Фарс / фæрстæ	1. côté ; 2. mur ; 3. côte
Фарсмæ	a côté, près de
Фарста	question
Фат / фæттæ	flèche
Фатер	appartement
Фæрсын / фарст-	questionner (vt)
Фæд	trace, voie
Фæдзæхсын / фæдзæхст-	1. léguer ; 2. bénir 3 ; assurer (vt)
Фæдыл	auprès de
Фæздæг	fumée
Фæззæг	automne
Фæзмын / фæзмыдт-	imiter, suivre l'exemple (vt)
Фæйнæ	par (répartition)
Фæлæ	mais, pourtant
Фæлдахын / фæлдæхт-	1. retourner ; 2. renverser (vt)
Фæлдисын / фæлдыст-	créer ; consacrer (un cheval, au défunt)
Фæллад	fatigue
Фæлмæн	1. mou, tendre ; 2. sensible, doux
Фæлтау	il serait mieux
Фæлтæрæн	exercice
Фæлурс	1. pâle ; 2. clair
Фæндаг /-æгтæ	route, chemin
Фæндараст	au revoir (« bonne route »)
Фæндзæймаг	cinquième
Фæндзай	cinquante
Фæндзгай	par cinq

Фæндын / фæндыд	désirer, vouloir, souhaiter
Фæндыр (хъисын фæндыр)	1. accordéon ; 2.instrument musical à cordes
Фæнык	cendre
Фæныкхуыз	gris
Фæрцы	grâçe à
Фæсивæд	jeunesse
Фæсмон	regret
Фæсонтæ	dos
Фæссихор	après le déjeuner
Фæстæ / фæсте	derrière, après
Фæстæмæ	1. en arrière ; 2. à nouveau
Фæтæн	1. large ; 2. plaine
Фæткъуы	pomme
Фæтк	coutume, tradition
Фæтчы	il est permis
Фæуын	1. finir, terminer ; 2.faire un séjour
Февраль	février
Фестын / фестад(т)-	1. se lever ; 2. se transformer ;
Фестад	transformation
Фидауæг / фидауджытæ	1. médiateur ; 2. intermédiaire
Фидар / -дæрттæ	1. fort, robuste ; 2. endurant, résistant ; 3. fortification
Фидæн	avenir
Фидис	1. surnom ; 2. médisance ;3. reproche, réprobation, blâme
Фидын / фыст-	payer
Физонæг / -нджытæ	brochette de viande
Фийау/ -æуттæ	berger(s)
Фистæг /-æджытæ	piéton
Фистæгæй	a pied
Фондз	cinq
Фондзыссæдз	cent
Фос	bétail
Францаг	français
Фыд / фыдæлтæ	père(s)
Фыд / фыдтæ	1. viande ; 2. défaut, le mal ; 3. mauvais
Фыдæнæн	pour contrarier qqn.
Фыдбыжыз	malheur
Фыдджын	tourte à la viande

Фыдуаг / -уæгтæ	polisson, espiègle
Фыдыбæстæ	patrie
Фыдынд	laid
Фылдæр (бирæ)	plus
Фын	rêve
Фынæй	sommeil
Фынддæс	quinze
Фындз	nez
Фынк / -нчытæ	mousse
Фыр	1.mouton ; 2. très, trop
Фыс	brebis
Фыссæг	écrivain
Фыссын / фыст-	écrire (vt)
Фыст / -тытæ	un écrit
Фысым	1. hôte ; 2. gîte
Фысымуат / -æттæ	hôtel
Фырт /-ттæ, -тытæ	fils
Фых	cuit
Фыцын / фыхт-	faire cuire, faire bouillir, faire frire (vt)
Фыццаг	1. premier ; 2. d'abord, premièrement
Х	
Хабар / -æрттæ	1. nouvelle ; 2. évènement
Хай	1. la part, lot ; 2. sort
Хал / -хæлттæ	1. brin d'herbe ; 2. fil
Халон	corbeau
Халсар	légume
Халын / хæлдт-	1. abîmer ; briser , détruire ; 2. découdre, défaire (vt)
Хардз / хæрдзтæ	dépense
Хатт	1. fois ; 2. tribu, peuplade
Хатыр	pardon, grâce
Хатыр курын	s'excuser, demander pardon
Хауæн	cas (gr.)
Хауын / хаудт-	tomber
Хахх	ligne, trait
Хæдæгæй	à propos
Хæдзар / -æрттæ	maison
Хæдон / -дæттæ	chemise

Хæдтæхæг	avion (« qui vole seul »)
Хæдтулгæ	chariot, trottinette (« qui roule seul »)
Хæзна	objet précieux,trésor
Хæзнадон	coffre au trésor
Хæлар/ -лæрттæ	compagnon, ami
Хæлардзинад	amitié
Хæлаф / -лæфтæ	pantalon
Хæлæн	destructeur (adj.)
Хæнц-хæнц	bruit de découpage de quelque chose de dur
Хæрæг / джытæ	âne
Хæрæндон / -дæттæ	restaurant
Хыр-хыр кæнын	faire du bruit en grattant
Хæрæфырт	1. neveu / nièce ; 2. petit-fils / petite-fille (enfants de la fille)
Хæрз	tout à fait
Хæрзаг	peut-être, il se peut
Хæрзад	qui a bon goût
Хæрзконд	svelte
Хæрзуынд	agréable, beau
Хæринаг/-нæгтæ	nourriture
Хæрын / хордт-	manger (vt)
Хæс	1. devoir, obligation ; 2. dette
Хæсгард	ciseaux
Хæснаг/-нæгтæ	pari
Хæссын / хаст-	1. porter (vt) ; 2. Entretenir
Хæст / -тытæ	1. combat ; 2. guerre
Хæстæг /-æджытæ	1. près de, proche, familier ; 2. un proche
Хи	pronom réfléchi « se »
Хибар	indépendant, volontaire
Хид	pont
Хизын / хызт-	1. grimper ; 2. paître
Хими	chimie
Хин	1. ruse, perfidie ; 2. sorcellerie
Хистæр	1.aîné ; 2. doyen
Хицау / -цæуттæ	1.maître, maîtresse (de maison) ; 2.beau-père ; 3. patron
Хицауад	(coll.) supérieurs ; autorités ; gouvernement

Хо	sœur
Хом	cru
Хонгæ (кафт)	danse d'invitation
Хонын / хуыдт-	1. appeler, nommer ; 2. inviter (vt)
Хор	graine, céréales
Хордон /-дæттæ	grenier, grange
Хорз / хуыздæр	1. le bien ; 2. bon ; 3. bien / mieux
Хос	1. médicament, remède ; 2. foin
Хох / хæхтæ	mont(s)
Худ	chapeau
Худæг	amusant, drôle
Худын / худт-	rire
Хур	soleil
Хурзарин	aurore
Хурныгуылд	coucher de soleil
Хурхæтæны мæй	juin
Хурыскæсæн	lever du soleil
Хус	sec, aride
Хусрастæг	sécheresse
Хуссар	sud
Хуы	porc
Хуыз	1. couleur ; 2.aspect ; 3.espèce
Хуызæн	semblable
Хуыйнын / хуындт-	s'appeler
Хуыйын / хуыдт-	coudre (vt)
Хуылф / -фытæ	1. l'intérieur ; 2. entrailles ; 3. couche
Хуылыдз	mouillé, trempé
Хуымæтæг	simple, candide, naïf
Хуымгæнæны мæй	avril
Хуын	cadeau, offrande
Хуыссæн	1. lit, couche ; 2. literie, linge
Хуыссын / хуыссыд(т)-	1. dormir ; 2. s'éteindre
Хуыфын / хуыфыдт-	tousser
Хуыцау	Dieu
Хуыцаубон	dimanche
Хызын	sac, sacoche
Хыл	dispute, bagarre
Хыл кæнын	se disputer
Хыртт-хыртт	craquement, grincement

Хъ	
Хъавын / хъавыд(т)-	1. tâcher, aspirer à ; 2. viser
Хъаз	oie
Хъазæн	jouet
Хъазт / -ытæ	1. jeu, partie ; 2. danse
Хъазын / хъазыд(т)-	1.jouer, se divertir ; 2. jouer sur scène
Хъайван	poutre
Хъал	1. fier, arrogant ; 2. évéillé, alerte
Хъал кæнын	réveiller (vt)
Хъама	poignard
Хъарæг / -рджытæ	lamentation
Хъарм	chaud ; cordial
Хъахъхъæнын / хъахъхъæдт-	surveiller ; défendre (vt)
Хъæбатыр	brave, courageux, vaillant, intrépide
Хъæбæр	1. ferme, dur
Хъæбыс	1.accolade ; 2. brassée
Хъæд	1. forêt ; 2. bois ; 3. manche (en bois)
Хъæддаг	sauvage
Хъæддых	1.endurant, fort ; 2. stable ; 3. persévérant
Хъæдур	haricot rouge
Хъæдындз	oignon
Хъæздыг	riche
Хъæлæс	voix
Хъæлдзæг	gai, joyeux
Хъæндил	scarabée
Хъæр	cri
Хъæрæй	à haute voie, bruyamment
Хъæрхуыпп	soupe
Хъæу	village, campagne
Хъæуын / хъуыдт-	manquer, être indispensable
Хъил	bâton, perche
Хъуаг	nécessiteux
Хъуамæ	probablement
Хъуг / -уццытæ	vache(s)
Хъуды	pensée
Хъулон	bigarré, multicolore
Хъусын / хъуыст-	écouter
Хъуыддаг / -ддæгтæ	1. affaire, activité ; 2. événement

Хъуымац / -мæцтæ	tissu,matière
Хъус	oreille
Хъуыды	pensée
Хъуын	1. cheveu, poil ; 2. laine(de brebis)
Хъуыр	gorge
Хъуырбæттæн	écharpe
Хъусын / хъуыст-	1. entendre, écouter ; 2.obéir (vt)
Хъуысын / хъуыст-	se faire entendre
Хъыг	tristesse, désagrément
Хъыгдарын / хъыгдардт-	déranger, entraver
Ц	
Цавæр?	quel ?
Цал	combien ? (dénombr.)
Цалдæр	plusieurs
Цалх /-ытæ	roue
Цар	1. plafond ; 2.grenier
Царв / цæрвтæ	beurre fondu
Цард	vie
Царм / цæрмттæ	peau
Цас	combien ? (indénombr.)
Цау	incident, occasion, aventure
Цахæм?	quel ?
Цæвиттон	en bref
Цæвын / цавт-	1. frapper, battre ; 2. combattre, vaincre (vt)
Цæгат	nord
Цæгъайраг / -рæгтæ	serf
Цæгъдын / цагът-	1. détruire ; 2. jouer d'un instrument
Цæдисон	1. allié ; 2. d'allié, d'alliance
Цæимæ	avec quoi ?
Цæй	alors, eh bien
Цæйау?	comme quoi ?
Цæйбæрц?	combien ?
Цæм?	en quoi
Цæмæн?	pourquoi ?
Цæмæй?	de quoi ?
Цæрæг / -джытæ	habitant
Цæргæс	aigle
Цæрын / цард(т)-	vivre

Цæсгом / -гæмттæ	visage
Цæст / -тытæ	1.œil ; 2. ouverture
Цæстæнгас	avis, opinion
Цæстырухс / -хсытæ	1. vue, vision ; 2. Cher, chéri, bien-aimé
Цæстысыг	larme
Цæстыхау	cil
Цæттæ	prêt, achevé
Цæу	bouc
Цæуыл?	sur quoi ?
Цæуын / цыд(т)-	1. aller, marcher ; 2. conduire ; 3. passer (le temps)
Цæф	coup, blessure
Цæхæра	betterave
Цæхæраджын	tourte aux feuilles de betterave
Цæхæрадон / -дæттæ	jardin
Цæхх /-ххытæ	sel
Цин	joie
Цот	descendance, génération
Цуан	chasse
Цур	à côté de, près de (post.)
Цух	1. coupure ; 2. privation ; 3.insuffisant
Цы	quoi ?
Цыбыр	court
Цывзы	poivre
Цыдæр	quelque chose
Цыдæриддæр	quoi que, n'importe quoi
Цымæ	je me demande...
Цыппар	quatre
Цыппаргай	par quatre
Цыппарыссæдз	quatre-vingt
Цыппæрæймаг	quatrième
Цыппæрæм	1. jeudi ; 2. quatrième
Цыппæрдæс	quatorze
Цыппор	quarante
Цыппурс	Noël
Цыппурсы мæй	décembre
Цырагъ / -рæгътæ	bougie ; lumière
Цырд	adroit, habile, rapide, vif
Цыт	honneur, respect
Цыхт / -тытæ	fromage(s)

Цыхуызæн ?	comment ? (aspect physique), de quel genre ?
Цъ	
Цъаммар	gredin, minable
Цъар / цъæрттæ	1. couche ; 2. écorce ; 3. peau 4. pelure
Цъæх	vert
Цъиу	oiseau
Цъус	peu
Цъусгай	doucement
Цъупп /-ппытæ	sommet
Цъылын	balai
Цъында	bas, chaussette
Цъыф	saleté, boue
Ч	
Чердыгон	d'où ? de quel côté ?
Чепена	danse populaire
Чи	qui?
Чидæр	quelqu'un
Чидæриддæр	qui que..., n'importe qui
Чиныг	livre
Чызг	fille, jeune fille
Чылауи	prune
Чындз/-дзытæ	1. jeune(s) mariée(s) ; 2. poupée(s)
Чындзæхсæв	mariage
Чырс	gel, givre
Чырыстон / -стæттæ	chrétien
Чысыл	1. petit ; 2. peu
Чъ	
Чъерами	abricot
Чъизи	sale,boueux
Чъири	tourte, galette
Чъиу	1. résine ; 2. gomme à mâcher

Чъылдым	arrière, dos
Чъынды	avare
Чъыр	chaux
Ш	
Шофер	chauffeur
Э	
Ю	
Я	
Январь	janvier
Япойнаг	japonais

Lexique français-ossète

A	
Abîmer	**(vt) халын / хæлдт-**
Ablatif	**иртæстон (gr.)**
Abondance	**бæркад, бæрæчет**
Abricot	**чъерами**
Accolade	**хъæбыс**
Acheter ; avoir acheter	**(vt) æлхæнын ; балхæнын / æлхæдт-**
Acide	**1.(adj.) туаг 2. (n) туагад**
Acier	**æндон, болат**
Accordéon	**фæндыр**
Action	**архайд / -дтытæ, ми**
Actuellement	**ныр, ныртæккæ**
Adresse	**адрес**
Affamé	**æххормаг**
Affaire	**хъуыддаг / -ддæгтæ**
Age	**аз**
Agneau	**уæрыкк / -рыччытæ**
Agréable	**æхсызгон**
Aide	**æххуыс, зиу (aide collective)**
Aigle	**цæргæс**
Ail	**нуры**
Aile	**базыр**
Aimer	**(vt) уарзын / уарзт-**
Aîné	**хистæр**
Ainsi	**афтæ, афтæмæй**
Air	**уæлдæф**
Aisé	**бонджын**
Allemand	**немыцаг / -цæгтæ**
Aller	**цæуын / цыдт-**
Allumette	**æртгæнæн**
Alors	**уæд**
Âme	**уд**
Américain	**америкаг / -кæгтæ**
Ami	**хæлар / -лæрттæ, лымæн, æрдхорд / -хæрдтæ**
Amitié	**хæлардзинад, лымæндзинад**

Amour	**уарзондзинад**
Amoureux	**уарзон**
Ample	**уæгъд, уæрæх**
Amuser	(vt) **ирхæфсын / ирхæфст-**
Ancêtre	(au plur.) **фыдæлтæ**
Ancien	**зæронд / -рæттæ, рагон**
Ane	**хæрæг / -джытæ**
Ange	**дзуар / -уæрттæ**
Ange-gardien	**зæд**
Anglais	**англисаг**
Animal	**цæрæгой,** (bétail) **фос**; (sauvage) **сырд**
Année	**аз / азтæ, æзтæ, афæдз**
Anniversaire	**афæдз**
Anticiper	**æнхъæлмæ кæсын**
Août	**август; Майрæмы куадзæны мæй**
Apparence	**бакаст / -кæстытæ**
Appartement	**фатер**
Appeler	(vt) **дзурын / дзырдт-, сидын / сидт-**
(s')Appeler	**хуыйнын / хуынд(т)-**
Appliqué	**æнувыд**
Apporter	(vt) **æрхæссын , æрбахæссын / хаст-,**
Apprendre	**ахуыр кæнын**
Après	**фæстæ, фæстæдæр**
Après-demain	**иннæбон**
Arbre	**бæлас / -лæстæ**
Arc-en-ciel	**арвырон**
Argent	1. (numéraire) **æхца** 2. (métal) **æвзист**
Arme	**хæцæнгарз / -гæрзтæ**
Arménien	**сомихаг / -хæгтæ**
Armoire	**скъапп**
Arriver	**æрцæуын, æрбацæуын / -цыд(т)-**
Art	**айвад / -вæдтæ**
Article	1. **статья, фыст / -ытæ** 2. (objet) **дзаума / -мæттæ**
Artiste	**артист**
Assez	**фаг, æгъгъæд**
Assis (être)	**бадын / бадт-**

Attacher	**(vt) бæттын / баст-**
Attaquer	**1. бырсын / бырст- 2. лæбурын / лæбурдт-**
Attendre	**æнхъæлмæ кæсын**
Aujourd'hui	**абон**
Aurore	**хурзæрин**
Aussi	**дæр**
Aussitôt	**æвиппайды**
Autobus	**автобус**
Automne	**фæззæг**
Automobile	**машинæ**
Autour	**алфæмбылæй, алыварс**
Autre	**аннæ, иннæ; æндæр (а)**
Autrefois	**раздар, раджы-мæ-раджы**
Autrichien	**австриаг**
Avalanche	**зæй**
Avant	**раздæр**
Avant-hier	**æндæрæбон**
Avantage	**пайда**
Avare	**чъынды**
Avec	1. (pour les personnes) s'exprime par le cas comitatif 2. (pour les objets) prép. **æд** ou le cas comitatif
Avenir	**фидæн**
Avion	**хæдтæхæг**
Avis	**цæстæнгас**, à mon avis : **мæнмæ гæсгæ**
Avril	**апрель, хуымгæнæны мæй**
B	
Baie	**гагадыргъ**
Baigner	**(vt) найын / надт-**
Se baigner	**хи найын**
Bague	**къухдарæн**
Balai	**цъылын**
Balle	**пурти**
Balle de fusil	**нæмыг / -мгуытæ**
Barbe	**боцъо**
Bas (n)	**цъында**

Bas (adj.)	**ныллæг**
Bâtiment	**агъуыст / -тытæ, бæстыхай / -хæйттæ**
Bâton	**лæдзæг / -дзгуытæ, -дзджытæ**
Battre	(vt) **нæмын / надт-**, (vt) **хойын / хост-**, (vt) **цæвын / цавт-**
Bavarder	**бæр-бæр кæнын**
Beau	**аив, рæсугъд, хæрзуынд**
Beaucoup	**бирæ**
Beau-père	**хицау / -ттæ, лæджы фыд**
Beauté	**рæсугъддзинад, аивдзинад**
Belle-mère (de la femme)	**æфсин**
Berger	**фиййау (фыййау) / -йæуттæ, хъомгæс**
Berceau	**авдæн**
Besoin	**ахсджиагдзинад / -нæдтæ, хъæуындзинад / -нæдтæ**
Bétail	**фос**
Bêtise	**æдылыдзинад**
Betterave	**цæхæра**
Beurre	**ныхæ**
Bibliothèque	**библиотекæ**
Bien (n)	**хъæздыгдзинад, исбон, бын(тæ)**
Bien (adv.)	**хорз, дзæбæх**
Bientôt	**тагъд**
Bière	**бæгæны**
Billet	**билет / -ттæ**
Bizarre	**æнахуыр, диссаг**
Blâmer	(vt) **æлгъитын / æлхыст-**
Blanc	**урс / сытæ**
Blé	**мæнæу**
Blessure	**цæф,**
Bleu	**æрвхуыз, æхсин**
Bœuf	**гал**
Boire	(vt) **нуазын / нуæзт-**
Bois	**хъæд**
Boisson	**нозт**
Bol	**къус**
Bon	**хорз** / (comp.) **хуыздæр**
Bonbon	**къаффетт**

Bonheur	**фарн, амонд**
Bosquet	**къох**
Bouche	**дзых**
Boue	**цъыф, чъизи**
Bouger	**змæлын / змæлыд(т)-**
Bougie	**цырагъ / -рæгътæ**
Bouillon	**бас**
Bouteille	**авг**
Boutique	**дукани**
Bouton	**æгънæг / -нæджытæ**
Branche (d'arbre)	**къалиу**
Bras	**къух**
Briller	**æрттивын / æрттывдт-**
Brouillard	**мигъ**
Bruit	**уынæр**
Brûler	**(vt) судзын / сыгът-**
C	
Cacher	**(vt) æмбæхсын / æмбæхст-**
Cadeau	**лæвар / -вæрттæ, хуын**
Cadet	**кæстæр**
Café (boisson)	**къофи**
Cagibi	**къæбиц**
Calculer	**(vt) нымайын / нымадт-**
Calme	**сабыр, æнцад, сындæг**
Camarade	**æмбал / -бæлттæ**
Campagne	**хъæу**
Canard	**бабыз**
Canaille	**æнаккаг / -ккæгтæ**
Canne	**уис, ладзæг / -дзджытæ, -дзгуытæ**
Caresser	**(vt) рæвдауын / рæвдыдт-**
Carrefour	**алвæндаг / -дæгтæ**
Carte géographique	**картæ**
-de restaurant	**меню**
-à jouer	**къам**
Cassé	**саст**
Casser	**(vt) сæттын / -саст-**
Ceci	**ай (pl. адон)**
Ceinture	**рон / рæттæ**
Cela	**уый (pl. уыдон)**

Célèbre	**бæрæг, зындгонд**
Celui-ci	**ацы**
Celui-là	**уыцы**
Cent	**сæдæ, фондзыссæдз**
Central	**сæйраг / -æгтæ**
Centre	**центр**
Cerise	**бал**
Cerveau	**магъз / мæгъзтæ**
Chagrin	**зæрдæрыст, æнкъард**
Châle	**кæлмæрзæн**
Chaise	**бандон / -дæттæ**
Chambre	**уат / уæттæ**
Champ	**быдыр**
Champignon	**зокъо**
Chance	**æнтыст, уæлахиз**
Changement	**ивд, ивддзинад**
Changer	(vt) **ивын, аивын / ивт-**
Chant	**зарæг / -рджыта**
Chanter	**зарын / зарыд(т)-**
Chapeau	**худ**
Chaque	**алы**
Chasse	**цуан**
Chasseur	**цуанон / -нæттæ, цуангæнæг / -джытæ**
Chat	**гæды**
Chaud	**тæвд**
Chauffeur	**шофер**
Chaussette	**цъында**
Chaussure	**дзабыр, къахыдарæс**
Chauve	**гæмæх(сæр), лæгуын**
Chef	**хицау / -ттæ**
Chemin	**фæндаг / -дæгтæ**
Chemise	**хæдон / -дæттæ**
Cher	**зынаргъ, ахсджиаг**
Chercher	(vt) **агурын / агуырдт-**
Cheval	**бæх**
Cheveu	**дзыкку**
Chèvre	**сæгъ**
Chez	se traduit par le cas allatif
Chien	**куыдз / куыйтæ**
Chiffre	**нымæц**

Chinois	**китайаг / -йæгтæ**
Chiot	**къæбыла**
Choisir	(vt) **æвзарын / æвзæрст-**
Choix	**æвзæрст, равзæрст**
Chou	**къабуска**
Chrétien	**чырыстон / -тæттæ**
Ciel	**арв**
Cigarette	**тамако**
Cimetière	**уæлмæрдтæ**
Cinéma	**кино**
Cinq	**фондз**
Cinquante	**фæндзай**
Ciseaux	**хæсгард**
Citron	**лимон**
Clair	**ирд**
Clef	**дæгъæл**
Cochon	**хуы**
Cœur	**зæрдæ**
Coin	**тигъ**
Col	**æфцæг / -джытæ**
Collation	**минас**
Combat	**тох, хæст / -ыта**
Combien	**цас** (indénombr.), **цал** (dénombr.)
Commencement	**райдайæн**
Commencer	(vt) **райдайын / райдыдт-**
Comment	**куыд, цыхуызæн** (de quel genre)
Commun	**иумæйаг**
Comparatif	**абаргæ**
Comparer	(vt) **абарын / абарст-**
Compassion	**тæригъæд**
Compétition	**ерыс**
Complet	**æххæст**
Complètement	**бынтон, зыбыты**
Compliqué	**зын,** (gr.) **вазыгджын**
Comprendre	(vt) **æмбарын / æмбæрст-**
Concert	**концерт**
Condition	**уавæр, домæн**
Conduire	(vt) **тæрын (машинæ) / тардт-**
(se) Conduire	**хи дарын / дардт-**
Connaître	(vt) **зонын / зыдт-**
Conscience	**намыс, æфсарм, цæсгом / -**

	гæмттæ
Conseil	**уынаффæ**
Considérable	**дзæвгар, бирæ**
Construction	**агъуыст / -тытæ**
Construire	(vt) **аразын / арæзт-**
Conte	**аргъау / -гъæуттæ**
Contre	**комкоммæ, ныхмæ**
Convenir	**бæззын / бæззыд(т)-**
Coq	**уасæг / -сджытæ**
Corbeau	**халон / -лæттæ**
Cordial	**зæрдиаг**
Cordonnier	**дзабырхуыйæг / -йджытæ**
Cornichon	**джитъри**
Corps	**буар / буæрттæ**
Côte	**фарс / фæрстæ, фæрск / -счытæ**
Côté	**фарс / фæрстæ**
Coton	**бæмбæг / -джытæ**
Cou	**къубал / -бæлттæ**
Coucher	**хуыссын / хуыссыд(т)-**
Coudre	(vt) **хуыйын / хуыдт-**
Couleur	**хуыз**
Coupe	**нуазæн**
Couper	(vt) **кæрдын / карст-, лыг кæнын**
Cour (de la maison)	**кæрт / -тытæ**
Courage	**æхсар, æхсардзинад, хъæбатырдзинад**
Courir	**тæхын / тахт-, згъорын / згъордт-**
Court	**цыбыр**
Couteau	**кард**
Coutume	**æгъдау / -дæуттæ, фæтк**
Crayon	**кърандас / -дæстæ**
Crêpe	**лауыз**
Crier	**хъæр кæнын**
Croire	**уырнын / уырныдт-**
Croix	**дзуар / -уæрттæ**
Cru	**хом**
Cuillère	**уидыг / -дгуытæ**
Cuire	(vt) **фыцын / фыхт-**
Cuisinière	**пец**
Cuit	**фых**

D

Danger	**тас**
Dangereux	**тæссаг**
Dans	1. se traduit par le locatif intérieur ou postposition **хуылфы**
Danse	**кафт / -тытæ**
Danser	**кафын / кафыд(т)-**
Date	**намыц**
Datif	**дæттынон** (gr.)
De	se traduit par 1. génitif ; 2. ablatif
Debout (être debout)	**лæууын / лæууыд(т)-**
Décéder	**амæлын / амардт-, фæзиан уын**
Décembre	**декабрь, Цыппурсы мæй**
Déchirer	(vt) **тонын / тыдт-,** (vt) **скъуынын / скъуыдт-**
Dedans	**мидæгай, хуылфы**
Défendre	(vt) **хъахъхъæнын / хъахъхъæдт-**
Défunt	**зиан**
Dehors	**æдде, æддейы**
Déjà	**ныр, ныридæгæн**
Déjeuner	**сихор**
Petit déjeuner	**аходæн**
Demain	**райсом**
Demande	**куырдиат**
Demander	1. (vt) **курын / куырдт-** 2. (vt) **фæрсын / фарст-**
Dent	**дæндаг / -дæгтæ**
Dépenser	**хардз кæнын**
Dernier	**фæстаг**
Derrière	**фæстæ, фæстæрдыгæй**
Descendance	**цот (цæуæт)**
Déshonorer	**æгад кæнын**
Déshonneur	**æгад**
Désordonné	**æдзæллаг**
Dessin	**ныв**
Dessous	**дæлæ, дæлейы, бынæй**
Dessus	**уæлæ, уæлейы**
Destin	**хъысмæт, уавæр**

Dette	1. **хæс** 2. **æфстау**
Deux	**дыууæ**
Devant	**раз, разæй**
Diable	**иблис, хæйрæг /-рæджытæ**
Dictionnaire	**дзырдуат / -уæттæ**
Dieu	**хуыцау / -цæуттæ**
Différence	**хицæндзинад**
Différant	**хицæн, æндæрхуызон, алыхуызон**
Difficile	**зын**
Difficulté	**зындзинад**
Digor	**дыгурон / -рæттæ**
Dimanche	**хуыцаубон**
Dinde	**гогыз**
Dîner	**æхсæвæр**
Dire	(vt) **зæгъын / загът-**
Direct	**раст, комкомм+, æргом**
Discours	**ныхас / -хæстæ**
Discussion	**ныхас / -хæстæ**
Dispute	**хыл**
Distrait	**джих**
Diviser	**хицæн кæнын; дих кæнын**
Dix	**дæс**
Dix-sept	**æвддæс**
Dix-huit	**æстдæс**
Dix-neuf	**нудæс**
Docile	**коммæгæс**
Doigt	**æнгуылдз**
Donc	**уæдæ**
Donner	(vt) **дæттын / лæвæрдт-**
Dormir	**фынæй уын, фынæй кæнын**
Dos	**фæсон(тæ), æккой**
Doucement	**сабыргай, сындæккай, цъусгай**
Douche	**душ**
Douleur	**рыст**
Doux	**сабыр, æнцад**
Douze	**дыууадæс**
Drapeau	**тырыса**
Droit	**бар**
Droite	**рахиз**
Drôle	**худæг**
Dur	**хъæбæр, фидар**

E	
Eau	**дон / дæттæ**
Eau-de-vie	**арахъхъ / -хъхъытæ**
Echanger	(vt) **ивын / ивт-**
En échange de	**бæсты**
Eclaire	**арвырттывд**
Ecole	**скъола**
Ecouter	**хъусын / хъуыст-**
Ecrire	(vt) **фыссын / фыст-**
Ecrivain	**фыссæг / -сджытæ**
Edition	**мыхуыр**
Education	**ахуыр, ахуырад**
Effectivement	**æцæг, бæлвырд**
Égalité	**æмсæрад**
Église	**аргъуан**
Ehonté	**æнæфсарм**
Eléphant	**пыл**
Élève	**скъоладзау**
Elle	**уый**
Embrasser	**ба кæнын**
Employer	(vt) **æххуырсын / æххуырст-**
Encore	**ноджы, ма, нырма**
Enervé	**мæсты**
Enfant	**саби, сывæллон / -ллæттæ**
Ennemi	**знаг**
Ensemble	**иумæ**
Enterrement	**мардæвæрæн**
Entretenir	(vt) **дарын / дардт-**
Entier	**æнæхъæн, æгас**
Entrée	**тыргъ**
Entrer	**бацæуын / бацыд(т)- , бахизын / бахызт-**
Enveloppe	**къонверт / -ттæ**
Envie	**фæндон / -дæттæ, -нтæ**
Envoyer	(vt) **æрвитын / æрвыст-**
Epaule	**уæхск / -счытæ**
Epoque	**дуг, заман**
Epouse	**ус, бинойнаг**

Epoux	**лæг**
Erreur	**рæдыд / -дтæ, -дтытæ**
Escalier	**асин**
Espoir	**ныфс**
Esprit	**уд**
Essence	**бензин**
Essuyer	(vt) **сæрфын / сæрфт-**
Est	**(хуры) скæсæн**
Estomac	**ахсæн**
Et	**æмæ**
Étage	**уæладзыг / -дзгуытæ**
Etat	**паддзахад / -хæдтæ**
Eté	**сæрд**
Etincelle	**зынг**
Eteindre	(vt) **рафтауын / рафтыдт-, ахуыссын кæнын**
Etoile	**стъалы**
Etonnement	**дис**
Etrange	**æнахуыр, диссаг**
Etranger	**æцæгæлон** (hostile)
Être	**уын, уæвын, вæййын**
Etroit	**нарæг, æнгом**
Etudes	**ахуыр**
Etudiant	**студент**
Européen	**европæйаг / -йæгтæ**
Excuse	**æфсон / -сæнттæ**
s'excuser	**хатыр курын**
Excellent	**замманай**
Exemple	**æвдисæн**
Exercice	**фæлтæрæн**
Expérience	**фæлтæрддзинад**
Extérieur	**æддаг**
F	
Fabriquer	(vt) **аразын / арæзт-**
Face	**комкоммæ**
Fâché	**мæсты, тызмæг**
Facile	**æнцон**
Faible	**лæмæгъ, æнæхъару, æнæбон**
Faim	**æххормаг / -мæгтæ**

Faire	**(vt) кæнын / кодт-**
Falloir	**хъæуын / хъуыд(т)-**
Famille	**бинонтæ**
Farine	**ссад**
Fatigué	**фæллæд**
Faute	**аххос, рæдыд /-дтæ, -дтытæ**
Faux	**мæнг**
Femelle	**сыл**
Femme	**сылгоймаг / -мæгтæ**
Fenêtre	**рудзынг / -дзгуытæ**
Fer	**æфсæн, æфсæйнаг / -нæгтæ**
Fermer	**(vt) æхгæнын / æхгæдт-**
Fête	**бæрæгбон / -бæттæ**
Feu	**арт / æртытæ**
Feuille	**сыф, гæххæтты сыф**
Février	**февраль, æртхъирæны мæй**
Fier	**сæрыстыр, хъал**
Fièvre	**тæвд**
Fil	**æндах / -дæхтæ**
Fille	**чызг / -зджытæ**
Fils	**фырт, лæппу**
Fin	**кæрон / -рæттæ**
Final	**фæстаг**
Finir	**фæуын (irrég.)**
Flèche	**фат / фæттæ**
Fleur	**дидинæг / -нджытæ**
Foi	**дин**
Foie	**игæр**
Fois	**хатт**
Foncé	**тар**
Fondre	**тайын / тад-**
Force	**тых, хъару**
Forêt	**хъæд**
Fort	**тыхджын, хъаруджын**
Forteresse	**гæнæх**
Fou	**æдылы, æрра, æнæзонд**
Fourchette	**вилкæ**
Foyer	**къона**
Français	**францаг / -цæгтæ, французаг / -зæгтæ**
Frère	**æфсымæр**

Friandise	**адджинад / -нæдтæ**
Frisé	**къæбæлдзыг**
Froid	**уазал**
Fromage	**цыхт / -тытæ**
Fromage frais	**инджын**
Front	(anat.) **ных**
Fruit	**дыргъ**
Fumée	**фæздæг**
Fumer	**(тамако) дымын / дымдт-**
Fusil	**топп / -ппытæ**
G	
Gai	**хъæлдзæг**
Gagner	(vt) **æмбулын / амбылдт-**
Garçon	**лæппу**
Gauche	**галиу**
Gaucher	**галиуаг**
Géant	**уæйыг / -йгуытæ**
Gêner	**(vt) хъыгдарын / хъыгдардт-**
Génitif	**гуырынон** (gr.)
Genou	**уæраг / -рджытæ**
Géorgien	**гуырдзиаг / -иæгтæ**
Glace	**их**
Glacier	**ихуат / -уæттæ**
Gloire	**кад, цыд, намыс**
Gorge (anat.)	**хъуыр**
Goût	**ад**
Gouvernement	**хицауад**
Grâce à	**руаджы**
Grand	**стыр, бæрзонд, егъау**
Grain	**нæмыг / -гуытæ, гага**
Graine	**апп, нæмыг /-гуытæ**
Graisse	**сой**
Gratuit	**лæвар, æнæфидгæ**
Grec	**грекъаг / -къæгтæ**
Grêle	**их**
Gris	**фæныкхуыз**
Gros	**нард, ставд**
Guérir	**дзæбæх кæнын**
Guerre	**хæст / -стытæ, тох**

Guitare	**гитарæ**
H	
Habile	**дæсны**
Habit	**дарæс, дзаума / -æтта**
Habitant	**цæрæг / -рджытæ**
Habiter	**цæрын / цард(т)-**
Habitude	**ахуыр**
Hanche	**син**
Haricot	**хъæдур**
Haut	**бæрзонд**
Herbe	**кæрдæг / -дæджытæ**
Hérisson	**уызын**
Heure	**сахат / -хæттæ**
Heureux	**амонджын**
Hier	**знон**
Hiver	**зымæг**
Homme	**адæймаг / адæм, нæлгоймаг / -мæгтæ**
Honnête	**раст, цæсгомджын, цæсгом / -гæмттæ**
Honneur	**ном / нæмттæ, намыс**
Honte	**худинаг**
Hôpital	**рынчындон / -дæттæ**
Hôte	**уазæг / -зджытæ**
Hôtel	**фысымуат / -уæттæ**
Huile	**сой**
Humanité	**дзыллæ, дзыллæтæ**
Humide	**уымæл**
Huit	**аст**
I	
Ici	**ам**
Idiot	**æдылы, сæрхъæн**
Il	**уыдон**
Ils	**уый**
Image	**сурæт**
Immédiatement	**уайтагъд**
Imiter	(vt) **фæзмын / фæзмыдт-**

Important	**ахсджиаг**
Impossible	**æнæбыхсгæ**
Imprévu	**æнæнхъæлæджы**
Inaccoutumé	**æнахуыр**
Incompréhensible	**æнæмбаргæ**
Inconnu	**æнæзонгæ, æнæбæраг**
Indécent	**æнаккаг / -ккæгтæ**
Indépendance	**хæдбарад**
Infatigable	**æнæзивæг**
Innocent	**æнаххос, æнæзым**
Intelligence	**зонд / зæндтæ**
Intelligent	**зондджын**
Intéressant	**зæрдаскъæфæн**
International	**æппæтдунеон**
Interprète	**тæлмацгæнæг / -нджытæ**
Inutile	**æнæпайда**
Inventer	**мысын / мысыд(т)-**
Invitation	**хуынд**
Inviter	(vt) **хонын / хуыдт-**
Involontairement	**æнæбары**
Italien	**италиаг / -иæгтæ**
Ivre	**нозтджын, расыг**
J	
Jamais	**никуы, макуы** (dans les phrases à l'impératif ou au subj.-conditionnel)
Jambe	**къах / къæхтæ**
Janvier	**январь, тъæнджы мæй**
Japonais	**япойнаг / -нæгтæ**
Jardin	**цæхæрадон / -дæтта**
Jaune	**бур**
Je	**æз, мæхæдæг**
Jeter	(vt) **æппарын / æппæрст-**
Jeudi	**цыппæрæм**
Jeune	**æрыгон, æвзонг**
Joie	**цин, циндзинад**
Joli	**рæсугъд, аив, хæрзуынд**
Joue	**рус**
Jouer	**хъазын / хъазыд(т)-; цæгъдын / цагът-** (instr.de musique)

Jouet	хъазæн
Jour	бон / -нтæ
Journal	газет / -зеттæ
Joyeux	хъæлдзæг
Juge	тæрхонгæнæг / -нджытæ
Juger	тæрхон кæнын
Juif	дзуттаг / -ттæгтæ
Juillet	июль, сусæны мæй
Juin	июнь, хурхæтæны мæй
Jusqu'à	суанг, онг
K	
Koudar (Ossète du sud)	къуыдайраг / -рæгтæ
L	
Là	уым
Laid	фыдынд
Laine	къуымбил
Laisser	(vt) уадзын / уагът-
Lait	æхсыр
Lampe	цырагъ / -рæгътæ, рухс / -сытæ, лампæ
Langage	æвзаг / -зæгтæ
Large	фæтæн
Larme	цæстысыг
Laver	(vt) æхсын / æхсадт-
Leçon	урок
Légal	æмбæлгæ, закъонмæ гæсгæ
Légende	таурæгъ, кадæг / -дджытæ
Léger	рог, рæуæг
Légume	халсар / -ртæ, -сæрттæ
Lentement	сабыргай, сындæггай
Lequel	кæцы
Lettre	писмо, фыст
Leur	сæ
Lèvre	был
Lézard	гæккуыри
Liberté	сæрибардзинад
Libre	сæрибар

Lieu	**бынат / -нæттæ**
Lièvre	**тæрхъус**
Lion	**домбай**
Lire	**кæсын / каст-**
Lisse	**лæгъз**
Lit	**сынтæг / -тæджытæ, хуыссæн**
Livre	**чиныг / -нгуытæ**
Locatif	**бынæттон** (gr.)
Logement	**хæдзар / -дзæрттæ**
Loi	**закъон**
Loin	**дард**
Long	**даргъ**
Longueur	**дæргъ**
Loup	**бирæгъ**
Lourd	**уæззау**
Lumière	**рухс / -сытæ**
Lundi	**къуырисæр**
Lune	**мæй**
Lunettes	**кæсæнцæстытæ**
M	
Magasin	**дукани**
Mai	**май, зæрдæвæрæны мæй**
Maigre	**мæллæг, цола**
Main	**арм / æмттæ**
Maintenant	**ныр, ныртæккæ**
Mais	**фæлæ, та**
Maïs	**натхор / -хæрдтæ**
Maison	**хæдзар / -дзæрттæ**
Mal	**фыд**
Malade	**рынчын**
Maladie	**низ**
Mâle	**нæл**
Malheur	**фыдбылыз, бæллæх**
Manger	(vt) **хæрын / хордт-**
Manteau	**кæрц, пъалто**
Marché	**базар**
Marcher	**фистæгæй цæуын / цыд(т)-**
Mardi	**дыццæг**
Mariage	**чындзæхсæв**

Marron	**моræ**
Mars	**мартъи, тæргæйтты мæй**
Marteau	**дзæбуг**
Matelas	**гобан / -бæттæ**
Matin	**райсом**
Mauvais	**æвзæр**
Méchant	**налат, фыдзæрдæ**
Médecin	**дохтыр**
Médicament	**хос**
Menace	**æртхъирæн, тас**
Mensonge	**сайд / сæйдтытæ, мæнг, гæдыдзинад**
Mentir	(vt) **сайын / сайдт-, гæды ныхæстæ кæнын**
Menton	**роцъо**
Mer	**денджыз**
Merci	**бузныг**
Mercredi	**æртыццæг**
Mère	**мад / -дæлтæ**
Merveilleux	**диссаджы, æмбисонды**
Mésange	**дзывылдар**
Message	**хабар, уац**
Mesurer	(vt) **барын / барст-**
Midi	**æмбисбон**
Miel	**мыд**
Milieu	1. **астæу** 2.**æхсæнад**
Militaire	1. **хæстон** 2. **æфсæддон**
Mille	**мин**
Minuit	**æмбисæхсæв**
Minute	**минут**
Miracle	**диссаг / -ссæгтæ, æмбисонд / -сæндтæ**
Miroir	**кæсæн, айдæн**
Mixte	**хæццæ**
Moderne	**нырыккон, ныры**
Modestie	**æфсарм / -сæрмытæ**
Moi	**æз**
Moins	**къаддæр**
Mois	**мæй**
Moitié	**æрдæг / -дæдджытæ, æмбис**
Mon	**мæн, мæхи**

Monde	**дуне, дунетæ**
Monnaie	**æхца**
Montagne	**хох / хæхтæ**
Montre	**сахат**
Montrer	(vt) **æвдисын / æвдыст-**
Mort	**мард / мæрдтæ** ; la mort : **мæлæт**
Mosquée	**мæзджыт**
Mot	**дзырд, ныхас / -хæстæ**
Mouche	**бындз / -дзытæ**
Mouillé	**хуылыдз**
Moulin	**куырой, уадгуырой, донгуырой**
Mousse	**фынк / -нчытæ**
Moustache	**рихитæ**
Moustique	**къогъо**
Mouvement	**змæлд**
Muguet	**джыджына**
Multicolore	**хъулон, дзыгъуыр(тæ)**
Mur	**къул**
Mûr	**тута**
Musée	**музей**
Musique	**музыкæ**
Musulman	**пысылмон / -мæттæ**
Mutuel	**кæрæдзи**
Mystère	**сусæгдзинад**
N	
Nager	**ленк кæнын**
Naissance	**райгуырд**
Naître	**гуырын / гуырд(т)-, æвзæрын / æвзæрд(т)**
Narte	**нарт адæм**
Nation	**наци**
Nature	**æрдз**
Ne	**нæ**
Nécessaire	**хъæугæ**
Neige	**мит**
Nettoyer	**сыгъдæг кæнын**
Neuf, nouveau	**ног, нæуаг**
Neuf	**фараст**
Nez	**фындз**

Ni…ni	**нæ...нæ (conj.), нæдæр...нæдæр**
Noble	**уæздан**
Noël	**цыппурс**
Noir	**сау**
Noix	**æнгуз**
Nom	**ном / нæмттæ**
Nom (gr.)	**номдар**
Nominatif	**номдар (gr.)**
Nom de famille	**мыггаг / -ггæгтæ, мыггаджы ном**
Nombre	**нымæц; бæрц**
Nord	**цæгат**
Nourrir	**(vt) æфсадын / æфсæст-**
Nous	**мах, нæхæдæг**
Nouvelle	**хабар / -бæрттæ, уац**
Novembre	**ноябрь, Джеоргуыбайы мæй**
Nu	**бæгънæг, гом**
Nuage	**мигъ, æврагъ / -рæгътæ**
Nuit	**æхсæв**
Nul	**ницы**
Nulle part	**никуы**
Numéro	**номыр**
O	
Objet	**дзаума / -мæттæ**
Obstacle	**цæлхдур, къуыллымпы**
Octobre	**октябрь, кæфты мæй**
Odeur	**тæф**
Œil	**цæст / -тытæ**
Œuf	**айк / æйчытæ**
Oie	**хъаз**
Oignon	**хъæдындз**
Oiseau	**цъиу, маргъ / мæргътæ**
Ombre	**аууон**
Ongle	**ных**
Onze	**иуæндæс**
Opération	**операци, къæртт / -ттытæ**
Opinion	**цæстынгас**
Or (met.)	**сызгъæрин, сыгъзæрин**
Orage	**тæрккъæвда**
Oreille	**хъус**

Oreiller	**баз**
Origan	**джеджджын**
Organisation	**организаци**
Orge	**хъæбæрхор**
Ortie	**пысыра**
Os	**стæг / стæджытæ**
Ossète	**ирон / -рæттæ**
Ossétie	**Ирыстон**
Ou	**æви**
Où	**кæм** (sans mouvement) ; **кæдæм** (avec mouvement)
Oublier	**рох кæнын**
Ouest	**(хур) ныгуылæн**
Oui	**о**
Ours	**арс / -сытæ**
Ouvert	**гом**
Ouvrir	**гом кæнын**
P	
Pain	**дзул, кæрдзын**
Paix	**сабырдзинад**
Palais	**галуан**
Pâle	**ивад, фæлурс**
Pantalon	**хæлаф / -лæфтæ**
Papier	**гæххæтт / -ттытæ**
Papillon	**гæлæбу**
Pâques	**куадзæн**
Par	se traduit par l'ablatif
Paradis	**удыбæстæ**
Parc	**парк**
Parce que	**уымæн æмæ**
Pardon	**хатыр**
Parents	**ныййарджытæ**
Paresse	**зивæг**
Parfum	**духи**
Pari	**хæснаг / -нæгтæ**
Parler	(vt) **дзурын / дзырдт-**
Parmi	**æхсæн**
Part	**хай / хæйттæ**
Partager	**дих кæнын**, (vt) **уарын / уарст-**

Partir	**ацæуын / ацыд(т)-**
Partout	**алыварс**
Passeport	**паспорт**
Pastèque	**харбыз**
Patrie	**райгуырæн бæстæ**
Patron	**хицау / -цæуттæ**
Pauvre	**мæгуыр, æнæхай**
Payer	(vt) **фидын / фыст-**
Pays	**паддзахад / -хæдтæ, бæстæ**
Peau	1. **царм / цæрмттæ** ; 2. (épluchure) **цъар / цъæрттæ**
Pêcher	**кæсаг ахсын**
Pêcheur	**кæфахсæг / -сджытæ**
Peintre	**нывгæнæг / -нджытæ**
Peinture	**ахорæн**
Pensée	**хъуыды, сагъæс**
Perdre	(vt) **сафын / сæфт-**
Père	**фыд / фыдæлтæ**
Personne	**ничи, мачи** (dans les phrases à l'impératif ou au subjonctif-conditionnel
Petit	**гыццыл, чысыл**
petit à petit	**гыццылгай**
Petit déjeuner	**ходæн**
Peu	**чысыл, гыццыл, цъус**
Peuple	**адæм**
Peur	**тас, тасдзинад**
Peut-être	**æвæццæгæн, хæрзаг**
Pharmacie	**афтек**
Photographie	**къам**
Photographier	**къамтæ исын**
Pied	**къах, къахы бын**
Pierre	**дур**
Pigeon	**бæлон / -лæттæ**
Piment	**цывзы**
Plaire	**зæрдæмæ цæуын**
Planter	(vt) **садзын / сагът-**
Plaisir	**æхсызгондзинад**
Plante	**зайæгой**
Plat (culinaire)	**хæринаг / -нæгтæ**
Plat	**тъæпæн**

Plein	**дзаг, æххæст, йедзаг**
Pleurer	**кæуын / куыдт-**
Pleuvoir	**уарын / уарыд**
Plomb	**зды**
Pluie	**къæвда**
Plus	**фылдæр**
Plusieurs	**цалдæр**
Pneu	**цалх / -лхытæ**
Poche	**дзыпп / -ппытæ**
Poème	**кадæг / кадджытæ, поэмæ, æмдзæвгæ**
Poète	**поэт, æмдзæвгæтæ фыссæг**
Poids	**уæз**
Poignard	**хъама**
Poire	**кæрдо**
Poisson	**кæсаг / -сæгтæ, кæф**
Poitrine	**риу**
Poivre	**бырц**
Police	**милицæ**
Pomme	**фæткъуы**
Pomme de terre	**картоф / -тæфтæ**
Pommette	**уадул**
Pont	**хид**
Population	**цæрджытæ**
Porc	1. **хуы** ; 2. **хуыйы фыд** (viande)
Porte	**дуар / дуæрттæ**
Porter	(vt) **дарын / дардт-**
Poser	(vt) **æвæрын / æвæрдт-**
Possibilité	**бон, гæнæн**
Poulet	**карк / -рчытæ**
Poupée	**кукла**
Pourri	**æмбыд**
Pourquoi	**цæмæн**
Poussière	**рыг**
Poutre	**хъайван**
Préfixe	**разæфтауæн**
Premier	**фыццаг**
Prendre	(vt) **исын (райсын) / ист- (райст-)**
Prénom	**ном**
Près	**хæстæг, æввахс, æнгом**
Président	**президент**

Prêt	**цæттæ**
Prétexte	**æфсон**
Prêtre	**сауджын**
Prier	**кувын / куывт-**
Prière	**куывд / -дтæ, -дтытæ**
Prince	**æлдар / -дæрттæ**
Printemps	**уалдзæг**
Prison	**ахæстон / -тæттæ**
Prix	**аргъ / æргътæ**
Probablement	**хъуамæ**
Proche	**хæстæг / -джытæ**
Profond	**арф**
Promesse	**зæрдæвæрд**
Propre	**сыгъдæг**
Propreté	**сыгъдæгдзинад**
Proverbe	**æмбисонд /-сæндтæ**
Proximité	**æввахсдзинад**
Prune	**члауи**
Puissance	**хъомыс, тых**
Q	
Quand	**кæд**
Quarante	**цыппор, дыууиссæдз**
Quatorze	**цыппæрдæс**
Quatre	**цыппар**
Quatre-vingt	**æстай, цыппарыссæдз**
Quatre-vingt-dix	**нæуæдз**
Quel	**цавæр, цахæм**
Quelque chose	**цыдæр**
Quelque part	**кæмдæр**
Quelqu'un	**чидæр**
Querelle	**хыл**
Question	**фарста**
Questionner	**фæрсын / фарст-**
Queue	**къæдзил**
Qui	**чи**
Quinze	**фынддæс**
Quoi	**цы**

R	
Racine	**бын, уидаг / -дæгтæ, бындзæфхад / -хæдтæ**
Raconter	(vt) **радзурын / радзырдт-**
Radio	**радио**
Raisin	**сæнæфсир**
Raison	**æфсон, аххос**
Rapide	**тагъд, цырд**
Rare	**стæм**
Raser	(vt) **дасын / даст-**
Rasoir	**дасæн**
Rassemblement	**æмбырд**
Rat	**уыры**
Rayon (de soleil)	**(хуры) тын**
Réception	**хуынд / -дтытæ**
Récit	**радзырд**
Réfrigérateur	**уазалгæнæн**
Regarder	**кæсын / каст-**
Règle	**уаг, уагæвæрд**
Regret	**фæсмон**
Rein	**уырг**
Relation	**ахæст / -тытæ**
Religion	**дин**
Remerciement	**арфæ, бузныг**
Renard	**рувас**
Rencontre	**фембæлд / -лдтытæ, æмбæлдтæ / -тытæ**
Rencontrer	**фембæлын, æмбæлын / æмбæлд(т)-**
Réparer	**æмпъузын / æмпъызт-, аразын / арæзт-**
Répondre	**дзуапп дæттын / лæвæрдт-**
Réponse	**дзуапп / -ппытæ**
Repos	**улæфт / -тытæ, æнцой**
République	**республикæ**
Répugnant	**æнад**
Respect	**цыт, нымад, кад**
Respectable	**кадджын**
Respirer	(vt) **улæфын / улæфд(т)-**

Responsable	**бæрнон, ахсджиаг**
Restaurant	**хæрæндон / -дæттæ**
Rester	**лæууын / лæууыд(т)- , баззайын / баззад(т)-**
Réunion	**æмбырд**
Réussir	**æнтысын, бантысын / æнтыст-**
Rêve	**фын, бæллиц, сагъæс**
Réveiller	**хъал кæнын**
Riche	**хъæздыг, хъæзныг, бонджын, парахат**
Richesse	**хъæздыгдзинад**
Rien	**ницы**
Rire	**худын / худт-**
Rivière	**дон, цæугæдон**
Riz	**пырындз**
Robe	**къаба**
Rocher	**къæдзæх**
Roi	**паддзах / -дзæхтæ**
Rond	**тымбыл**
Rose	**розæ**
Rouble	**сом**
Roue	**цалх / -хытæ**
Rouge	**сырх**
Route	**фæндаг / -дæгтæ**
Rue	**уынг**
Rumeur	**кой**
Ruse	**хин, хиндзинад**
Russe	**уырыссаг / -ссæгтæ**
S	
Sable	**змис**
Sabre	**æхсаргард / -гæрдтæ**
Sac	**голлаг / -лджытæ, ллæгтæ, хызын**
Sacré	**ахсджиаг, уæлфæдзæхст**
Sage	**зонджын**
Saison	**афон**
Samedi	**сабат**
Sanctuaire	**кувæндон / -дæттæ, дзуар / -уæрттæ**

Sang	**туг**
Sans	**æнæ**
Santé	**æнæниздзинад, хæлæр**
Satisfaction	**райгондзинад**
Sauf	**уæлдай, йеддæмæ**
Saut	**гæпп / -ппытæ**
Sauvage	**хъæддаг / -ддæгтæ**
Sauver	**фервæзын кæнын**
Savant	**ахуыргонд / -гæндтæ**
Savoir	(vt) **зонын / зыдт-**
Savon	**сапон / -пæттæ**
Savoureux	**хæрзад**
Scarabée	**хъæндил**
Sec	**хус, сур**
Second	1. **дыккаг** ; 2. (une seconde) **сикъунд**
Seize	**æхсæрдæс**
Sel	**цæхх / -ххытæ**
Selon…	**… гæсгæ**
Semaine	**къуыри**
Semblable	**æнгæс, хуызæн**
Semer	**(vt) тауын / тыдт-**
Sensible	**æнкъарæг**
Sept	**авд**
Septembre	**сентябрь, рухæны мæй**
Serf	**саг**
Serment	**ард / æрдтæ**
- prêter serment	**ард хæрын**
- se parjurer	**ард халын**
Serpent	**калм / -лмытæ**
Serrure	**дæгъæл**
Seuil	**къæсæр**
Seul	**иунæг**
Si	**кæд, куы**
Siècle	**æнус**
Signe	**нысæн**
Signer	**къух æвæрын**
Silence	**сабырдзинад, хъусад**
Silencieux	**мадзура, æнæдзургæ**
Simple	**хуымæтæг, æнæхин**
Sinon	**кæннод**

Situation	**уавæр**
Six	**æхсæз**
Société	**дзыллæ, æхсæнад**
Sœur	**хо**
Soie	**зæлдаг, цыллæ**
Soif	**дойны**
Soigner	**дзæбæх кæнын**
Soir	**изæр**
Soixante	**æртиссæдз, æхсай**
Soixante-dix	**дæс æмæ æртиссæдз, æвдай**
Sol	**пъол**
Soldat	**салдат / -дæттæ**
Soleil	**хур**
Solide	**хъæбæр, хъæттых, фидар**
Solution	**райхæлд, тæрхон, уынаффæ**
Sombre	**талынг, тар**
Sommeil	**фынæй, хуыссæг**
Sommet	**цъупп / -ппытæ, сæр**
Son	**йæ**
Souci	**мæт, катай, сагъæс**
Soudain, subitement	**æвиппайды, æваст**
Souhaiter	**бæллын / бæллыд(т)-, фæндын**
Soupe	**хъæхуыпп / -ппытæ, бас**
Souple	**тасæг, тасгæ**
Source	**1. равзæрæн 2. суадон / -дæттæ**
Sourd	**къуырма**
Sourire	**мидбылты худт**
Souris	**мыст / -тытæ**
Sortie	**рацыд, рацæуæн**
Sous	**бын**
Sottise	**æдылыдзинад, æдылы ми**
Souvent	**арæх**
Spectacle	**спектакль, равдыст / -ытæ**
Sport	**спорт**
Stylo	**фыссæн**
Sucre	**сæкæр**
Sucré	**адджын**
Sud	**хуссар**
Suffisant	**фаг, æгъгъæд,**
Supériorité	**уæлахиздзинад**
Svelte	**уындджын, кондджын**

T	
Tabac	**тамако**
Table	**стъол, фынг**
Tache	**къæм**
Tâche	**хæслæвæрд**
Talon	**зæвæт / -ттæ**
Tambour	**гуымсæг**
Tapis	**гауыз**
Tasse	**къус**
Taxi	**тæкси**
Téléphone	**телефон**
Télévision	**телевизор**
Temps	1. **рæстæг / -тæгтæ, афон ;** 2. **боныхъæд** (météo)
Tendresse	**буцми, рæвдауæн ми**
Teinture	**ахорæн**
Terre	**зæхх / -ххытæ, мæр**
Tête	**сæр**
Texte	**текст**
Thé	**цай**
Théâtre	**театр**
Ticket	**билет**
Tissu	**уæфт / -тытæ, хъуымац / -мæцтæ**
Toile	**кæттæг / -ттæгтæ**
Toit	**уæлхæдзар / -дзæрттæ**
Tolérance	**быхсындзинад**
Tombe	**ингæн, цырт**
Tomber	**хауын / хаудт-**
Tonner	**нæрын / нæрыд-**
Tôt	**раджы**
Toucher	**æвналын / æвнæлдт-**
Toujours	**æдзух, æппыныдзух**
Tour (donjon, etc.)	**мæсыг / -сгуытæ**
Tour (à son tour)	**рад**
Tourner ; se tourner	(vt) **зилын / зылдт- ; фæзилын**
Tous	**алчи**
Tousser	**хуыфын / хуыфыд(т)-**
Tout	**алцы**
Trace	**фæд**

Tradition	**æгъдау, фæтк**
Traduction	**тæлмац**
Train	**поезд**
Travail	**куыст**
Travailler	**(vt) архайын / архайдт-, (vt) кусын / куыст-**
Tremblement de terre	**зæххæнкъуыст / -стытæ**
Treize	**æртындæс**
Trente	**дæс æмæ ссæдз, æртын**
Très	**тынг, иттæг**
Trésor	**хæзна**
Triste	**æнкъард**
Trois	**æртæ**
Trop	**æгæр**
Trou	**хъуынкъ / -нчъытæ**
Trouver	**(vt) ссарын / ссардт-**
Tu	**ды, дæхæдæг**
Tuer	**(vt) марын / мардт-**
Turc	**туркаг / -кæгтæ**
U	
Un	**иу**
Union	**цæдис**
Univers	**дуне, дун-дуне**
Université	**университет**
Urgent	**æвастиад**
Utile	**пайдаджын**
V	
Vacances	**уагъд / уæгъдтæ, каникултæ**
Vache	**хъуг / хъуццытæ**
Vague	**уылæн**
Vain	**дзæгъалы**
Valeur	**аргъ / æргътæ**
Vallée	**дæлвæз, ком / кæмттæ, тæрф**
Valoir	**аргъ уын, аккаг уын**
Veau	**род, рæуæд**
Vendre	**уæй кæнын**
Vendredi	**майрæмбон**

Venir	**ærбацæуын / ærбацыд(т)-**
Vengeance	**маст ист**
Vent	**дымгæ**
Ventre	**гуыбын**
Verbe	**мивдисаг / -сджытæ**
Vérité	**æцæгдзинад, рæстдзинад**
Verre	**авг / æвгтæ**
Verser	(vt) **калын / калдт-**
Vert	**цъах, кæрдæгхуыз**
Vêtement	**дарæс, дзаума / -мæттæ**
Viande	**дзиза, фыд**
Victime	**нывонд / -вæндтæ**
Victoire	**уæлахиздзинад**
Vide	**афтид, æвдæлон**
Vie	**цард, цæрæнбон**
Vieillard	**зæронд лæг**
Vieillesse	**зæронддзинад**
Vieux	**зæронд, рагон**
Vif	**сæрæн**
Vigne	**сæнæфсир**
Ville	**сахар, горæт / -ттæ**
Village	**хъæу**
Vin	**сæн**
Vingt	**ссæдз, дыууын**
Violence	**тыхми, тыхдзинад**
Violon à cordes	**ирон фæндыр, хъисын фæндыр**
Visiter	**бæрæг кæнын**
Vite	**тагъд, цырд**
Vitesse	**тагъд, тагъдзинад**
Vivant	**удыгас**
Vivre	**цæрын / цард(т)-**
Voici	**мæнæ**
Voir	(vt) **уынын / уыдт-**
Voisin	**сыхаг / -хæгтæ**
Voiture (automobile)	**машинæ**
Voix	**хъæлæс**
Voler (dérober)	(vt) **давын / давт-**
Voleur	**абырæг; давæг**
Vouloir	**фæндын / фæндыд**
Vous	**сымах, уæхæдæг**
Voyage	**балц**

Vrai	**æцæг**
Vraiment	**æцæгæй**
Vue	**уынд / -дтытæ, хуыз**
W	
Wagon	**вагон**
X	
Y	
Yoghourt	**къæпы**
Z	
Zèle	**æнувыдзинад**
Zéro	**нуль**
Zinc	**цинк**
Zoo	**цæрæгойты парк**

Note : Ces deux glossaires osséto-français et franco-ossète ne contiennent qu'un vocabulaire de base comprenant notamment tous les termes employés dans l'ouvrage avec leurs principales significations. Comme on l'imagine, le lexique ossète est d'une richesse quantitative et sémantique dont seul un bon dictionnaire peut donner l'idée.

BIBLIOGRAPHIE (ouvrages utilisés)

.Bachrach, B., *A history of the Alans in the West*, Minneapolis, 1973.
.Benveniste, E., *Etudes sur la langue ossète*, Paris, librairie Klincksieck,1959.
.Christol, A., *Des Scythes aux Ossètes*, UA 390 / Rouenlac, 1989.
.Dumézil, G., *Mythe et épopée*, Gallimard, Paris, 1968.
.Khétagourov, K., *Ossoba*, publié in *D'Ossétie et d'alentour*, N° 2-6, Paris.
.V. Kouznetsov, V. et Lebedynsky, I., *Les Alains, cavaliers des steppes, seigneurs du Caucase*, Errance, Paris, 1997.
.Lebedynsky, I., *Les Scythes,* Errance, Paris, 2001 ; *Les Sarmates*, Errance, Paris, 2002.
.Schiltz, V., « La civilisation des Sauromates », *L'or des Scythes*, Edition des musées nationaux, Paris, 1975.

.Багаев, Н.К. *Современный осетинский язык*, тт. I-II, Орджоникидзе, изд-во « Ир » 1982.
.Исаев, М.И., *Аланы. Кто они ? Предисловие к книге Бернард С. Бахрах « Аланы на Западе »*, Москва, « Ард », 1993.
.Ирон аджмы героикон эпос, Наука, Москва, 1990.
.Калоев, Б.А., *Осетины глазами русских и иностранных путешественников (XIII- XIX вв.)*, Орджоникидзе, С-О книжное издательство, 1967.
.Кузнецов, В.А., *Алано-осетинские этюды*, Владикавказ, Северо-Осетинский институт гуманитарных исследований, 1993.
.Кузнецов, В.А., *Путешествие в Древний Иристон*, Владикавказ. «Ир», 1995.
.Магометов, А.Х., *Культура и быт осетинского народа*, Орджоникидзе, «Ир», 1968.
.Миллер, В., *Осетинские этюды*. Владикавказ, 1992.
.Нарты. Осетинский героический эпос в 3х книгах, Москва, Наука, 1990.
.Торчинов, В.А., Кисиев, М.Ш., *Осетия. Историко-этнологический справочник*, Санкт-Петербург – Владикавказ, 1998.
.Осетинское народное творчество. Составитель Хамицаева Т.А.. Владикавказ, « Ир », 1992.
.Уарзиаты, В., *Ирон бæрæгбæттæ незамантæй абонмæ*, Цæгат Ирыстоны гумæнитарон иртæсæнты институт, Дзæуджыхъæу, 1995.
.Шёгрен, А., *Осетинская грамматика.* Санкт-Петербургъ, 1844.

***Dictionnaires* :**

.Абайты, В., *Ирон-уырыссаг дзырдуат ирон æвзаджы грамматикæйы очеркимæ*, Орджоникидзе, « Ир », 1970.
.Абаев, В.И., *Историко-этимологический словарь осетинского языка*, тт. I-IV, Москва-Ленинград, 1958-1989.

Périodiques :
.*D'Ossétie et d'alentour*, publié par l'Association ossète en France, 33-36 rue de Sèvres, 75006 Paris ; articles sur la langue ossète, l'histoire des Ossètes et de leurs ancêtres scytho-sarmato-alains, actualité et géopolitique du Caucase du Nord.
.*Бюллетень Владикавказского Института управления*, Владикавказ, 1998-2003.

Abréviations :

K. Kh. : Kosta Khétagourov
M. B. : Mikhaïl Bassiev.

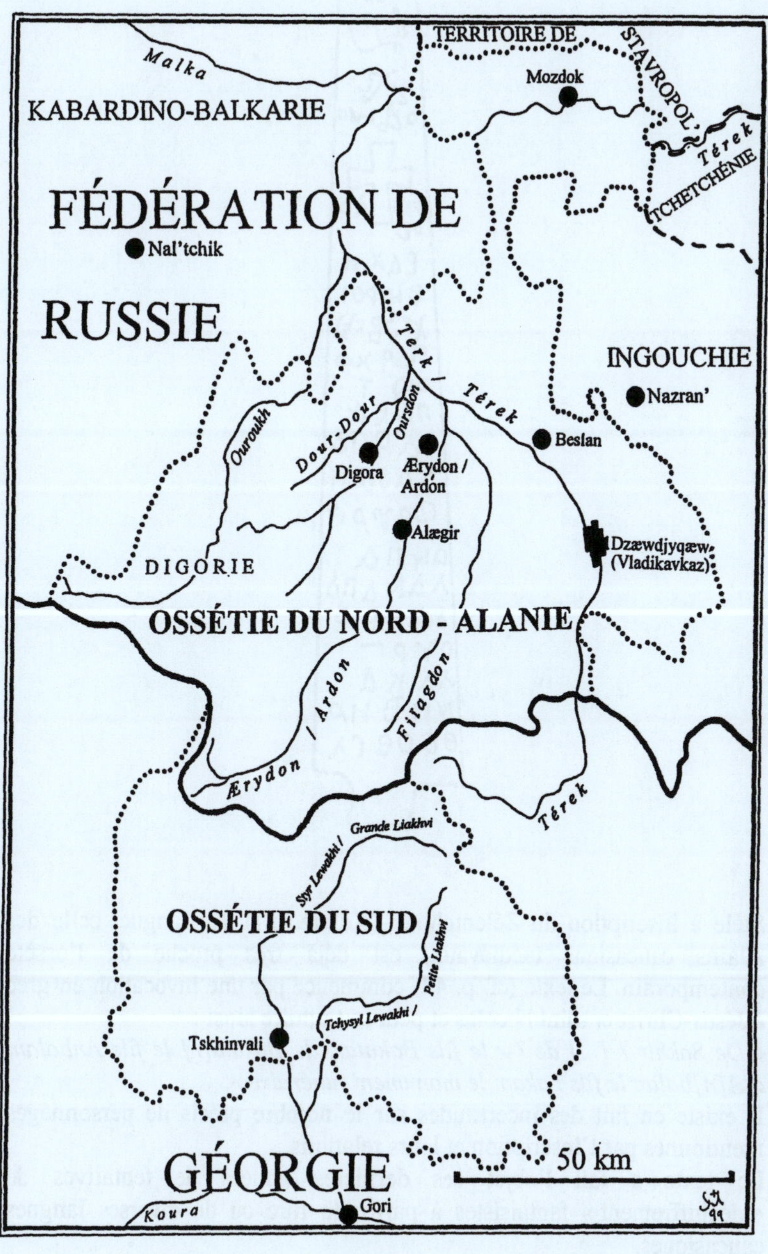
TERRITOIRE DE
STAVROPOL'
Malka
Mozdok
KABARDINO-BALKARIE
Térek
TCHETCHÉNIE
FÉDÉRATION DE
RUSSIE
Nal'tchik
Terk / Térek
INGOUCHIE
Nazran'
Ouroukh
Dour-Dour
Oursdon
Beslan
Digora
Ærydon / Ardon
Alægir
Dzæwdjyqæw (Vladikavkaz)
DIGORIE
OSSÉTIE DU NORD - ALANIE
Ærydon / Ardon
Filagdon
Térek
Styr Lewakhi / Grande Liakhvi
OSSÉTIE DU SUD
Tchysyl Lewakhi / Petite Liakhvi
Tskhinvali
50 km
GÉORGIE
Koura
Gori

Stèle à inscription du Zélentchouk (Xe siècle ?). La langue, celle des Alains caucasiens médiévaux, est déjà très proche de l'ossète contemporain. Le texte (cf. p. 47) commence par une invocation en grec à Jésus-Christ et saint Nicolas et peut se traduire ainsi :
« *De Sakhir ? [...] de ?-r le fils Bakatar, de Bakata[r] le fils Anbalan, d'A[n]balan le fils Lakan, le monument funéraire* ».
Il existe en fait des incertitudes sur le nombre précis de personnages mentionnés par l'inscription et leurs relations.
Le texte a fait l'objet ces dernières années de tentatives de « déchiffrement » fantaisistes à partir du turc ou de diverses langues caucasiques.

Kosta Khétagourov - Khetægkaty K'osta - (1859-1906)

Costumes ossètes traditionnels
(d'après B. Kaloïev)

Le « Village des morts » de Dæhghævs, nécropole ossète traditionnelle

D. Taoutiev, conteur populaire ossète

635849 - Décembre 2015
Achevé d'imprimer par